AF558116

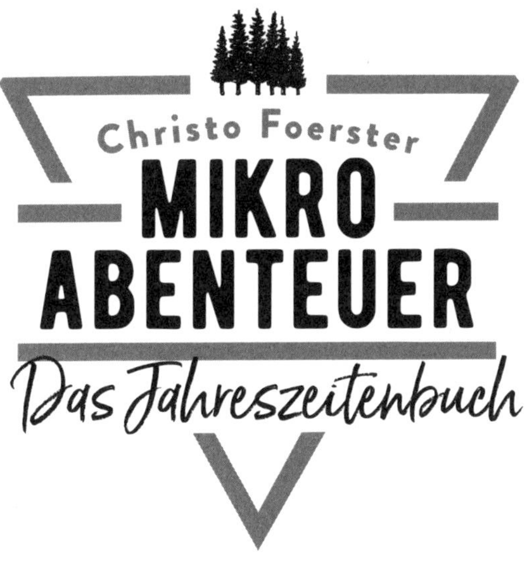


HarperCollins

Bildnachweis: Fotografien, sofern nicht anders ausgewiesen: © Christo Foerster; S. 12–13, 178–186, 217–228: © Jozef Kubica; S. 24–27: Map tiles by Stamen Design, under CC BY 3.0. Data by OpenStreetMap, under CC BY SA; S. 62 u. 75 (Icon): Designed by createvil/Freepik; S. 63 u. 123 (Icon): Designed by rawpixel.com/Freepik; S. 64 u. 155 (Icon): Designed by Freepik; S. 65 u. 193 (Icon): Designed by macrovector/Freepik; S. 70–71 (Icons): Apfel: Designed by Katemangostar/Freepik, Blatt: Designed by macrovector/Freepik, Blüte: Designed by rawpixel.com/Freepik; S. 74: Photo by Herr Bohn on Unsplash; S. 108–111 (manche Pilze): Designed by macrovector/Freepik; S. 122: Photo by Sandra Ahn Mode on Unsplash; S. 149 (Deutschlandkarte): Designed by macrovector/Freepik; S. 154: Photo by Uwe Jelting on Unsplash; S. 158–159: © Daniel Cramer; S. 164–167 (Elemente der Illustrationen): Designed by macrovector/Freepik, Designed by pikisuperstar/Freepik; S. 168 (Deutschlandkarte): Designed by macrovector/Freepik; S. 171–172 (manche Pilze): Designed by macrovector/Freepik; S. 192: Photo by Mak on Unsplash; S. 198–201 (Elemente der Illustration): Designed by Freepik, Designed by rawpixel.com/Freepik, Designed by macrovector/Freepik; S. 206–213 (manche der Früchte und Pflanzen): Designed by macrovector/Freepik, Designed by Freepik

1. Auflage 2021
Originalausgabe

Umschlaggestaltung von Zero Werbeagentur, München
Umschlaggabbildung von Christo Foerster
Innengestaltung/Layout von Annalena Weber – Buchdesign, Hamburg
Gesetzt in der Born Ready, Brandon Grotesque, Recia und Rift Soft
Druck und Bindung von Pustet, Regensburg
Printed in Germany
ISBN 978-3-7499-0018-3
www.harpercollins.de

Dieses Buch wurde klimaneutral auf FSC®-zertifiziertem Papier gedruckt.

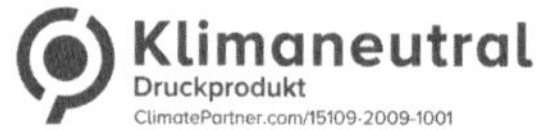

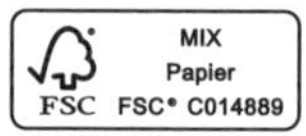

*Sonnenschein ist köstlich, Regen erfrischend.*
*Wind fordert uns heraus, Schnee berauscht uns.*
*Im Grunde gibt es kein schlechtes Wetter,*
*nur verschiedene Arten von gutem.*

John Ruskin

*Lebe jede Jahreszeit, wie sie kommt!*
*Atme die Luft, trinke, schmecke die Früchte*
*und überlasse dich dem Einfluss der Erde.*

Henry David Thoreau

*Wenn wir es nicht versuchen,*
*haben wir es nicht verdient.*

Ethan Hawke

# INHALT



## ▶ HERBST



## ▶ WINTER

## FRÜHLING



## SOMMER

# FUNKENFLUG IM WINTERLAND

## Den Konjunktiv aus der Tür jagen

Manchmal braucht es nur einen Funken, damit das Feuer des Abenteuers wieder in uns zu lodern beginnt. Ich hatte gerade *Into the Wild – In die Wildnis* im Kino gesehen, diese meisterhafte Verfilmung des gleichnamigen Romans von Jon Krakauer, der die Geschichte des jungen Amerikaners Christopher McCandless erzählt. Vor meiner Haustür lag Schnee. Nicht ganz so viel und nicht ganz so schön wie in Alaska, wo McCandless' Reise ihr Ende fand, aber immerhin. Ich verspürte auf einmal die unbändige Lust, mich der Kälte auszusetzen, den Winter zu spüren – und da war dieser Typ in Köln, der alte Gazelle-Rennräder aus Holland auf Ebay verkaufte. Kurzerhand fuhr ich hin. Mit der Bahn, ein Auto besaß ich nicht. Im Rucksack Zelt, Schlafsack, Isomatte. Wir wurden uns einig, und ich fuhr mit meinem neuen Oldtimer in dreieinhalb Tagen zurück nach Hamburg. Nachdem ich die erste Nacht irgendwo im Sauerland bei Minusgraden gezeltet hatte, war klar, dass meine Ausrüstung nicht ganz den Bedingungen entsprach. Ich hatte mir alle Kleidungsstücke angezogen, die ich dabeihatte, habe mir trotzdem den Hintern abgefroren, kaum geschlafen und war schon um fünf Uhr morgens weitergefahren. Die zweite Nacht verbrachte ich dann bei der Mutter meiner Mitbewohnerin in Paderborn, die dritte bei der Freundin eines Bekannten in Hannover. Dazwischen kämpfte ich mich mit den dünnen Reifen durch das, was auf den Straßen und Radwegen vom Schnee übrig war. In meinem Kopf lief Eddie Vedders *Into the Wild* Soundtrack in Dauerschleife. Ich kann es nicht anders sagen: Es war göttlich.

Im Rückblick bildete diese Tour vielleicht schon die Blaupause für das, was zehn Jahre später mein »Ur-Mikroabenteuer« werden sollte: eine spontane Radfahrt über Nacht von Hamburg nach Berlin, um dort zu frühstücken und mit dem nächsten Zug zurückzufahren. Auch diese Fahrt fand bei Temperaturen gegen 0 Grad statt, Anfang März.

Seitdem habe ich so viele Abenteuer vor der Haustür erlebt, dass ich die genaue Anzahl gar nicht parat habe (mal abgesehen davon, dass sie auch völlig unwichtig ist). Eins aber weiß ich: Immer dann, wenn nicht gerade »perfekte« Bedingungen mit wolkenlosen 23 Grad bei leichter Sommerbrise herrschten, waren diese Abenteuer außergewöhnlich intensiv.

Mit diesem Buch möchte ich meine Begeisterung für das Aufbrechen, das *Raus und machen* zu jeder Jahreszeit teilen. Ich möchte Funken versprühen, die das Feuer des

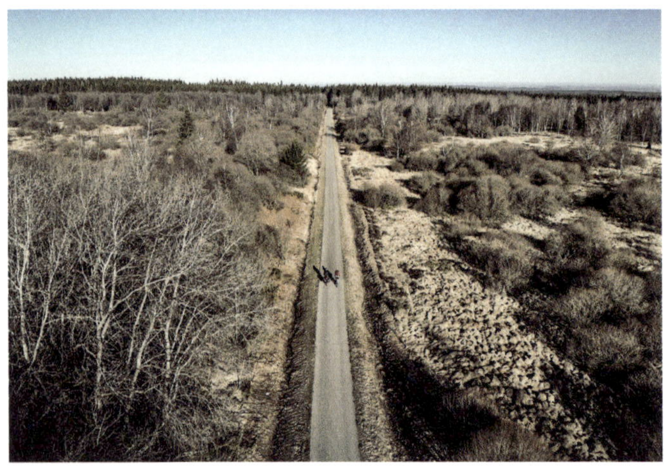

Abenteuers zum Lodern bringen – völlig egal, von welcher Seite sich das Wetter gerade zeigt. Denn genauso wenig, wie ein Abenteuer destinationsabhängig ist, so wenig ist es auch an eine »Saison« geknüpft. Ein Abenteuer ist und bleibt vor allem Einstellungssache. Wenn wir uns sagen (oder denken) hören, dass wir »eigentlich schon« Abenteurer sind, dass wir uns »eigentlich schon« als Draußenmenschen verstehen, dann sollten wir zusehen, dass wir das auch umsetzen. Nicht um vor anderen gut dazustehen, sondern um uns selbst respektvoll gegenüberzutreten und den Konjunktiv aus unserem Leben zu jagen.

Dieses Buch ist so aufgebaut, dass du es nicht chronologisch von Anfang bis Ende durchlesen musst, um es zu verstehen, sondern es jederzeit blind aufschlagen, losstöbern und aufbrechen kannst. Ich wünsche dir viel Freude damit. Wenn du Fragen dazu hast oder mir von deinen eigenen Erlebnissen berichten willst, erreichst du mich hier: *mail@christofoerster.com*

Mit abenteuerlichen Grüßen

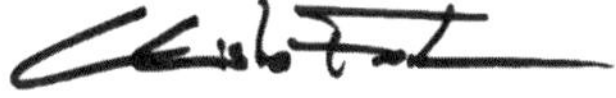

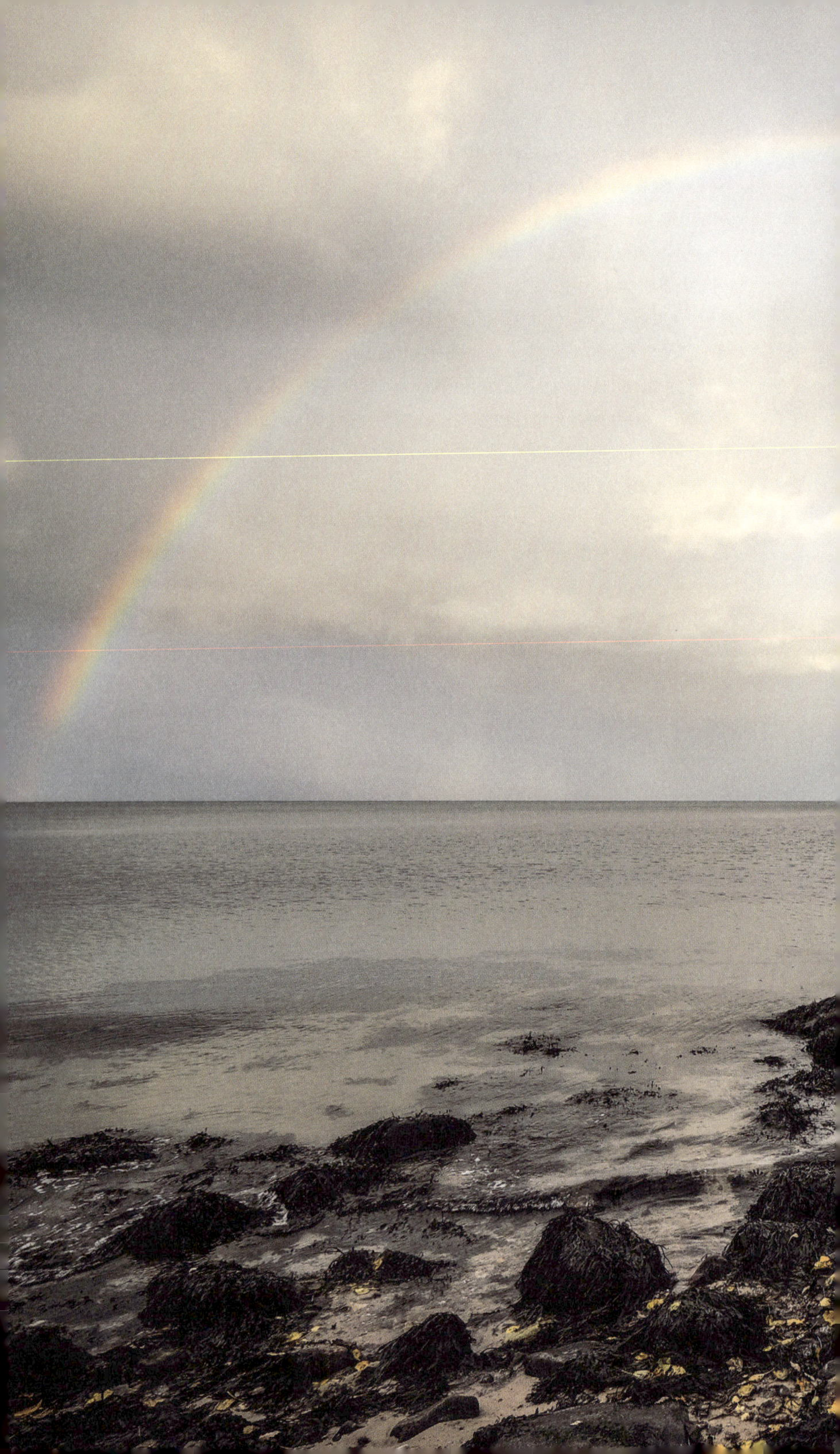

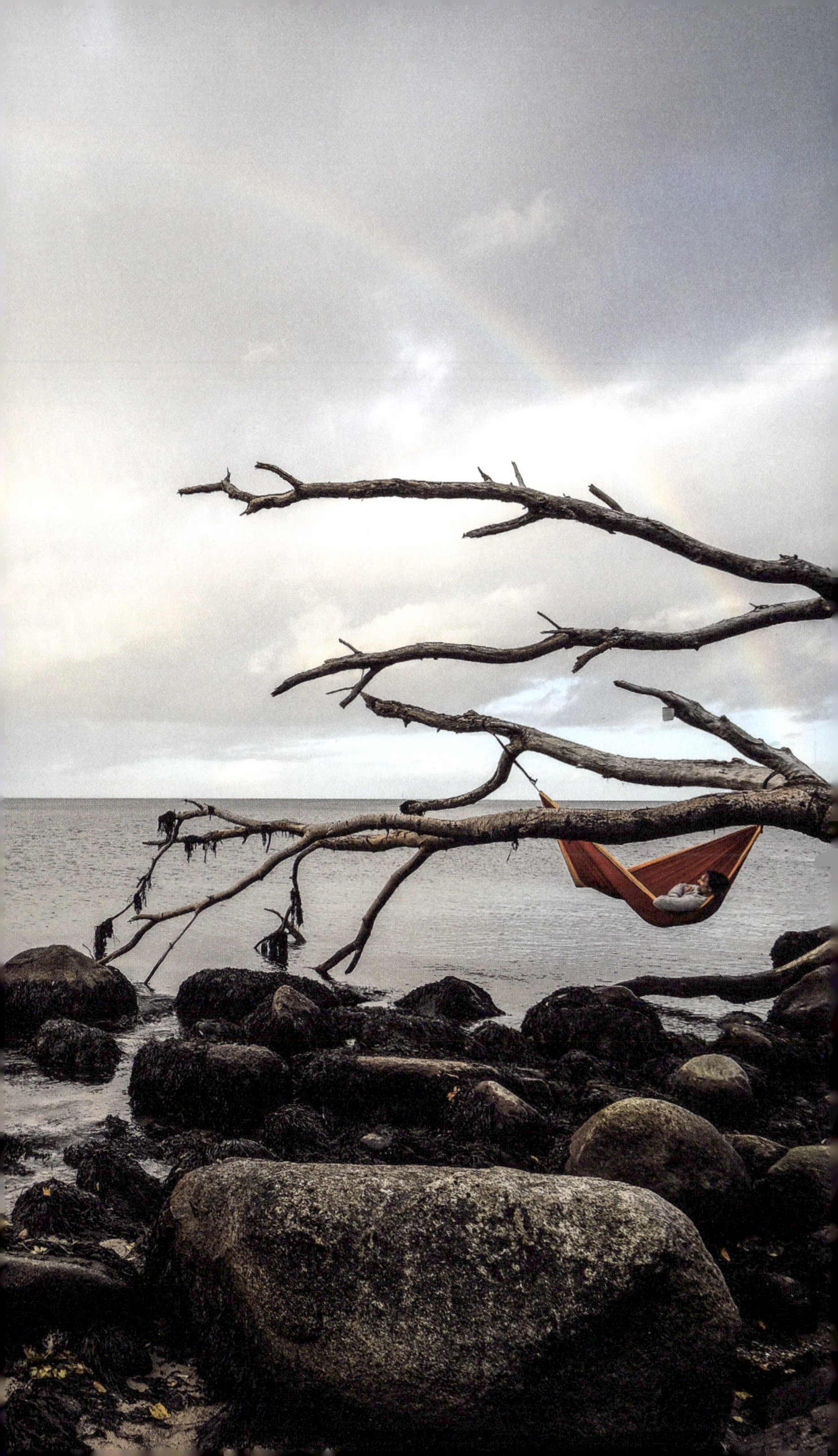

# AUF NICHTS MEHR WARTEN

## Wie Mikroabenteuer unser Leben verändern

Draußen tanzen die fallenden Blätter im Wind, und wir sitzen hier, diesseits einer Scheibe, die bei genauer Betrachtung auch mal wieder geputzt werden müsste. Wir würden so gerne raus, mittanzen, wandern, paddeln, aufs Rad steigen – aber es passt gerade nicht. Zu viel zu tun. Ein paar Wochen später ist es verdammt ungemütlich, nasskalt. Tee und eine gute Serie, das ergibt jetzt einfach mehr Sinn, als sich durchfrieren zu lassen und sich eine Erkältung zu holen. Dann, wenn es langsam wieder grün wird und wärmer, finden wir niemanden, der mitwill. Kein Match im Kalender. Und ehe wir uns versehen, ist Sommer. Da klappt es hin und wieder mal, aber voll ist es. Wir sind schließlich nicht die einzigen, die was nachzuholen haben.

Auch wenn es (hoffentlich!) nicht jedes Jahr so läuft, kennen wir dieses Gefühl wahrscheinlich alle ganz gut: Wir würden gerne öfter vor die Tür, uns in der Natur verlieren, Abenteuer erleben. Aber es gelingt uns nur schwer, diesem Bedürfnis in aller Konsequenz zu folgen. Wir ahnen, dass da draußen einer der Schlüssel zu unserem Glück, zu mehr Zufriedenheit und Balance liegt, und spüren dennoch ständig den Klammergriff der Verpflichtungen. Ein bisschen mehr Freiheit, das wäre schön.

Ich kenne das, sehr gut sogar. Ich habe mir an diesem Knoten eine ganze Weile die Zähne ausgebissen. Am Ende brauchte es nur eine einzige Entscheidung, um ihn zu lösen. Es war ein bisschen so wie damals mit 16, als mir zum ersten Mal ein Optiker Brillengläser vor die Augen schob: eine Offenbarung. »Wahnsinn, wie scharf man damit sehen kann, selbst in der Entfernung!« Ich entwickelte eine neue Haltung, ein neues Verständnis von Abenteuer und bin heute in der Lage, rechtzeitig zu reagieren, wenn der Knoten sich doch mal wieder zuzieht (was durchaus passiert).

*Denken ist wunderbar,*
*aber noch wunderbarer ist das Erleben.*
Oscar Wilde

Die Entscheidung, die ich traf, war keine weltbewegende, und dennoch hat sie meine Welt nachhaltig verändert. Ich entschied mich einfach nur, zu machen. Auf nichts zu warten, weder auf besseres Wetter oder mildere Temperaturen noch auf genügend Urlaubstage oder ein Wochenende ohne Verabredungen. Ich entschied mich, alle vermeintlichen »guten Gründe dagegen«, sprich Ausreden, beiseitezuschieben und aufzubrechen.

Genauso, wie ich es damals nach dem Kinobesuch gemacht hatte. Das war 2010. Verdammt! Ich holte mein Rad aus dem Keller und fuhr über Nacht von Hamburg nach Berlin, um am Brandenburger Tor zu frühstücken. 324 Kilometer, kein Plan, kein Schlaf. Das war bekloppt und genial zugleich – ich hatte die große Kraft der kleinen Abenteuer wiederentdeckt. Aber diesmal ging ich weiter: Ich manifestierte sie als Mikroabenteuer in meinem Alltag. Ich stellte mir selbst einige Regeln auf, die seither dafür sorgen, dass ich es mir in meiner Komfortzone nicht zu bequem einrichte:

- Ein Mikroabenteuer dauert *zwischen 8 und 72 Stunden* (wobei vor allem die Obergrenze relevant ist).
- Ich benutze dabei *weder Auto noch Flugzeug,* andere öffentliche Verkehrsmittel sind okay.
- Ist eine Nacht dabei, verbringe ich sie *draußen ohne Zelt.*

Zusätzlich schrieb ich mir den Kodex *leave no trace* auf die Fahne – keinen Müll und so wenig Spuren wie irgend möglich hinterlassen. Ich war zwar ohnehin noch nie ein Naturrüpel gewesen, nahm mir aber vor, verstärkt auf meinen Fußabdruck zu achten.

Wenn du bereits eines meiner Bücher gelesen hast, meinen Podcast hörst oder mal auf einem Vortrag warst, wirst du diese »Regeln« schon einmal gehört haben. Und du wirst auch wissen, das ich bei jeder Gelegenheit betone: Diese »Regeln« sind zuallererst meine ganz persönlichen. Sie motivieren mich und dienen dazu, den Abenteuer-Aspekt im Mikroabenteuer hochzuhalten. Eine allgemeingültige Definition stellen sie nicht dar. Ich glaube zwar, dass diese »Regeln« für viele genau die richtige Herausforderung sind, aber wer mit dem Auto zu seinem persönlichen Mikroabenteuer aufbrechen will oder doch lieber in der Pension schläft, soll das gerne tun. Bei der Idee des Mikroabenteuers geht es vor allem um unsere Haltung, und die lässt sich in drei Worte fassen: Raus und machen!

Ich bin nicht der Held dieser Geschichte. Aber ich würde dir gerne ein bisschen was mitgeben, damit du die Aufgaben bestehst, die auf deiner ganz persönlichen Heldenreise auf dich warten.

Vor Kurzem bedankte sich ein junger Vater in einem Facebook-Post bei mir, dass ich mit der Idee der Mikroabenteuer sein Leben verändert hätte. Ich antwortete darauf, dass es mich sehr freue, das zu hören, jedoch eine kleine, aber wichtige Korrektur hätte: »Nicht ich habe dein Leben verändert, sondern du hast es getan.« Ich habe die Themenfelder Abenteuer, Veränderung und Motivation recht ausführlich beackert, ich habe mit Hunderten Menschen darüber gesprochen und stehe Journalisten Rede und Antwort dazu. Ja, ich kann etwas zu diesen Themen sagen. Aber alles, was zählt, ist, dass du öfter rauskommst.

Sieh dieses Buch als Inspiration, nicht als Gebrauchsanweisung. Kreiere deine eigenen Lösungen. Das ist die elementarste Voraussetzung für nachhaltige Veränderung: Verantwortung übernehmen. Abenteuer bedeutet Freiheit. Und Freiheit bedeutet immer auch Verantwortung. Sobald wir das verinnerlichen, wandeln sich die meisten Verpflichtungen, die wir haben, auf einmal in Erwartungen – ein feiner Unterschied. Wollen wir die Erwartungen erfüllen? Oder meinen wir nur, zu müssen? Herzlich willkommen an der Türschwelle!

Es gibt tausend Argumente dafür, den Schritt hinaus zu machen. Viele sind uns bewusst, auch in diesem Buch finden sich einige. Entscheidend ist aber, den Gegenargumenten den Finger zu zeigen und mal zu gucken, was passiert. Für meinen Podcast habe ich mit der jungen Österreicherin Bibi Moser gesprochen. Mitten im dunkelsten Burnout-Loch lieh sie sich ein Rennrad und fuhr los ans Meer, nach Kroatien. Zweieinhalb Tage später war sie da und ein neuer Mensch. »Ich will mir nicht vorstellen, wie es für mich ausgegangen wäre, wenn ich damals nicht einfach das Raus-und-machen-Motto beherzigt hätte«, erzählte sie mir.

Nun ist dieses Buch weder ein Fahrrad-Manifest (schon drei Fahrrad-Anekdoten auf den ersten Seiten!) noch ein therapeutischer Ratgeber, aber ich habe mittlerweile so viele Geschichten wie die von Bibi gehört, dass ich sagen kann: Die Wahrscheinlichkeit, da draußen Antworten zu finden, ist sehr hoch – selbst wenn wir überhaupt keine Frage gestellt haben.

Jede der vier Jahreszeiten bietet grandiose Möglichkeiten für Mikroabenteuer, jede hat ihre Besonderheiten. Dieses Buch ist ein Plädoyer dafür, auch dann rauszugehen, wenn die anderen es nicht tun. Sich in die Kälte, den Regen und den Nebel zu begeben, genauso, wie den Sommer zu feiern. Wider den Trott, into the wild.

Auf den folgenden Seiten geht es um den Grundansatz des Mikroabenteuers bzw. um die Ideenfindung. Später sehen wir uns an, wie sich die Natur im Jahresverlauf verändert, wann sich in welcher Region welche Touren anbieten und worauf wir im Frühling, Sommer, Herbst und Winter ganz besonders achten sollten. Kurz: Du wirst eine Menge Impulse bekommen, viel hilfreiches und sicher auch etwas unnützes Wissen mitnehmen können. Ich werde von meinen eigenen Abenteuern erzählen und Ideen skizzieren. Aber noch einmal: Es geht nicht um mich, sondern um dich. Deshalb wirst du zwischendurch auch immer wieder Möglichkeiten finden, deine eigenen Gedanken und Ideen zu notieren. Meine Erfahrung ist, dass das sehr helfen kann, aus dem Quark zu kommen – und zwar nicht in blindem Aktionismus, sondern von Anfang an selbstbestimmt. Ich muss mich selbst oft daran erinnern: »Jetzt setz dich hin, nimm dir Zeit und schreib die Gedanken auf, die dir kommen.« Aber immer wenn ich es getan habe, war ich danach dankbar dafür. Sieh die Notiz-Möglichkeiten als Angebot, das du selbstverständlich auch einfach überblättern kannst.

Selbst zu bestimmen, bedeutet auch, Risiken selbst abzuwägen. Sich nicht darauf zu verlassen, dass schon irgendwo eine Warnung auftauchen würde, wenn etwas gefährlich wäre. Das ist wichtig in Bezug auf die Ideen in diesem Buch. Ich bemühe mich zwar, mögliche Risiken zu beschreiben, kann aber unmöglich Garantien geben oder Haftungen für das Handeln anderer übernehmen.

# BLEIBT ALLES ANDERS

## Corona, Urlaub, Abenteuer

Ich habe dieses Buch in einer Jahreszeit geschrieben, die irgendwann sicher einmal als Corona-Sommer in die Geschichte eingehen wird. Es wird möglicherweise nicht der letzte gewesen sein, aber definitiv der erste, in dem das Virus einen erheblichen Einfluss auf unseren Alltag und auf unser Freizeitverhalten hatte sowie auf die Art und Weise, wie wir reisen. Vor der Haustür nach Abenteuern zu suchen, ist auf einmal schon deshalb relevant, weil das Reisen ins Ausland erheblichen Einschränkungen unterliegt. Vieles dürfen wir gerade nicht, anderes wollen wir nicht. Ich bin gespannt, ob dieser Fokus auf die nähere Umgebung auch dann Bestand haben wird, wenn die Ausnahmesituation des Jahres 2020 zur neuen Normalität geworden ist. Denn auch wenn aktuell viele darauf setzen, dass in naher Zukunft »alles wieder so ist, wie früher« – die Welt hat eine Delle bekommen, die bleiben wird. Wir werden lernen, mit dieser Schräglage zu leben. Und das Draußensein kann uns dabei helfen.

Das Coronavirus hat Europa im März 2020 überrumpelt. Dass wir es geschafft haben, im darauffolgenden Sommer zumindest mal kurz aufzuatmen, sprich seine Verbreitung halbwegs zu kontrollieren, liegt sicher auch daran, dass wir in dieser Zeit viel vor der Tür waren, uns draußen mit Freunden treffen konnten, uns an der frischen Luft bewegt haben und nicht in stickigen Studios. Wie sieht unser Leben im Herbst aus? Was passiert im Winter? Vielleicht sind wir schon schlauer, wenn dieses Buch erschienen ist. Ein simpler Weg, der Verbreitung des Coronavirus entgegenzuwirken, ist sicher, auch im Herbst und Winter mehr draußen zu sein. Ganz nebenbei wird das auch unser Immunsystem stärken.

*Sei vorsichtig, wenn du dich auf*
*die Suche nach Abenteuern machst.*
*Sie sind lächerlich einfach zu finden.*
William Least Heat-Moon

Entscheiden wir uns dafür, unabhängig von Jahreszeit und Wetter mehr Abenteuer zu erleben, kommt noch ein weiterer Aspekt hinzu, der uns meist wenig bewusst, aber von unschätzbarem Wert ist: Echte Abenteuer führen uns immer in Situationen, die wir noch nicht kennen. Sie stellen uns vor Probleme, für die wir noch kein Lösungsmuster parat haben, das wir einfach abspulen können. Oder anders: Sie stärken unsere Fähigkeit, mit Veränderung klarzukommen. Mehr Abenteuer in unserem Alltag – und seien sie noch so klein – führen also zu einer verbesserten Kompetenz im Umgang mit Neuem. In einer Welt, die sich schneller verändert als je zuvor, ist diese Resilienz essenziell.

Wenn wir die Meta-Ebenen mal beiseiteschieben, bringt uns ein Mikroabenteuer vor allem eins: eine gute, eine freie Zeit. Damit zufrieden zu sein, ist mehr als legitim. Nur muss »eine gute Zeit« nicht das einzige Kriterium des Mikroabenteuers sein. Ich verstehe den Mikroabenteuer-Begriff etwas tiefer. Ein Mikroabenteuer ist für mich kein Urlaub vor der Haustür. Weil ein Abenteuer kein Urlaub ist.

Gerade seit Beginn der Coronapandemie mit allen Auswirkungen auf unser Reiseverhalten wird die Idee des

Mikroabenteuers von Medien und Meinungsmachern aufgegriffen, die der DNA des Abenteuers keine besondere Bedeutung beimessen. Bei aller Begeisterung für die Wortschöpfung Mikroabenteuer vergessen viele, was das denn eigentlich ist, ein Abenteuer. Am Wochenende mit der Familie auf einen Kirchturm steigen, im Garten von Freunden Stockbrot über dem Lagerfeuer machen, mit dem Wohnmobil ein paar Tage ans Meer fahren – das ist alles toll, nur nicht das, was ein Mikroabenteuer meines Erachtens ausmacht. Selbst eine Rafting-Tour, ein Fallschirmsprung oder ein Besuch im Hochseilgarten sind für mich keine echten Abenteuer. Weil wir uns dabei auf andere verlassen – einen Guide, eine Organisation oder den TÜV. Und weil wir sie buchen. Wenn wir glauben, wir könnten uns ein Abenteuer kaufen, machen wir es uns zu einfach. Dann lieber weniger Thrill, dafür mehr Eigenverantwortung. Nicht hinterherdackeln, sondern selbst entdecken.

Abenteuer laufen selten glatt und problemlos, sonst wären sie keine Abenteuer. Sich ein Abenteuer zu wünschen, aber eine Garantie für einen bestimmten Ablauf oder Ausgang einzufordern, ist sonderbar. Unbequem kann es werden, und das ist für viele unattraktiv. Dabei liegt genau darin die Chance auf einzigartige, unvergessliche Momente und persönliches Wachstum.

Schönwetter-Ausflüge kann jeder. Es spricht auch nichts gegen sie, absolut gar nichts. Jeder Draußentag ist ein guter Tag. Aber dieses Buch ist kein Buch über Schönwetter-Ausflüge – es ist ein Buch über Mikroabenteuer. Ohne Ausreden, zu jeder Jahreszeit.

# WEG MIT DEN SCHEUKLAPPEN

## Pfützen, das Ijsselmeer und neue Perspektiven

Mikroabenteuer leben von unseren Ideen. Dabei geht es vor allem darum, Dinge anders zu machen, als wir sie bislang getan haben. Oder Dinge wieder zu tun, die wir lange nicht getan haben. Denn auch das sollten wir uns erlauben: Uns die guten Gefühle von »damals« zurückzuholen und sie neu aufzuladen – und seien es so banal und sinnfrei erscheinende Handlungen wie das Pfützenplanschen, das Versteckbauen, das Herumstromern ohne konkretes Ziel, immer offen für die nächste Zerstreuung.

Unser Bewegungsradius ist heute freilich größer als in unserer Kindheit. Dennoch möchte ich mich für ein Mikroabenteuer ja nur so weit weg begeben, dass ich in meinem Zeitfenster von 72 Stunden bleibe, von der Haustür aus und zurück, ohne Auto und Flugzeug. Deshalb habe ich einfach mal eine Karte genommen und einen Kreis mit einem Radius von 100 Kilometern um meinen Wohnort in Hamburg gezogen.

Ich war erstaunt, welche Ecken schon in diesem Umkreis lagen, die ich bislang gar nicht auf dem Zettel hatte. Dann zog ich einen weiteren Kreis mit einem Radius von 300 Kilometern. Schließlich ist das eine Distanz, die ich zum Beispiel mit dem Fahrrad in zwei bis drei Tagen zurücklegen könnte (auch ohne die Nächte durchzufahren). Mit noch größerem Erstaunen stellte ich fest, dass plötzlich nicht nur der

Harz und alle Nordfriesischen Inseln dabei waren, sondern auch Kopenhagen, das deutsch-polnische Grenzgebiet und die Westküste des holländischen Ijsselmeers. Wie spannend war das denn? Ich hatte schon etliche Mikroabenteuer erlebt, war dabei aber fast immer im deutschsprachigen Raum unterwegs. Dann nahm ich mir spaßeshalber München als Endpunkt des Radius für einen nächsten Kreis. In München bin ich von Hamburg aus schließlich innerhalb von sechs Stunden mit der Bahn. Der Kreis, der sich nun ergab, war riesig! Er umfasste ganz Dänemark, Holland, Belgien und Luxemburg sowie Teile Nordfrankreichs und Südschwedens, er ragte tief nach Polen rein und kratzte sogar Norwegen.

Dass ich im Rahmen eines Mikroabenteuers wirklich an die Grenzen dieses dritten Kreises gehe oder fahre, ist bis heute die Ausnahme. Aber alle drei Kreise haben mir gezeigt, wie sehr wir doch oft mit Scheuklappen unterwegs sind und uns von unseren Mustern leiten lassen. Nimm dir eine Karte, am besten eine analoge, und ziehe Kreise um deinen Wohnort! Egal, wie groß der Radius ist, ob zehn oder 600 Kilometer: Du wirst sicher hier und da staunen und wie ich das Bedürfnis verspüren, sofort loszuziehen und zu entdecken.

Meine Mikroabenteuer basieren oft auf persönlichen Challenges. Ich nehme mir zum Beispiel vor, eine Strecke auf eine ganz bestimmte Art und Weise zurückzulegen, einen Weg von A nach B aufzutun oder in einem definierten Gebiet einen besonderen Schlafplatz zu finden. Eine Herausforderung kann natürlich auch darin bestehen, ziellos auf Entdeckungstour zu gehen. Das kann sogar schwieriger sein, als möglichst viele Kilometer zurückzulegen. Letztlich geht es mir vor allem darum, mir selbst in den Hintern zu treten, einen Anlass zu kreieren, der mich aufbrechen lässt.

Sollte ich eines meiner Ziele dabei mal nicht erreichen, ist das nicht nur völlig egal (ich bin ja niemandem Rechenschaft schuldig), sondern ein willkommener Schwenk in der

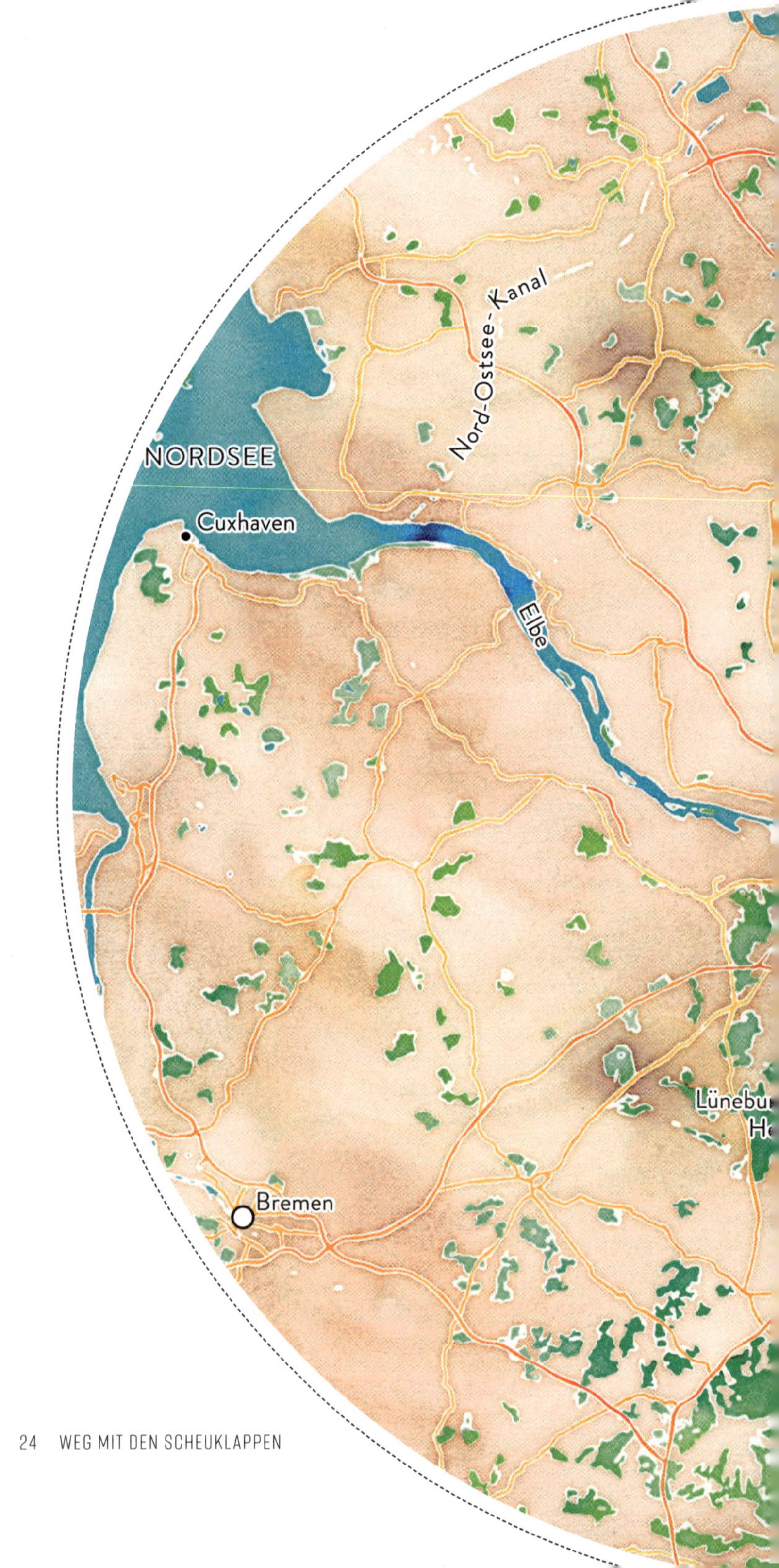
NORDSEE
Nord-Ostsee-Kanal
Cuxhaven
Elbe
Bremen

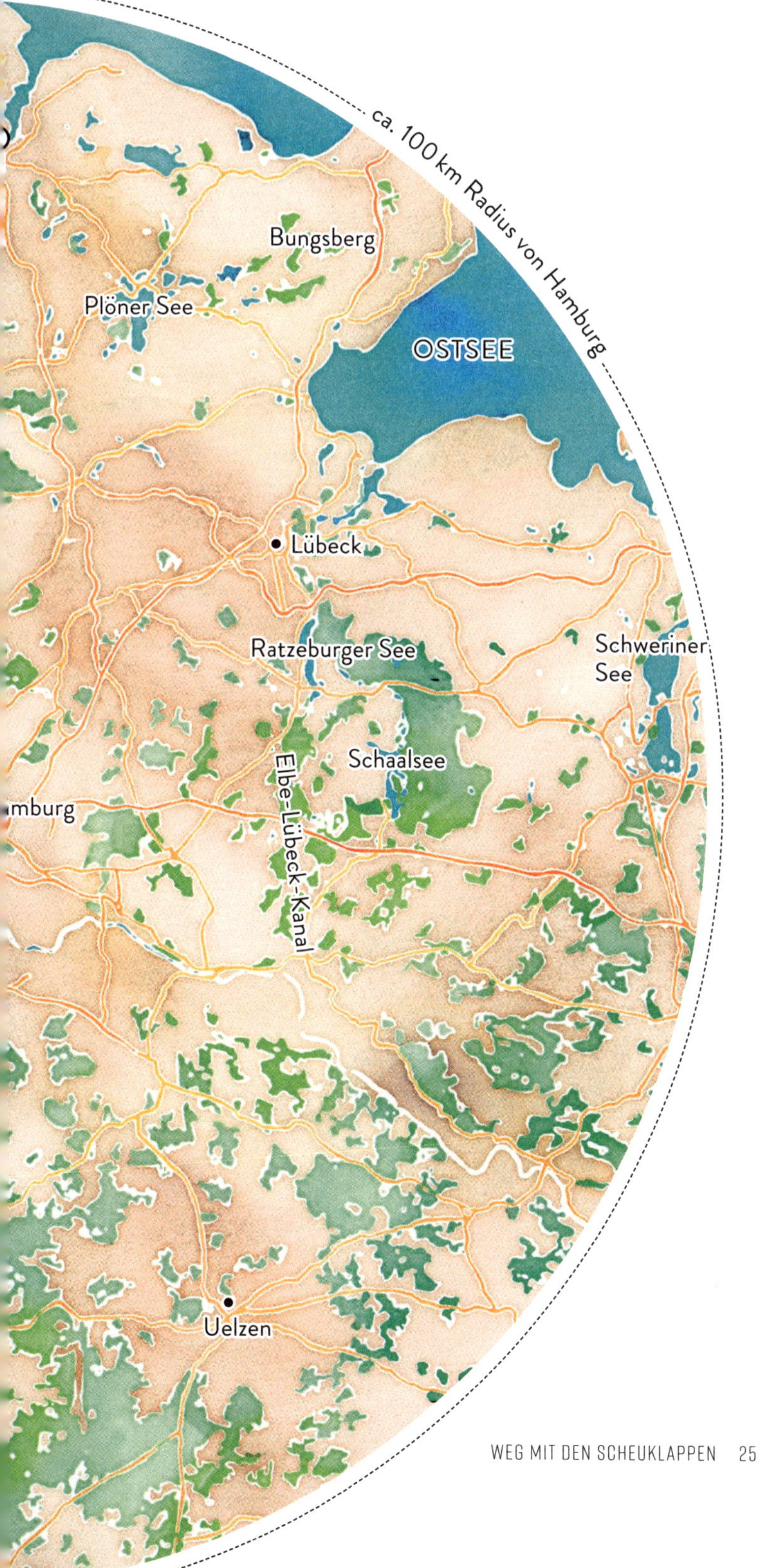
ca. 100 km Radius von Hamburg
Bungsberg
Plöner See
OSTSEE
Lübeck
Ratzeburger See
Schweriner
See
Schaalsee
Elbe-Lübeck-Kanal
mburg
Uelzen

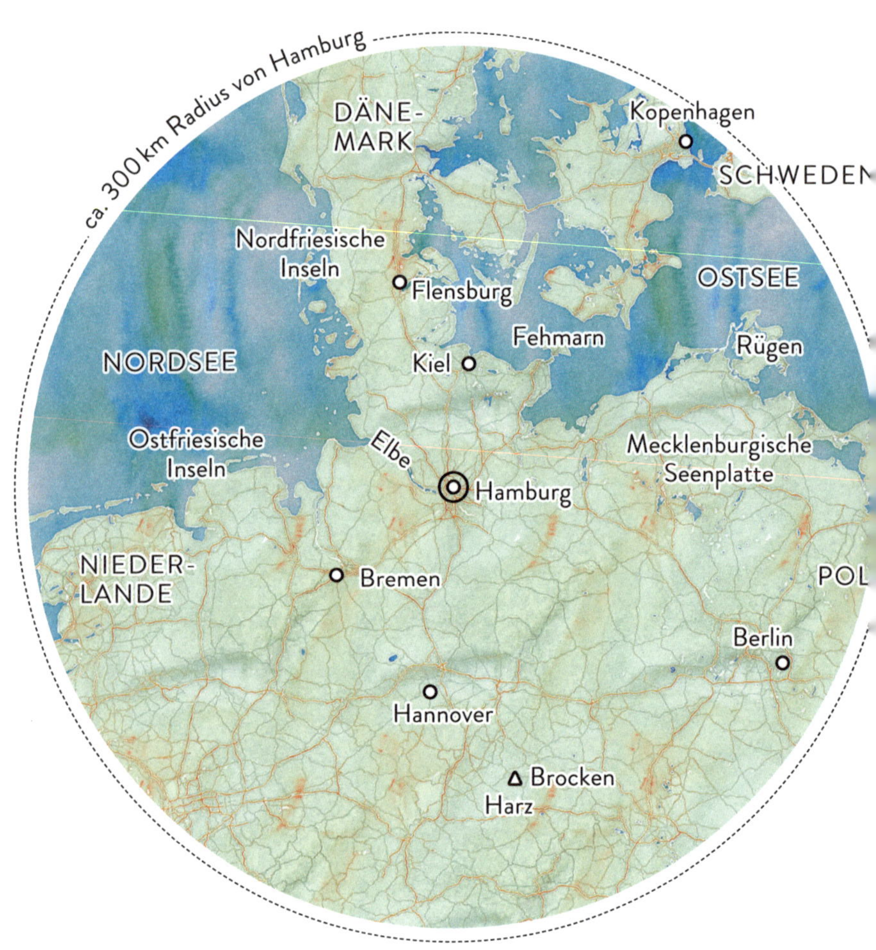
ca. 300 km Radius von Hamburg
DÄNE-
MARK
Kopenhagen
SCHWEDEN
Nordfriesische
Inseln
Flensburg
OSTSEE
Fehmarn
Rügen
NORDSEE
Kiel
Ostfriesische
Inseln
Elbe
Mecklenburgische
Seenplatte
Hamburg
NIEDER-
LANDE
Bremen
POL
Berlin
Hannover
Brocken
Harz

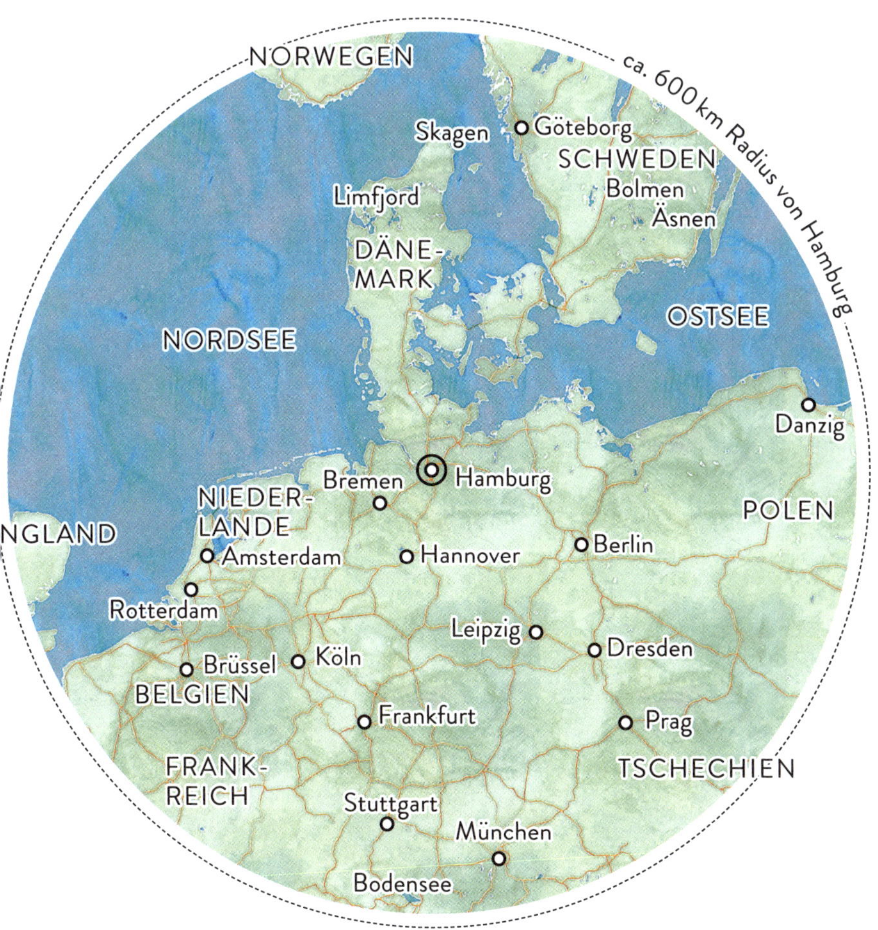
NORWEGEN
ca. 600 km Radius von Hamburg
Skagen
Göteborg
SCHWEDEN
Bolmen
Åsnen
Limfjord
DÄNE-
MARK
OSTSEE
NORDSEE
Danzig
Bremen
Hamburg
NIEDER-
LANDE
POLEN
NGLAND
Berlin
Amsterdam
Hannover
Rotterdam
Leipzig
Dresden
Brüssel
Köln
BELGIEN
Frankfurt
Prag
FRANK-
REICH
TSCHECHIEN
Stuttgart
München
Bodensee

Geschichte dieses Vorhabens. Die Idee, mit dem Standup-Paddle-Board nach Helgoland zu fahren, etwa, habe ich zunächst einmal gehörig vor die Wand gesetzt. In meinem letzten Buch, dem Mikroabenteuer-Motivationsbuch, habe ich sie als Geschichte des Scheiterns erzählt. In diesem Buch beschreibe ich, was dieses Mikroabenteuer (das schon fast als Mikro-Expedition durchgehen könnte) noch für mich bereithielt, als ich beschloss, es erneut aufzugreifen (▶ S. 176). Selbstverständlich gehen Dinge schief. Nur sollte das kein Grund sein, nicht querzudenken, herumzuspinnen und erst einmal alles zuzulassen, was einem an Einfällen kommt.

*Wir sollten keine Angst vor dem Scheitern haben,*
*sondern davor, in Dingen erfolgreich zu sein,*
*die eigentlich gar nicht so wichtig sind.*

Francis Chan

Es lassen sich auch mehrere Mikroabenteuer in ein persönliches Jahresprojekt einbinden. Martin aus dem Schwarzwald nahm sich vor, innerhalb eines Jahres 50-mal draußen zu schlafen, im Zelt oder unter freiem Himmel. Sina, Mutter von vier Kindern, schläft seit letztem Sommer auf dem Balkon (und musste sich für den Winter erst einmal einen dicken Schlafsack kaufen). Gunnar heckte den Plan aus, jede einzelne Straße seiner Heimatgemeinde Niederkrüchten abzuwandern – übrigens inspiriert vom amerikanischen Ultraläufer Rickey Gates, der mit seinem »Every single street«-Projekt in San Francisco für Aufsehen sorgte. Von all diesen wunderbaren Geschichten erfuhr ich, als ich im vergangenen Jahr zum zweiten Mal den Mikroabenteuer Award ausschrieb (nicht um einen Konkurrenzkampf um die spektakulärsten

Fotos und wildesten Trips anzufeuern, sondern vor allem, um Inspiration zu sammeln und weiterzugeben).

Der Zufall (sofern es ihn denn gibt) kann bei der Ideenfindung ein hervorragender Sparringspartner sein. Ich habe schon Schnick-Schnack-Schnuck an Weggabelungen gespielt, mir von Vögeln die Richtung weisen lassen – und noch die begeisterten Worte von Fiete im Ohr, der im Zuge des Mikroabenteuer Awards schilderte, wie er ein Surfboard im Sperrmüll fand und sich damit an Silvester kurzerhand alleine in den Zug nach Norderney setzte, um dort an Neujahr ein paar kärgliche Wellen zu reiten.

Genau dein Ding? Oder gar nicht? Keine Sorge: Du findest in diesem Buch viele Inspirationen, die dich so packen, wie es für dich passt.

Zwei einfache Möglichkeiten, den Zufall schon vor dem Aufbruch einzubinden:

- **Flaschendrehen** – Von der Flasche können wir uns die Richtung dirigieren lassen, in die wir losziehen.
- **Würfeln** – Beim Würfel ist Kreativität gefordert: Die 1 und die 2 könnten für das Wandern stehen, die 3 und die 4 für das Radfahren, die 5 und die 6 für das Paddeln. Oder wir belegen die Würfelaugen mit Namen von Bundesländern, Städten, Bergen, Wäldern oder Flüssen.

Ich verstehe jeden, der sagt, er brauche solche Spielereien nicht. Dennoch sind sie ein großartiges Tool, um sich selbst herauszufordern.

# WAS WILLST DU?

## Butter bei die Fische oder Raum für Notizen

Ich habe es ja schon angekündigt: Hin und wieder halte ich dir in diesem Buch Notizmöglichkeiten vor die Nase. Hier kommen die ersten. Dazu gibt es ein paar konkrete Fragen, die dir helfen, deine Gedanken zu sortieren.

**Welche Draußen-Erfahrungen aus folgenden Lebensabschnitten sind dir positiv in Erinnerung?**
Die Einteilung nach dem Alter kann selbstverständlich nicht absolut und trennscharf sein, sondern ist eine starke Vereinfachung. Sieh sie einfach als Geländer zum gedanklichen Entlanghangeln. Und wenn du den dritten Lebensabschnitt noch gar nicht erreicht haben solltest, ignoriere ihn bitte.

Frühe Kindheit (bis 10 Jahre)

- - - - - - - - - - - - - - - - - - - - - - - - - - - - - - - - - - - - - - - -

- - - - - - - - - - - - - - - - - - - - - - - - - - - - - - - - - - - - - - - -

- - - - - - - - - - - - - - - - - - - - - - - - - - - - - - - - - - - - - - - -

- - - - - - - - - - - - - - - - - - - - - - - - - - - - - - - - - - - - - - - -

- - - - - - - - - - - - - - - - - - - - - - - - - - - - - - - - - - - - - - - -

Späte Kindheit und Jugend (10 bis 18 Jahre)

Die Sturm- und Drangzeit (18 bis 30 Jahre)

Du kannst eine oder mehrere dieser Erinnerungen zum Anlass nehmen, ähnliche Erlebnisse in der Gegenwart anzustoßen. Sprich: Was muss passieren, damit dieses Gefühl wieder entsteht? Auch wenn du heute natürlich älter bist und dein Leben anders aussieht …

**Wenn du eine Tour, eine Reise, ein Abenteuer wählen dürftest, das du wiederholen kannst, welches wäre es?**

Warum? Welche Faktoren haben dieses Erlebnis zu dem gemacht, was es war?

**Welches Abenteuer wolltest du immer schon einmal erleben?** Warum? Gibt es Dinge, die du dir von diesem Erlebnis versprichst, die nicht in direktem Zusammenhang mit der Destination stehen?

Sieh dir deine Antworten auf die letzten beiden Warum-Fragen noch einmal an und notiere völlig freiheraus Möglichkeiten, wie sich diese Faktoren im Rahmen eines Mikroabenteuers aufgreifen lassen ...

# MIKROABENTEUER-KALENDER

## Ideen für das ganze Jahr auf einen Blick

Mikroabenteuer brauchen keine ausgeklügelten Pläne, das ist ja einer ihrer großen Vorzüge. Auf der nächsten Doppelseite findest du dennoch eine Art Plan: einen Mikroabenteuer-Kalender. In diesem Kalender sind stichpunktartig einige der konkreten Ideen aus diesem Buch verzeichnet, inklusive Hinweis zur Seite, auf der die Idee noch einmal aufgegriffen wird.

Selbstverständlich wirst du diesen Kalender nicht vollständig abarbeiten. Abenteuer »abzuarbeiten«, wäre ohnehin bedenklich. Nein, dieser Kalender ist keine Bucket List. Er stellt die Möglichkeiten, die sich uns im Jahresverlauf bieten, grafisch dar. Wie du siehst, sind es eine ganze Menge. Dabei ist der Kalender natürlich nicht vollständig. Ergänze ihn gerne mit deinen eigenen Ideen, trage Geburtstage ein, kritzel ihn ordentlich voll! Wenn du dafür ein größeres Format brauchst, lade ihn dir hier als DIN-A4-PDF herunter und druck ihn aus: christofoerster.com/mikroabenteuer-kalender

# JANUAR

**Mikroabenteuer-Kalender**

| | | | |
|---|---|---|---|
| | 1 **Anbaden:** Rein ins nächste Gewässer, dann Einmummeln und Tee trinken. ▶ 126 | 2 | 3 |
| 4 | 5 | 6 | 7 |
| 8 | 9 | 10 | 11 |
| 12 | 13 | 14 | 15 |
| 16 | 17 | 18 | 19 **Full Moon:** Den nächsten Vollmond abpassen und raus in die Nacht! ▶ 127 |
| 20 | 21 | 22 | 23 |
| 24 | 25 | 26 | 27 |
| 28 | 29 | 30 | 31 |

## FEBRUAR

**Mikroabenteuer-Kalender**

| 1 | 2 | 3 | |
|---|---|---|---|
| 4 | 5 | 6 **Weltreise in Deutschland:** Auf zu einem verrückten Ortsnamen. ▶ 137 | 7 |
| 8 | 9 | 10 | 11 |
| 12 | 13 | 14 | 15 |
| 16 | 17 | 18 | 19 |
| 20 | 21 | 22 | 23 |
| 24 | 25 | 26 | 27 |
| 28 | 29 | | |

| **MÄRZ**<br>**Mikroabenteuer-Kalender** | 1 | 2 | 3 |
|---|---|---|---|
| 4 | 5 | 6 | 7 |
| 8 | 9 | 10 | 11 Die Frühlingspilze sind da!<br>▶ 171 |
| 12 | 13 | 14 | 15 |
| 16 | 17 | 18 | 19 |
| 20 Frühlingsanfang: Eine Nacht unterm Sternenhimmel verbringen. | 21 | 22 | 23 |
| 24 | 25 | 26 | 27 Die Mandelbäume und die Narzissen blühen!<br>▶ 169 |
| 28 | 29 | 30 | 31 |

## APRIL

**Mikroabenteuer-Kalender**

| | | | |
|---|---|---|---|
| 1 | (2) **Frühjahrsputz:** Einen kompletten Tag auf einem Wanderweg Müll sammeln. ▶ 160 | 3 | |
| 4 | 5 | 6 | 7 |
| 8 | 9 | 10 | 11 |
| 12 | (13) **Visionssuche light:** Zwei Alleine-Tage in der Natur. ▶ 161 | 14 | 15 |
| 16 | 17 | 18 | 19 |
| 20 | 21 | 22 | 23 |
| 24 | 25 | 26 | (27) Die **Kirsch-** und die **Apfelbäume** blühen! ▶ 169 |
| 28 | 29 | 30 | |

| **MAI**<br>**Mikroabenteuer-Kalender** | 1 | 2 | 3 |
|---|---|---|---|
| 4 | 5 | 6 | 7 **Lowest to Highest:** Mit dem Rad vom tiefsten zum höchsten Punkt. ▶ 162 |
| 8 | 9 | 10 | 11 |
| 12 | 13 | 14 | 15 |
| 16 | 17 | 18 | 19 **Sit-Spot:** Suche nach einem Platz im Wald, an dem du nur sitzt und beobachtest. ▶ 57 |
| 20 | 21 | 22 | 23 |
| 24 | 25 | 26 | 27 |
| 28 | 29 | 30 | 31 |

## JUNI

**Mikroabenteuer-Kalender**

| | | | |
|---|---|---|---|
| 1 | 2 | 3 **Langer Sommermarsch:** Wie weit kannst du an einem Tag wandern? ▶ 195 | |
| 4 | 5 | 6 | 7 |
| 8 | 9 | 10 | 11 |
| 12 | 13 | 14 | 15 |
| 16 | 17 | 18 | 19 |
| 20 | 21 **Sommeranfang:** Verbringe die Mittsommernacht unterm Sternenhimmel. | 22 | 23 |
| 24 | 25 | 26 | 27 |
| 28 **Wildkräuter:** Ziehe los und ernähre dich zwei Tage lang nur von wilden Pflanzen. ▶ 206 | 29 | 30 | |

| **JULI** **Mikroabenteuer-Kalender** | 1 | 2 | 3 |
|---|---|---|---|
| 4 **Stand up:** Mit dem SUP auf ein 2-Tage-Abenteuer. ▶ 176 | 5 | 6 | 7 |
| 8 | 9 | 10 | 11 |
| 12 | 13 | 14 | 15 |
| 16 | 17 | 18 | 19 |
| 20 | 21 | 22 | 23 |
| 24 **DIY-Wasser-abenteuer:** Ein Boot bauen und damit ein Gewässer überqueren. ▶ 197 | 25 | 26 | 27 |
| 28 | 29 | 30 | 31 |

# AUGUST

## Mikroabenteuer-Kalender

| | | | |
|---|---|---|---|
| 1 **Sternschnuppen-Nacht:** Jetzt ist die beste Zeit, um Sterne fallen zu sehen. ▶ 197 | 2 | 3 | |
| 4 | 5 | 6 | 7 |
| 8 | 9 | 10 | 11 |
| 12 | 13 | 14 **Fahrrad-Challenge:** Warum nicht per Rad das eigene Bundesland umrunden? ▶ 204 | 15 |
| 16 | 17 | 18 | 19 |
| 20 | 21 | 22 | 23 |
| 24 | 25 | 26 | 27 |
| 28 | 29 | 30 | 31 |

# SEPTEMBER

**Mikroabenteuer-Kalender**

| | | | |
|---|---|---|---|
| | 1 | 2 | 3 **Train-Trail:** Entlang einer Bahnstrecke wandern – zurück geht's mit dem Zug. ▶ 77 |
| 4 | 5 | 6 | 7 |
| 8 | 9 Die ersten **Herbstpilze** sind da! ▶ 106 | 10 | 11 |
| 12 | 13 | 14 | 15 |
| 16 | 17 | 18 | 19 |
| 20 | 21 | 22 **Herbstanfang:** Es ist wieder Zeit für eine Draußennacht. | 23 |
| 24 | 25 Die **Apfel- und die Weinernte** beginnen! ▶ 79 | 26 | 27 **Long Way Home:** Von der Arbeit zu Fuß nach Hause. ▶ 82 |
| 28 | 29 | 30 | |

# OKTOBER

**Mikroabenteuer-Kalender**

| 1 | 2 | 3 | |
|---|---|---|---|
| 4 | 5 | 6 **Blätteralarm:** Für einen Tag eintauchen in den Wald, der sich jetzt bunt färbt. ▶ 88 | 7 |
| 8 | 9 | 10 | 11 |
| 12 **Brunftzeit** des Rot- und Damwilds! ▶ 112 | 13 | 14 | 15 |
| 16 | 17 | 18 | 19 |
| 20 | 21 **Kalt-Surfen:** An der Nordsee ein Surfboard leihen und endlich mal Wellenreiten. ▶ 78 | 22 | 23 |
| 24 | 25 | 26 | 27 |
| 28 **Laubbett:** Wenn sich jetzt nicht genug Blätter für ein Survival-Lager finden, wann dann? ▶ 79 | 29 | 30 | 31 |

# NOVEMBER

**Mikroabenteuer-Kalender**

| | 1 | 2 | 3 |
|---|---|---|---|
| 4 **Foto-Mikroabenteuer:** Einen Tag in der Natur fotografisch dokumentieren. ▶ 81 | 5 | 6 | 7 |
| 8 | 9 | 10 | 11 |
| 12 | 13 | 14 | 15 **Tour de Matsch:** Mit dem Rad raus und so richtig einsauen. ▶ 81 |
| 16 | 17 | 18 | 19 |
| 20 | 21 | 22 Jetzt checken, ob du einen Schlafsack oder warme Klamotten **spenden** kannst! ▶ 80 | 23 |
| 24 | 25 | 26 **Green Friday:** Dem Black-Friday-Kommerz den Rücken kehren und draußen sein. ▶ 78 | 27 |
| 28 | 29 | 30 | |

# DEZEMBER

**Mikroabenteuer-Kalender**

| | | | |
|---|---|---|---|
| 1 | 2 | 3 **Urbaner Everest:** Wie viele Höhenmeter kannst du in der Stadt steigen? ▶ 128 | |
| 4 | 5 | 6 | 7 |
| 8 | 9 | 10 | 11 |
| 12 | 13 | 14 | 15 |
| 16 | 17 | 18 | 19 |
| 20 | 21 **Winteranfang:** Die längste Nacht des Jahres unterm Sternenhimmel verbringen. | 22 **Cycling home for Christmas:** Mit dem Rad (oder zu Fuß) unter den Weihnachtsbaum. ▶ 125 | 23 |
| 24 | 25 | 26 | 27 |
| 28 | 29 | 30 | 31 **Silvester mit Aussicht:** Einen ruhigen Ort weit draußen suchen, an dem du das Feuerwerk siehst. |

# UNSER GUTES RECHT

## Wildes Zelten, Auerhühner und Übernachtungs-Apps

Bevor wir jetzt so richtig einsteigen in die Jahreszeiten, widmen wir uns noch einmal kurz der Frage: Was dürfen wir eigentlich da draußen vor unserer Haustür? Denn unser Drang nach Freiheit wird nicht nur von persönlichen Gründen ausgebremst, er muss sich auch einem rechtlichen Rahmen fügen. Deutschland, Österreich und die Schweiz sind sehr dicht besiedelt. Ein sogenanntes Jedermannsrecht, das in Norwegen, Schweden und Finnland wildes Zelten erlaubt, gibt es im deutschsprachigen Raum deshalb nicht. Die Schweiz verzeichnet in ihrem Zivilgesetzbuch zwar Paragrafen, die eine ähnliche Freiheit wie im skandinavischen Raum vermuten lassen, aber die Praxis sieht anders aus. Es existieren unzählige lokale Einschränkungen und Ergänzungen. Letztlich bleibt also nur, genau wie in Deutschland und Österreich, sich vorab über die Vorschriften in der Region zu informieren. Das Übernachten ohne Zelt ist vielerorts nicht verboten (außer in Schutzgebieten), das Übernachten mit Zelt (mit Ausnahmen in der Schweiz) immer.

Das ist übrigens keine Schikane, sondern ergibt durchaus Sinn. Ein Ranger aus dem Schwarzwald berichtete mir kürzlich, wie sehr er mittlerweile mit den Ansprüchen junger Draußenfreunde zu kämpfen habe, die ihr Zelt zum Sonnenuntergang-Gucken auf dem Feldberg aufschlagen. Mitten im Naturschutzgebiet, wo Bergpieper und Auerhühner zumindest nachts ganz gerne ihre Ruhe hätten. Mit hochwertiger Fotoausrüstung, »um ihren Instagram-Followern den Mund wässrig zu machen, die am folgenden Wochenende ähnliche Abenteuer erleben wollen«, wie der Ranger es ausdrückte. Das Instagram-Phänomen – schnell hin, Fotos schießen, schnell wieder weg – ist für bestimmte Hotspots längst ein handfestes Problem. Auch die Mikroabenteuer-Bewegung muss sich vor diesem Hintergrund sicher kritisch hinterfragen. Ich bin dessen manchmal ein bisschen müde, aber weise immer wieder deutlich darauf hin, dass wir uns an die Vorschriften zum Schutz der Natur (und des Privateigentums) halten sollten – aus freien Stücken. Ich habe die Hoffnung, dass wir als Gesellschaft einen guten Weg finden werden, unsere Abenteuerlust auch ohne Jedermannsrecht weiterhin auszuleben. Dafür müssen wir Verantwortung übernehmen. Die Hotspots sind sowieso überbewertet, es gibt genügend andere Ecken.

## Geotagging stoppen?

Seit etwa 2018 wird in der Outdoor-Szene immer heißer diskutiert, ob das Geotagging in den sozialen Medien, also das Verknüpfen von Fotos und Videos mit detaillierten Informationen zum Aufnahmeort, zum Overtourism beiträgt. Das US-amerikanische *Leave No Trace Center for Outdoor Ethics* hat im Zuge dieser Diskussion eine *New Social Media Guidance* mit fünf Punkten formuliert:

- **Denke nach, bevor du einen Geotag setzt!** Oft gibt es die Möglichkeit, den Ort eher allgemein zu wählen (zum Beispiel »Schwarzwald« statt »Wutachschlucht«, »Alpen« statt »Schrecksee«).

- **Achte darauf, was deine Bilder zeigen!** Bedenke, dass andere möglicherweise Dinge nachmachen. Wenn du dich respektvoll verhältst und die Regeln beachtest sowie dich an die Sicherheitsregeln hältst, bist du ein gutes Vorbild.
- **Inspiriere andere zu respektvollem Umgang!** Setze nicht voraus, dass deine Follower über den Ehrenkodex in der Natur Bescheid wissen, sondern weise aktiv darauf hin. Stoße Diskussionen dazu an.
- **Gib deinen Lieblingsorten etwas zurück!** Nimm dir Zeit, um dich mit den Orten und Regionen auseinanderzusetzen, an denen du Bilder machst, und setze dich für ihren Schutz ein.
- **Stelle niemanden bloß!** Jeder hat einen anderen Wissensstand und andere Beweggründe. Versuche, das Umweltbewusstsein anderer zu stärken, ohne sie an den Pranger zu stellen. Kommuniziere wertschätzend, auch und gerade in den sozialen Medien.

lnt.org/new-social-media-guidance

Dass ich ohne Zelt in der freien Natur übernachte, ist nicht nur persönliche Challenge und intensives Erlebnis, sondern durchaus auch ein Akt des Respekts vor dem Gesetz. Natürlich kann man fragen, ob das freie Übernachten ohne Zelt wirklich ein geringerer Eingriff in die Natur ist als das Übernachten mit Zelt. Ich glaube schon! Zum einen ist die Aufstellfläche geringer (wenn ich in der Hängematte übernachte sogar gleich null), der Boden wird also weniger beansprucht. Zum anderen ist ohne Zelt die Hürde größer, überhaupt da draußen zu bleiben. Bedeutet: Es kommen viel weniger auf den Gedanken, in der freien Natur zu übernachten. Von mir aus darf rechtlich also gerne alles so bleiben, wie es ist.

Wünschen würde ich mir allerdings – und dazu bin ich auch immer wieder mit Tourismusvereinen und Privatpersonen im Austausch –, dass es mehr offiziell ausgewiesene Plätze gibt, an denen wir legal ein Zelt in der freien Natur aufstellen dürfen. Gerne auch Biwakplätze, vor allem am Rand von Naturschutzgebieten. Ideen in diese Richtung kommen grundsätzlich zwar nur schleppend voran, weil sie keine großen finanziellen Einnahmen versprechen, werden aber sicher relevanter werden, je mehr Menschen es ins Freie zieht. Einige solcher Angebote gibt es allerdings schon, dazu kommen Apps, die zum Beispiel private Gärten zum Zelten vermitteln. Hier findest du mehr Infos dazu:

- Trekkingplätze: In Kooperation mit den Tourismusverbänden errichtete Mini-Zeltplätze mitten in der Natur. In der Regel gibt es dort Holzplattformen für 3–5 Zelte, eine Biotoilette, manchmal auch eine Feuerstelle. Kosten- und reservierungspflichtig. Auf ▶ christofoerster.com/wildzelten habe ich eine Übersicht zusammengestellt.
- 1Nitetent: Ein Zeltportal nach dem Vorbild des Couchsurfing. Privatpersonen bieten ihre Gärten oder Wiesen zum Zelten an, in der Regel für eine Nacht (wobei natürlich alles individuell mit den Gastgebern abgesprochen werden kann). 1Nitetent hat den Anspruch, für Gastfreundschaft und Offenheit zu stehen. Kodex: Für eine Nacht wird kein Geld (und auch keine andere Gegenleistung) verlangt. 2018 von zwei Lausitzern ins Leben gerufen. ▶ 1nitetent.com
- Zeltzuhause: Auch hier werden private Gärten und Grundstücke zum Zelten vermittelt, allerdings meist gegen ein geringes Entgelt (oder Mitarbeit). Eine Servicegebühr von einigen Euro wird aber immer fällig. Verschiedene Möglichkeiten, die Suche einzugrenzen,

zum Beispiel »hundefreundlich«, »mit Grillmöglichkeit« usw. ▸ zeltzuhause.de

- Warmshowers: »Eine Gemeinschaft von Fahrradtouristen und denjenigen, die sie unterstützen«, so steht es auf der Website. In der Tat finden durchreisende Radfahrer dort warme Duschen – aber natürlich auch einen Schlafplatz. Das Angebot ist ausdrücklich nicht kommerziell, das Netzwerk international. Gastfreundschaft wird hier groß geschrieben. ▸ warmshowers.org
- Dachgeber: Ein vom Allgemeinen Deutschen Fahrrad-Club betriebenes Übernachtungsverzeichnis »von Radlern für Radler«. Hier gilt das Gegenseitigkeitsprinzip: Nur wer selbst bereit ist, andere Radfahrer aufzunehmen (und mindestens ein Jahr in dem Verzeichnis gelistet ist), kann Angebote in Anspruch nehmen. Das Verzeichnis mit über 3000 Adressen in Deutschland existiert nur in gedruckter Form und wird für eine Schutzgebühr von 15 Euro versandt. Die Übernachtungen selbst werden direkt persönlich arrangiert und sind kostenlos. ▸ dachgeber.de
- Homecamper: International ausgerichtete Plattform für Reisende mit Auto, Wohnmobil, Wohnwagen, Rucksack oder Fahrrad. Vermittelt werden gegen Gebühr private Gärten und Grundstücke zum Übernachten. ▸ homecamper.com
- Campspace: Plattform für das Übernachten in Privatgärten und auf Mikro-Campingplätzen mit

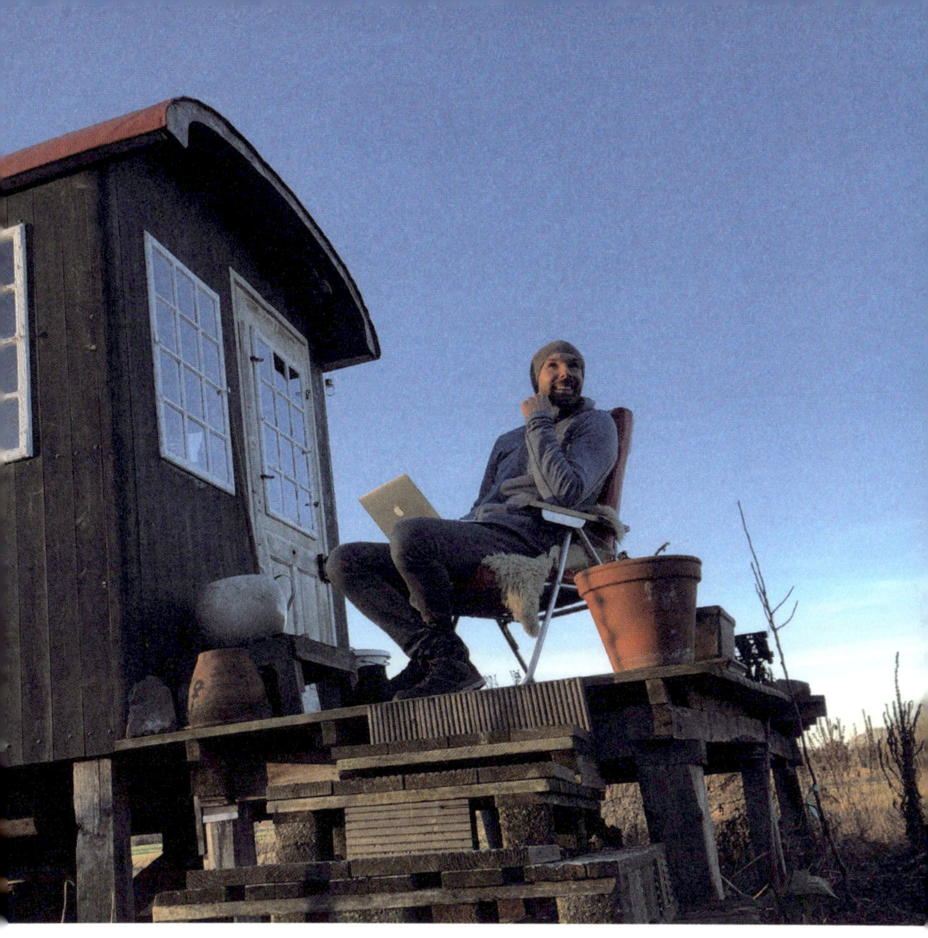

Schwerpunkt auf Holland und Belgien. Gegen Gebühr. ▸ campspace.com

- Outscout: Ein Online-Portal, das naturnahe Camping- und Zeltplätze verzeichnet. Kann eine hilfreiche Inspiration sein, sollte aber immer noch durch eine weiterführende Recherche zu den angezeigten Plätzen ergänzt werden. ▸ outscout.org
- Bauernhofcamping: Liste mit kleinen Naturcamping-plätzen oder Bauernhöfen für um die 20 Euro die Nacht, vorwiegend mit Stellplätzen für Bullis und Wohnmobile. ▸ bauernhofcamping.info

# FRÜHLING, SOMMER, HERBST UND WINTER

## Wir haben einen Lauf!

Dies ist ein Jahreszeitenbuch – und deshalb müssen wir darüber sprechen, was Jahreszeiten eigentlich sind bzw. was wir Mitteleuropäer darunter verstehen. Frühling, Sommer, Herbst und Winter strukturieren unser Jahr. Wir haben uns diese Bezeichnungen irgendwann einmal ausgedacht, genau wie die Trennlinien zwischen ihnen. Unsere Jahreszeiten beschreiben vier Perioden, die durch charakteristische klimatische Eigenschaften gekennzeichnet sind. Wann genau sie beginnen und enden, nun, das lässt sich nicht immer an den tatsächlichen Wetterbedingungen festmachen, deshalb musste ein unverrückbares Gerüst her: die astronomische Konstellation zwischen Erdkugel und Sonne. Wie die Erde zur Sonne steht und in welchem Winkel deren Strahlen auf die Erdoberfläche treffen, daran machen wir die Jahreszeiten fest.

Ob wir überhaupt Jahreszeiten kennen, hängt in der Tat vom Breitengrad ab, auf dem wir leben. Je weiter entfernt vom Äquator, desto mehr schwankt die Tageslänge und desto stärker ist die Ausprägung der Jahreszeiten. Da die Erdachse schräg steht, fallen die Sonnenstrahlen aus unterschiedlichen Winkeln auf die Nord- und die Südhalbkugel. Zwischen März und September ist die Nordhalbkugel stärker der Sonne zugeneigt, zwischen September und März die Südhalbkugel. Deshalb ist dort dann Winter, wenn wir Sommer haben – und andersherum. Am Äquator ändert sich im Jahresverlauf nicht viel. Der Sommer beginnt auf der Nordhalbkugel, wenn die Sonne ihre nördlichste Stellung in Relation zu ihr erreicht, der Winter, wenn sie ganz im Süden steht.

So weit, so logisch. Wenn du tiefer in das Thema eintauchen willst, aber weder Astronom noch Physiker bist (wenigstens hobbymäßig), viel Erfolg! Eine einfache Internet-Suche nach »Jahreszeiten« führt dich direkt in eine faszinierend undurchdringliche Welt aus naturwissenschaftlichen Fachbegriffen. Was ich zumindest kapiert habe, ist, warum sich die astronomischen Jahreszeitenanfänge von Jahr zu Jahr verschieben.

Zwischen zwei Frühlingsanfängen liegen immer 365 Tage, 5 Stunden und 49 Minuten. Jedes Jahr beginnt der Frühling also knapp 6 Stunden später. Nach vier Jahren kommt dann der Trick mit dem Schaltjahr. Der hinkt allerdings auch ein bisschen, weil 4 mal 6 Stunden zwar 24 Stunden sind, aber dadurch immer noch 4 mal 11 Minuten fehlen, weshalb der Schalttag in drei von vier Hunderterjahren ausfällt. 2100, 2200 und 2300 ist es wieder so weit.

Bevor wir uns jetzt doch in der Rechnerei verlieren, blicken wir lieber konkret auf die Daten der Jahreszeitenanfänge: Der Frühlingsbeginn fällt momentan auf den 20. oder 21. März. Im Jahr 2048 wird er erstmals und dann immer öfter auf den 19. März fallen. Sommeranfang ist entweder der 20. oder 21. Juni. Der Herbstanfang pendelt zwischen 22. und 23. September und der Winteranfang zwischen dem 21. und 22. Dezember.

Was ich auch nicht wusste: Seit 1246 ist der Winter die kürzeste Jahreszeit. Er dauert momentan 89 Tage, während der Sommer fast auf 94 kommt.

Das Mysterium der meteorologischen Jahresanfänge hat sich beim Nachschlagen ebenfalls aufgelöst: Die Wetterexperten lassen den Frühling aus einem einfachen Grund am

1. März beginnen, den Sommer am 1. Juni, den Herbst am 1. September und den Winter am 1. Dezember: Die Erfassung der meteorologischen Daten ist so einfacher – man muss nicht mit halbvollen Monaten herumrechnen.

Unabhängig von allen Daten gliedern die Jahreszeiten unsere Gefühlswelt und unser Handeln. Im Sommer sind wir in Urlaubsstimmung, im Herbst melancholisch, im Winter mummeln wir uns ein und im Frühling können wir den erneuten Aufbruch kaum erwarten, beginnen, Haus und Hof zu putzen. Alles Beispiele für den Rhythmus, dem auch wir uns angepasst haben.

Wie nehmen Pflanzen, aber auch Tiere und letztlich auch wir als Menschen überhaupt wahr, welche Jahreszeit gerade herrscht (ohne auf einen Kalender zu gucken)? Am verlässlichsten lässt sich die Jahreszeit über die Tageslichtdauer bestimmen. Ob und wie stark die Sonne scheint, ist zum Beispiel ein mieser Indikator, denn auch im Sommer können Wolken am Himmel stehen.

Nur: Wie sehr funktioniert die natürliche Wahrnehmung in unserer Lebenswelt für den Menschen überhaupt noch? Die künstliche Beleuchtung hat unsere Sensibilität für die Dauer eines Tages im Jahresverlauf sicher beeinträchtigt. Außerdem drehen wir im Winter einfach die Heizung auf und im Sommer die Klimaanlage. Kurz: Unsere Tage werden immer gleicher. Die tatsächlichen Jahreszeiten mit all ihren klimatischen Charakterzügen spielen für uns eine immer geringere Rolle. In der Landwirtschaft, wo man sofort merkt, ob der Frühling in diesem Jahr regenreicher ist oder der Winter wärmer, arbeiten auch immer weniger von uns. Dafür gucken wir jeden Morgen in die Wetter-App.

Bei genauer Betrachtung unserer Jahres-Strukturierung, wird klar: Events haben den natürlichen Rhythmus abgelöst. Weihnachten, Ostern, Valentinstag, Mutter- und Vatertag, seit einiger Zeit sogar Halloween, Silvester. Und dann sind da ja auch noch Karneval und Après-Ski, Jahres-Kick-offs und Sommerfeste. Ostern als Event zu bezeichnen, mag etwas provokant klingen, aber mal ehrlich: Welche Rolle spielt die Religion dabei wirklich für uns?

Umso wichtiger ist es, uns wieder ein Stück diesem natürlichen Lauf zu nähern und die Jahreszeiten mit ihren Eigenschaften wieder mehr zu spüren. Denn je näher wir an die Natur heranrücken, desto näher kommen wir auch uns selbst. Wir sind schließlich Natur – auch wenn unser Leben oft sehr künstlich erscheint. Die Bräuche und Riten, mit denen der Mensch seit Urzeiten den Verlauf des Jahres markiert, zeigen, wie sehr wir eine solche Struktur offenbar brauchen.

Vielleicht können wir diese Riten für uns wiederentdecken. Ich habe in diesem Jahr zum dritten Mal in Folge die Mittsommernacht unter freiem Himmel verbracht und habe mir vorgenommen, das auch in den nächsten Jahren zu tun. Wir können uns auch einen Ort suchen, an dem wir immer am ersten Wochenende eines Monats Zeit verbringen – und wenn es ein Baum ist, unter dem wir jedes Mal eine Zeit lang sitzen. Sich an solchen Spots immer wieder Notizen zu machen bzw. eine Art Tagebuch zu führen, kann den Bezug zu jeder einzelnen Jahreszeit und den Veränderungen in der Natur noch einmal verstärken. Im Frühling, Sommer, Herbst und Winter jeweils ein Mikroabenteuer zu erleben, wäre ebenfalls ein schönes Vorhaben.

Generell kommst du bei einem Mikroabenteuer an der jeweiligen Jahreszeit gar nicht vorbei. Per Fernreise können wir ja schnell vom Winter in den Sommer jetten (oder umgekehrt), wenn du dich für das Abenteuer vor der Haustür entscheidest, dann ist das Wetter, wie es ist – und schwupps, bist du wieder näher dran am natürlichen Lauf der Dinge und dir selbst.

# JAHRESZEITEN MAL ZWEI

## Was wir vom Volk der Samen lernen können

Vier Jahreszeiten, Frühling, Sommer, Herbst und Winter, das ist unser Standard. Am Äquator gibt's keine Jahreszeiten, nur Regen- und Trockenzeit, auch das ist uns geläufig. Viele Völker haben aber bereits vor Jahrtausenden ihre ganz eigenen Jahreszeiten definiert. Im australischen Kakadu-Nationalpark etwa lebt ein Aborigine-Stamm, der sechs Jahreszeiten unterscheidet. Die Samen hoch oben im Norden, das letzte Urvolk Europas, kennen sogar acht Jahreszeiten. Ihre Einteilung ist ein wunderbarer Hinweis darauf, wie auch unsere einst entstanden sein mag – in engem Bezug zum Lauf der Natur. Da die Samen uns auch geografisch ja nicht völlig fern sind, können wir anhand ihrer acht Jahreszeiten einige Beobachtungen auch auf unsere Umgebung übertragen.

### Die acht Jahreszeiten der Samen

> Die Samen – Europas einzige Urbevölkerung – teilen das Jahr in acht Jahreszeiten ein, um das Wechselspiel der Natur zu verdeutlichen und den Fokus auf das zu legen, was im jeweiligen Stadium der Natur wichtig ist. So beschreibt das schwedische Fremdenverkehrsamt (Visit Sweden) die Jahreszeiten der Samen:

**Winter** › Dálvvie, Jahreszeit der Pflege Eine dicke Schneeschicht schützt das Erdreich und das Land. Sie ruhen unter Millionen glitzernder Schneekristalle, die sich um das empfindliche Weideland kümmern, das nach und nach schrumpft. Der karge Winter hütet die Rene durch seine Strenge, sie bewegen sich nur langsam, um überleben zu können. Ihre Hufe graben sich durch nahezu meterdicke Schneedecken, um die als Nahrung dienenden Flechten freizulegen. Die Sonne kämpft sich ihren Weg langsam zurück in das nördliche Himmelszelt, sie schenkt hoffnungsvolles Licht, und die Schneekristalle glitzern vor Dankbarkeit.

**Spätwinter** › Gijrradálvvie, Jahreszeit des Erwachens Die Tage werden in kleinen Schneehuhnschritten heller, erwecken die Natur zum Leben. Die Eiszapfen tropfen, vergießen Freudentränen. Das Erwachen ruft Bewegung hervor, die weiblichen Rene, die das neue Leben in sich tragen, blicken erwartend gen Nordwesten, während die Sehnsucht des Erdreichs nach dem Erwachen noch unter der Schneedecke schwelt. Die weiblichen Rene wissen, dass es bald an der Zeit ist, wieder an die gleichen Stellen zurückzukehren, die ihre Kälber Jahr für Jahr willkommen heißen.

**Frühling** › Gijrra, Jahreszeit der Rückkehr Nun sind die Tage und Nächte hell, mit betäubendem Dröhnen lösen sich die Eisplatten, die lebendig sprudelnden Wasserläufe kitzeln das Erdreich und locken das Grün zur Wiederkehr. Miessemánnu ist das samische Wort für den Mai, den »Kalbmonat«. Jetzt machen die Kälber ihre ersten wackeligen Gehversuche. Die Rene sind an die Lichtungen an den Waldhängen zurückgekehrt, die sie Jahr für Jahr aufsuchen, weil sie sich dort geborgen fühlen. Die Kälber sammeln Kraft und Mut für die ihnen bevorstehende Wanderung durchs Leben.

**Frühsommer** ‣ Gïjrragiessie, Jahreszeit des Wachstums
Das Erdreich kleidet sich in zartes Grün, schmückt sich mit den Farben der Vegetation. Vorsichtig und zögernd streckt sie sich nach der warmen Luft, die Saat geht immer stärker auf. Das Laub der Bäume wird mutiger und lässt sich auf das Spiel des Windes ein. Die Mücken treiben die Rentierherden auf die Gletscher im Fjäll. Die Samen bereiten sich auf den Umzug ins Fjäll vor, wo die Kälber in der Sicherheit ihrer Herde in Ruhe heranwachsen dürfen.

**Sommer** ‣ Giessie, Jahreszeit des Nachdenkens Der kurze, aber helle Sommer hält die Menschen und Rene wach. Die Kälber müssen markiert werden, die Rene können sich endlich am Reichtum der Natur satt essen. Sie müssen Fettreserven anlegen, um überleben zu können, denn bald werden sie sich in ihr schönes dichtes Herbstfell kleiden. Das Geweih wächst, und wir verfolgen, wie die Rene zunehmen.

**Spätsommer** ‣ Tjakttjagiessie, Jahreszeit der Ernte Das Licht, die Wärme, die Sonne und der Regen haben das Beste aus der Vorratskammer des Erdreichs hervorgelockt. Es schenkt uns Beeren, Kräuter und Pilze. Wir jagen. Wir sammeln die letzten Gaben der Erde ein, die nun langsam beginnt, ihre Kleidung abzulegen.

**Herbst** ‣ Tjakttja, Jahreszeit der Antriebskraft Der Frost meldet seine Anwesenheit an, ergreift das Erdreich. Das gelbe Gras legt sich wie ergrautes Haar über das Land, das im Lauf des Jahres älter geworden ist. Die Zeit drängt das Erdreich zur Ruhe, es bereitet sich auf den kleinen Tod vor. Die Zeit der Dunkelheit, skábma, nähert sich, und Geschichten über das Rätsel des Lebens begleiten uns durchs Dunkel.

**Frühwinter** › Tjakttjadálvvie, Jahreszeit der Wanderungen
Die Sonne wandert davon, überlässt uns der Stille und dem Warten. Die Rene werden in kleinere Herden unterteilt, behutsam wandern sie auf ihre Winterweiden. Das Erdreich ist empfindlich, und wir müssen es mit Sorgfalt behandeln. Es schläft unter der glitzernden Schneedecke, und das Nordlicht – das Licht der Augen all jener, die uns verlassen haben – blickt auf uns herab. Die Sterne leuchten in klaren Mustern, so dass wir den Weg zurück finden in das neue Jahr, das auf uns wartet.

https://visitsweden.de/aktivitaten/kultur-geschichte-und-kunst/kultur/die-acht-jahreszeiten-der-samen/

# DIE ULTIMATIVE JAHRESZEITEN-LOBHUDELEI

**Raum für Notizen**

Hier kannst du eintragen, was du an den jeweiligen Jahreszeiten besonders magst – gerne mit Fokus auf deinem Natur- und Abenteuer-Erleben. Dass die Reihenfolge mit dem Herbst beginnt, hat den Grund, dass wir in dieser Jahreszeit, nach der sommerlichen Haupt-Draußensaison, meist in das erste Motivationstief geraten.

**Herbst**

## Winter

## Frühling

## Sommer

# ÜBERBLICK: WAS PASSIERT DENN DA DRAUSSEN SO?

## Inspirationen im Tabellenformat

Um ein besseres Gefühl dafür zu bekommen, was wann im Jahr in der Natur passiert, habe ich auf den nächsten Seiten verschiedene Übersichten zusammengetragen: Eine zum Thema Wildkräuter und -beeren (Was lässt sich wann essen?), eine zur besten Erntezeit für Pilze (Welcher ist wann erntereif?), eine zu den Jagdzeiten in Deutschland (Welche Tiere dürfen wann gejagt werden? Also auch: Wann muss ich im Wald vorsichtiger sein?) und eine zum Sonnenaufgang und -untergang im Jahresverlauf (Wann ist es wo wie lange hell?). Zu den Wildkräutern findest du später, nach Jahreszeiten sortiert, noch Details, genauso zur Situation der Wildtiere. Mir liefern solche gerafften Informationen oft neue Inspiration für Mikroabenteuer. So traurig das ist: Wir haben im Alltag weder immer die Zeit noch die Muße, uns erst tief einzulesen, bevor wir mit etwas beginnen.

Falls du bei der Übersicht zum Sonnenaufgang und -untergang im Jahresverlauf stutzen solltest: Dort ist die aktuell (Juli 2021) gültige Zeitumstellung berücksichtigt. Eine Aufhebung der halbjährlichen Uhrendreherei wird politisch zwar anvisiert, ist aber bislang nicht konkret geplant. Die Orte in der Übersicht sind so gewählt, dass sie mehr oder weniger auf einer Nord-Süd-Achse liegen, denn weiter westlich geht die Sonne etwas später auf und unter (am Beispiel Luzern ist dieser Effekt in der Tabelle schon abzulesen).

# SONNENAUFGANG & SONNENUNTEGANG

*im Jahresverlauf*

| | Flensburg | Hamburg | Hannover | Kassel | Frankfurt / Main | Stuttgart | Bodensee, Konstanz | Luzern |
|---|---|---|---|---|---|---|---|---|
| 01.01. | 08:46<br>16:05 | 08:36<br>16:10 | 08:31<br>16:17 | 08:27<br>16:24 | 08:24<br>16:33 | 08:17<br>16:37 | 08:12<br>16:41 | 08:13<br>16:47 |
| 01.02. | 08:12<br>16:59 | 08:05<br>17:02 | 08:02<br>16:07 | 08:00<br>17:11 | 07:59<br>17:18 | 07:53<br>17:20 | 07:50<br>17:23 | 07:52<br>17:28 |
| 01.03. | 07:12<br>17:57 | 07:08<br>17:57 | 07:07<br>17:59 | 07:07<br>18:01 | 07:09<br>18:06 | 07:05<br>18:06 | 07:04<br>18:07 | 07:07<br>18:11 |
| 01.04. | 06:55<br>19:58 | 06:54<br>19:54 | 06:56<br>19:54 | 06:58<br>19:54 | 07:02<br>19:56 | 07:01<br>19:53 | 07:02<br>19:52 | 07:06<br>19:55 |
| 01.05. | 05:44<br>20:55 | 05:46<br>20:49 | 05:51<br>20:46 | 05:55<br>20:43 | 06:02<br>20:43 | 06:04<br>20:37 | 06:07<br>20:34 | 06:12<br>20:36 |
| 01.06. | 04:53<br>21:47 | 04:58<br>21:37 | 05:06<br>21:32 | 05:12<br>21:27 | 05:21<br>21:25 | 05:25<br>21:16 | 05:30<br>21:12 | 05:36<br>21:13 |
| 01.07. | 04:50<br>22:01 | 04:56<br>21:50 | 05:04<br>21:44 | 05:11<br>21:39 | 05:21<br>21:36 | 05:25<br>21:28 | 05:30<br>21:23 | 05:36<br>21:24 |
| 01.08. | 05:33<br>21:22 | 05:36<br>21:14 | 05:42<br>21:10 | 05:47<br>21:07 | 05:55<br>21:06 | 05:58<br>21:00 | 06:01<br>20:46 | 06:07<br>20:58 |
| 01.09. | 06:30<br>20:12 | 06:30<br>20:08 | 06:33<br>20:07 | 06:36<br>20:06 | 06:41<br>20:08 | 06:41<br>20:04 | 06:42<br>20:02 | 06:47<br>20:05 |
| 01.10. | 07:25<br>18:56 | 07:22<br>18:55 | 07:23<br>18:57 | 07:23<br>18:58 | 07:26<br>19:02 | 07:23<br>19:01 | 07:23<br>19:01 | 07:26<br>19:05 |
| 01.11. | 07:26<br>16:44 | 07:20<br>16:46 | 07:15<br>16:50 | 07:16<br>16:54 | 07:16<br>17:00 | 07:10<br>17:02 | 07:08<br>17:04 | 07:10<br>17:09 |
| 01.12. | 08:22<br>15:59 | 08:14<br>16:03 | 08:09<br>16:10 | 08:05<br>16:16 | 08:03<br>16:25 | 07:55<br>16:28 | 07:52<br>16:32 | 07:52<br>16:38 |

beispielhaft 2021

# JAGDZEITEN *Kalender*

Auf der Webseite schonzeiten.de kannst du die expliziten Jagd- und Schonzeiten für die jeweiligen Bundesländer in Deutschland nachlesen.

| | | |
|---|---|---|
| **Rotwild** | Kälber 1.8. – 28.2. | |
| | Schmalspießer (männlich ab 2. LJ) 1.6. – 28.2. | |
| | Schmaltiere (weiblich ab 2. LJ) 1.6. – 31.1. | |
| | Hirsche & Alttiere 1.8. – 31.1. | |
| **Damwild** | Kälber 1.9. – 28.2. | |
| | Schmalspießer 1.7. – 28.2. | |
| | Schmaltiere 1.7. – 28.2. | |
| | Hirsche & Alttiere 1.9. – 28.2. | |
| **Sikawild** | Kälber 1.9. – 28.2. | |
| | Schmalspießer 1.7. – 28.2. | |
| | Schmaltiere 1.7. – 31.1. | |
| | Hirsche & Alttiere 1.9. – 31.1. | |
| **Rehwild** | Kitze 1.9. – 28.2. | |
| | Schmalrehe (männlich, jung) 1.5. – 31.1. | |
| | Ricken (weiblich) 1.9. – 31.1. | |
| | Böcke (männlich, alt) 1.5. – 15.10. | |
| **Gamswild** | 1.8. – 15.12. | |
| **Schwarzwild (Wildschweine)** | 1.1. – 31.12. | |
| **Feldhase** | 1.10. – 15.1. | |
| **Fuchs** | 1.1. – 31.12. | |
| **Dachs** | 1.8. – 31.10. | |
| **Marder (Baum- & Steinmarder)** | 16.10. – 28.2. | |
| **Rebhuhn** | 1.9. – 15.12. | |
| **Fasan** | 1.10. – 15.1. | |
| **Wildenten** | 1.10. – 15.1. (Stockente aber bereits ab 1.9.) | |

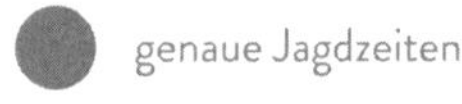

ganzjährig geschont:
Fischotter, Murmeltier, Luchs, Wildkatze, Falke, Greif

| Januar | Februar | März | April | Mai | Juni | Juli | August | September | Oktober | November | Dezember |
|---|---|---|---|---|---|---|---|---|---|---|---|

Überblick Jagdzeiten

# WILDPFLANZEN
## *Erntekalender*

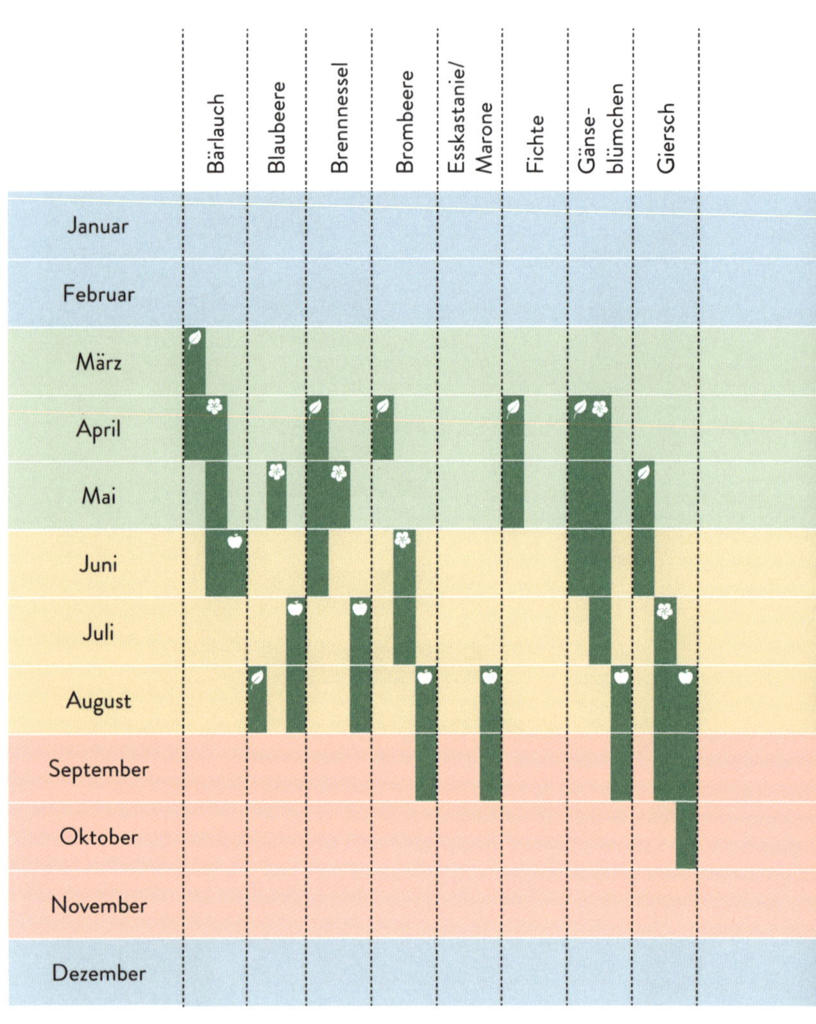


Blätter Blüten / Knospen Samen / Früchte

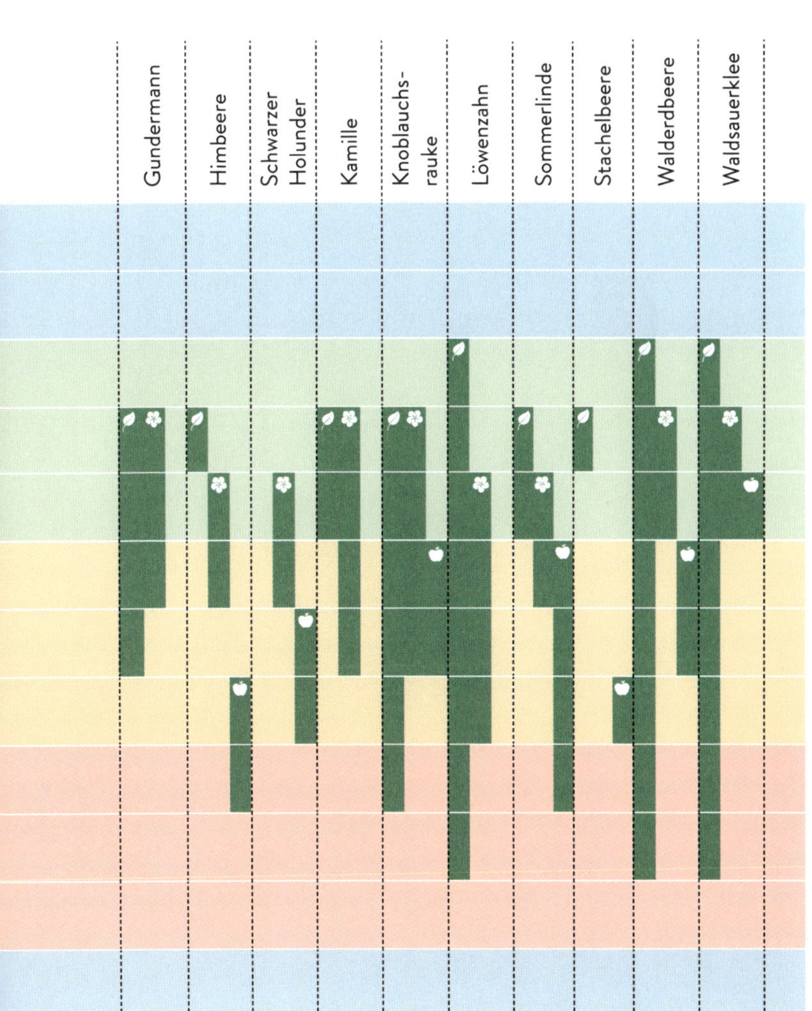

Gundermann
Himbeere
Schwarzer Holunder
Kamille
Knoblauchs-
rauke
Löwenzahn
Sommerlinde
Stachelbeere
Walderdbeere
Waldsauerklee

# PILZ *Kalender*

| | Austernseitling | Butterpilz | Krause Glucke | Maronen-röhrling | Parasol | Pfifferling | Schopftintling | Speisemorchel | Steinpilz |
|---|---|---|---|---|---|---|---|---|---|
| Januar | | | | | | | | | |
| Februar | | | | | | | | Nebensaison | |
| März | Hauptsaison | | | | | | Nebensaison | Nebensaison | |
| April | Hauptsaison | | | | | | Nebensaison | Hauptsaison | |
| Mai | Nebensaison | | | | | | Hauptsaison | Hauptsaison | |
| Juni | | | Nebensaison | Hauptsaison | Nebensaison | Hauptsaison | Hauptsaison | Nebensaison | Nebensaison |
| Juli | | | Nebensaison | Hauptsaison | Hauptsaison | Hauptsaison | Hauptsaison | | Hauptsaison |
| August | | Nebensaison | Hauptsaison | Hauptsaison | Hauptsaison | Hauptsaison | Hauptsaison | | Hauptsaison |
| September | | Hauptsaison | Hauptsaison | Hauptsaison | Hauptsaison | Hauptsaison | Hauptsaison | | Hauptsaison |
| Oktober | | Hauptsaison | Hauptsaison | Hauptsaison | Hauptsaison | Nebensaison | Hauptsaison | | Hauptsaison |
| November | | Nebensaison | Hauptsaison | Hauptsaison | | | Hauptsaison | | |
| Dezember | | | | | | | | | |

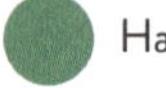 Hauptsaison  Nebensaison

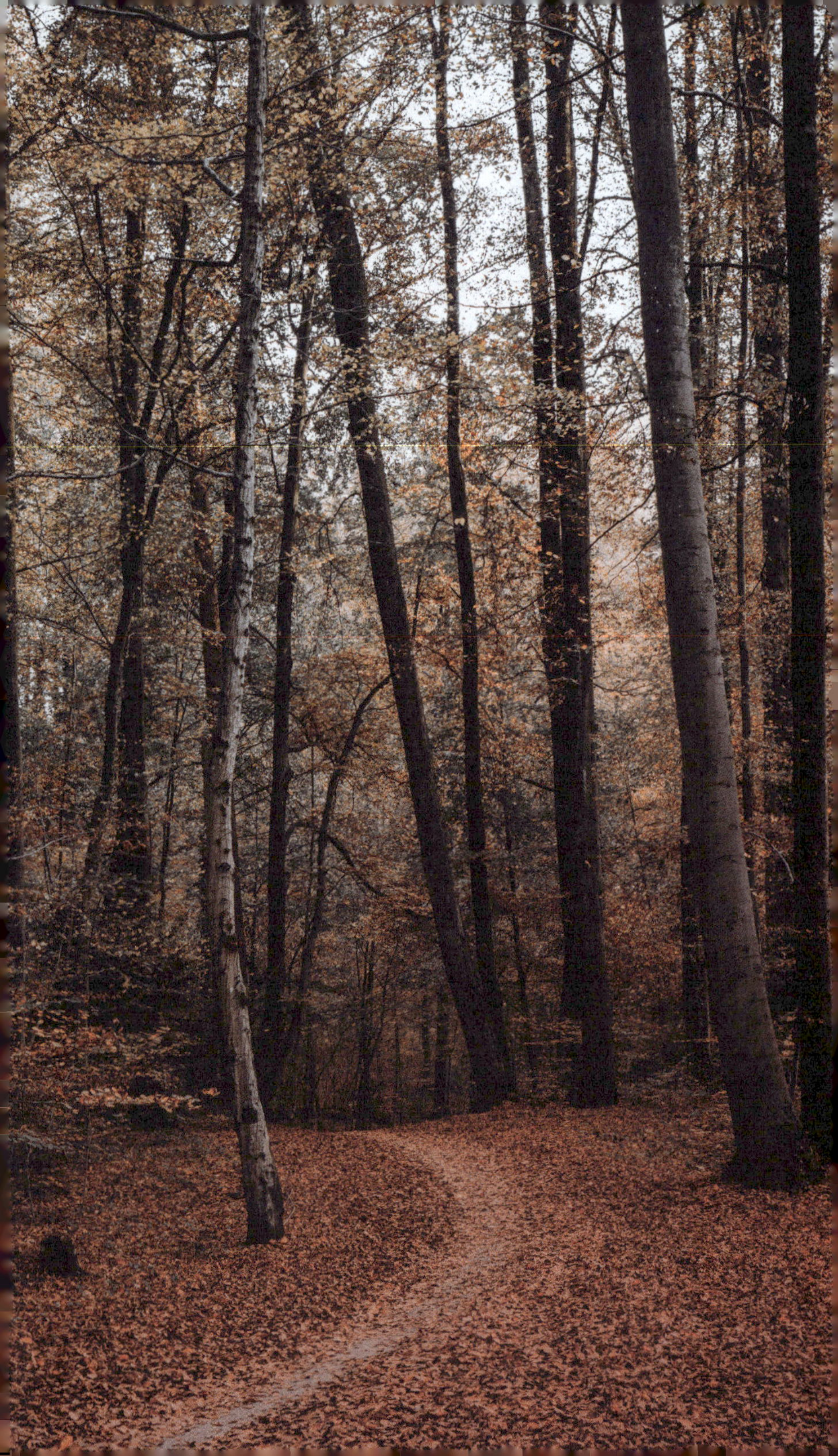

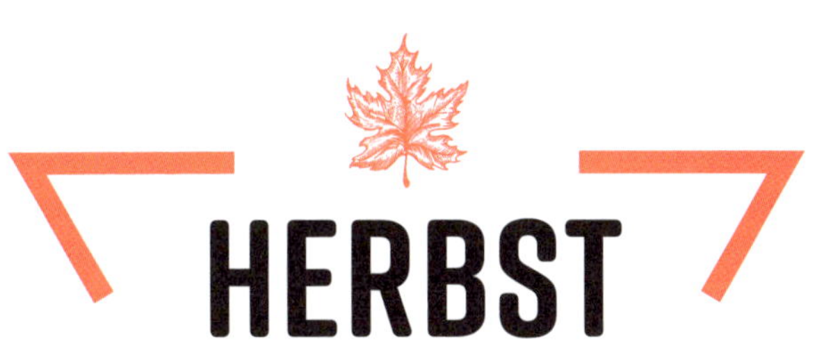

# HERBST

**Sorge dafür, dass einige der Wege, die du in deinem Leben gehst, dreckig sind.**

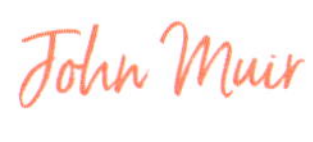

»Der Herbst ist meine Lieblingsjahreszeit«, das höre ich erstaunlich oft. Vielleicht liegt das daran, dass ich in Norddeutschland lebe und die Menschen hier den Wind noch mehr lieben als anderswo. In der Tat hat der Herbst eine einzigartige Atmosphäre, die nur schwer in Worte zu fassen ist. Er pustet die Hitze und Schwüle weg, führt uns aber auch vor Augen, dass wieder ein Sommer vorüber ist. Er kann wunderschön und extrem ungemütlich sein – und manchmal liegt seine Schönheit sogar genau dort, in der Ungemütlichkeit. Er schickt uns weiches Licht und finsteres Grau. Der Herbst ist wie das Leben.

Die Bäume verlieren ihre Blätter (mehr dazu auf ▶ S. 88) und die Pilze sprießen (▶ S. 106). Eicheln und Bucheckern, Kiefern- und Tannenzapfen bedecken den Waldboden. Die Hagebuttenfrüchte entwickeln durch den ersten Frost erst ihr typisches Aroma, genau wie die roten Berberitzen und die leuchtend-orangefarbenen Vogelbeeren der Eberesche. Hirsche paaren sich (▶ S. 112), und die Zugvögel verschwinden gen Süden.

Für Mikroabenteurer ist der Herbst oft eine Art Prüfstein: Gelingt es mir, die Lust auf draußen aus dem Sommer nicht nur zu bewahren, sondern auch in Erlebnisse und Touren umzumünzen? Auf den folgenden Seiten findest du einige Anregungen, Anekdoten und Informationen, die dich dabei unterstützen, deine kleinen Herbst-Abenteuer zu finden. Auch wenn du dafür sicher keine Himalaya-Ausrüstung brauchst, wird der Schutz vor Wind und Wetter jetzt wichtiger. Auf ▶ S. 119 gibt es deshalb auch einige Ausrüstungs-Tipps.

# IDEEN FÜR SEPTEMBER, OKTOBER UND NOVEMBER

## Den Geist des Sommers weiterdrehen

**Herbstanfang** – Wie erwähnt variieren Tag und Uhrzeit jedes Jahr etwas, markiere dir der Einfachheit halber den 21. September als Herbstanfang im Kalender. Die Nacht vom 20. auf den 21. verbringst du draußen, um in den Herbst »reinzufeiern« (das Gleiche kannst du zu jedem Jahreszeitenbeginn tun).

**Herbstmarsch** – Eine lange Wanderung zu jeder Jahreszeit, auch das ist eine Idee, die du langfristig anlegen kannst. Am besten läufst du von deiner Haustür los und dann grob entlang einer Bahnstrecke, auf der ein Regionalzug oder eine S-Bahn verkehrt. So kannst du früh morgens starten und dann am Abend (oder natürlich auch am nächsten Morgen) mit dem Zug zurückfahren. Außerdem hast du so einen ganz guten Gradmesser: Vielleicht schaffst du's im Frühjahr eine Station weiter, vielleicht musst du auch früher in den Zug. Lag's am Wetter, an deiner Verfassung, daran, wie viel Zeit du dir gelassen oder was du unterwegs Neues entdeckt hast? Eine solche feste, aber dennoch variable Strecke bildet eine schöne Referenz.

**Herbstschwimmen** – Wie der Marsch ist Schwimmen ein Abenteuer, das du zu jeder Jahreszeit einmal einbauen kannst. Und du kannst es auch gut mit dem Marsch kombinieren.

Gerade Ende September sind die Wassertemperaturen meist noch halbwegs angenehm. Sofern du in einem See schwimmst, bilden die Bäume am Ufer mit ihren verfärbten Blättern eine großartige Kulisse. Auch hier: Raus aus der Komfortzone, sprich: kein Auto, sondern zu Fuß oder mit dem Rad zum Gewässer deiner Wahl.

**Green Friday** – Ende November ruft der Einzelhandel online und in den Geschäften mit teils surrealen Angeboten zum Black Friday. Die Rabattschlacht haben wir mit Kusshand aus den USA übernommen, wo schon länger immer am Tag nach Thanksgiving die Weihnachts-Shopping-Saison eingeläutet wird. Ich habe den Black Friday vor zwei Jahren zum ersten Mal ganz bewusst zum grünen Freitag gemacht und war von Sonnenaufgang bis Sonnenuntergang draußen, ohne Handy, ohne Geld. Auch einige nachhaltig orientierte Unternehmen setzen mittlerweile Alternativkonzepte gegen den Black Friday – die schwedische Marke Haglöfs etwa schloss im vergangenen Jahr am Black Friday ihren Online-Shop komplett, erhöhte die Preise in ihren Brand Stores und spendete die kompletten Einnahmen des Tages an die schwedische Gesellschaft für Naturschutz. Was ist deine Idee, um Grün ins Schwarz zu bringen?

**Wellenreiten** – Wenn die ersten Herbststürme durchziehen, das Wasser aber noch nicht eiskalt ist, stehen die Chancen auf einen guten Surftag in heimischen Gefilden am besten. Board organisieren, Neoprenanzug einpacken und dann mit der Bahn nach Sylt oder Norderney. Auch Zandvoort und Scheveningen in Holland sowie Hvide Sande und Thy in Dänemark sind beliebte Spots unter hartgesottenen Nordsee-Surfern. Wer nur ein SUP hat (und das sind ja einige, nachdem das Stehpaddeln zuletzt Megatrend wurde), kann natürlich auch damit in die Welle.

**Pilzpfanne sammeln** – Klar, der Herbst ist Pilzezeit. Auf ▶ S. 106 findest du mehr Infos dazu, was du beim Sammeln beachten solltest und welche Pilze sich am besten für ein Gericht eignen. Um aus dem Sammeln ein echtes kleines Abenteuer zu machen, brichst du am besten von zu Hause zu Fuß oder mit dem Rad auf und bereitest die Pilze direkt frisch vor Ort zu. Nur bitte darauf achten, dass auch ein Kocher ein offenes Feuer darstellt – du solltest also in sicherer Entfernung vom Waldrand dinieren.

**Die Ernte crashen** – Vielerorts wird jetzt die letzte Ernte des Sommers eingebracht. Besonders interessant: Wein und Äpfel. Sich einfach in irgendeine Schenke zu setzen und die Gläser zu heben, ist sicher kein Abenteuer, zumindest keines im Outdoor-Sinn. Aber jetzt an Mosel und Rhein unterwegs zu sein oder im Alten Land, der Obstwiese der Nation, ist durchaus clever. Man bekommt die Ernte mit und kann hier und da auch mal eine Kleinigkeit abgreifen. Inspiration dazu liefert die Website mundraub.org, eine Art Pflückatlas für öffentliches Obst.

**Almabtriebe** – Meist im September, zum Teil auch noch Anfang Oktober werden in den Alpenregionen die Tiere von den Almen und Alpen (in Deutschland und Österreich heißt es Alm, in der Schweiz Alp) hinunter ins Tal getrieben. In vielen Orten wird das mit traditionellen Feierlichkeiten begleitet. Wann die Abtriebe wo stattfinden, ist auf der Website almabtriebe.de zusammengetragen. Die Infos dort vermitteln auch direkt ein Gefühl dafür, wie sehr der Brauch touristisch ausgeschlachtet wird.

**Ein Laubbett bauen** – Ob Laub wirklich ein so guter Isolator ist, wie es heißt, das kannst du im Herbst wunderbar selbst im Wald testen. Sammle so viel Laub zusammen, dass du entweder einen großen Müllsack damit füllen kannst (der dann als deine Matratze dient) oder dass du eine Fläche von zwei mal ein Meter etwa 40 Zentimeter hoch auffüllen kannst. Damit das Laub nicht seitlich wegrutscht, musst du diese Fläche mit einer Art Gestell aus Ästen stabil begrenzen. Die Herausforderung: mit dem Schlafsack direkt auf das Laubbett, ohne eine Isomatte zu verwenden. Wie warm das Laub wirklich hält, hängt natürlich von verschiedenen Faktoren ab (Außen- und Bodentemperatur, Feuchtigkeit usw.). Hilfreich ist meist, noch einige herumliegende Nadelbaumzweige oder anderes dünnes Gezweig unter das Laub zu mischen, damit dieses nicht einfach nur plattgedrückt wird (und dann ja nicht mehr isolieren kann). Die obere Schicht sollte aber schon aus Gründen der Bequemlichkeit immer aus Laub bestehen. Starte am besten mit einem Mittagsschlaf und nimm für die Nacht eine Not-Isomatte mit. Wenn es partout nicht geht, packst du zusammen und wanderst nach Hause.

**Ausrüstung spenden** – Es gibt viele Menschen, die das Draußenschlafen nicht als Abenteuer begreifen, sondern schlichtweg keine eigene Wohnung haben. Im Winter wird es für sie mangels geeigneter Ausrüstung besonders hart. Deshalb am besten schon jetzt im Herbst ins eigene Materiallager gucken: Was liegt seit Jahren nur rum? Was könnte mal ersetzt werden? Gib die aussortierten Sachen den Organisationen, die sie an Bedürftige verteilen. Das sind oft Kirchengemeinden, die Diakonie, Antikältehilfen oder das Rote Kreuz. Zuletzt hat auch der Outdoor-Händler Globetrotter aufgerufen, alte Schlafsäcke zu spenden. Für jeden gab es einen Gutschein im Wert von 50 Euro, der für den Kauf eines neuen Schlafsacks genutzt werden konnte. Wenn du deinen alten Schlafsack nicht weggeben möchtest, kannst du ihn auch umfunktionieren: Nähe daraus zum Beispiel einen Underquilt für deine Hängematte, also eine Isolierdecke zum Drunterhängen. Inspirationen dafür und weitere Ideen findest du im Internet unter dem Begriff »Make your own gear« (MYOG).

**Tour de Matsch –** Einen Tag lang so richtig schön einsauen, von oben bis unten – wenn der Herbst sich von seiner ungemütlichen Seite zeigt, ist die richtige Gelegenheit dafür. Am effektivsten funktioniert das mit dem Fahrrad, weil Dreck und Wasser da besonders schön spritzen. Um auf Nummer sicher zu gehen, am besten bei leichtem Nieselregen los, nachdem es in den Vortagen schon ordentlich geplattert hat. Zur Navigation: Immer zielsicher ins nächste Matschloch. Lässt sich natürlich auch mehrtägig machen, aber dann wird es abends richtig fies, wenn du in den Schlafsack musst. Am nächsten Morgen wieder in die nassen Klamotten steigen zu müssen, ist auch nicht das Schönste. Für einen Tag (oder auch einen halben) aber ist so eine Tour de Matsch Härtetest und Freudentanz zugleich.

**Foto-Mikroabenteuer** – Johannes Höhn, Fotograf und Gründer des Instagram-Fotografen-Kollektivs German Roamers, verriet mir in einem Podcast-Gespräch, dass der Herbst die Jahreszeit sei, in der er am liebsten fotografiere. Morgens hängt oft noch Nebel in den bodennahen Luftschichten, das Sonnenlicht ist weicher, die Farben dramatischer. Auch ohne die tausendfach abgelichteten Hotspots abzuklappern, lässt sich fotografisch unendlich viel entdecken im Herbst – von kleinsten Details bis zu großen Panoramen. Der Blick durch die Linse eröffnet immer wieder neue Perspektiven. Eine professionelle Ausrüstung ist dafür überhaupt nicht nötig, das Smartphone reicht völlig aus. Ein Stativ erweitert die Möglichkeiten aber deutlich, vor allem, wenn es dämmert und die Aufnahmen aus der Hand verwackeln würden. Schon ein kleines Stativ mit flexiblen Beinen, die sich um Äste oder Geländer schlingen lassen, erfüllt den Zweck. Um vorab schon zu checken, wie die Sonne zu welcher Uhrzeit steht, wann die magische Blaue Stunde einsetzt oder wie die Milchstraße an diesem Tag aussieht, kannst du zum Beispiel die Apps Sun Surveyor und PhotoPills nutzen.

Die DFS-DrohnenApp von der Deutschen Flugsicherungsbehörde zeigt genau an, was du an deinem Standort zum Filmen mit der Drohne beachten musst. Am besten aber gleich zu Hause lassen, das Ding.

> **Einen »Sack für alle Fälle« packen** – Erst die notwendige Ausrüstung zusammensuchen zu müssen, ist oft schon das, was uns abhält von einem spontanen Abenteuer vor der Haustür. Diese Ausrede kannst du eliminieren, indem du immer einen Rucksack mit dem wichtigsten Kram bereitstehen hast. Dieser einfache, aber wirklich hilfreiche Kniff ist zwar jahreszeitenunabhängig, aber der Herbst ist ein guter Zeitpunkt, um sich darum zu kümmern. In den Rucksack kommen Gaskocher, Couscous oder Reis, Salz und Pfeffer, Geschirr, Messer, Stirnlampe und Regenjacke. Auch Klamotten wie Unterwäsche, Shirts, Socken und Fleecejacke kannst du schon neben dem Rucksack bereitlegen, Schuhe genauso. Bei Schlafsack und Isomatte kommt es darauf an, wie du sie sonst lagerst. Schlafsäcke mögen es ja meist auf Dauer nicht komprimiert, selbstaufblasende Isomatten auch nicht. Wenn du Tarp und Hängematte nutzt, wandern die auch schon in den Rucksack. Ein bisschen Bargeld schadet auch nicht. Du weißt selbst am besten, was du brauchst. Gib dem »Sack für alle Fälle« einen festen Platz – am besten irgendwo, wo du regelmäßig vorbeikommst.

**The Long Way Home** – Titel etlicher Romane, Filme, Musikalben und Songs. Ich höre sofort Tom Waits' herrlich knarzende Stimme, wenn ich diese Worte aufschreibe: The Long

Way Home. Ja, warum nicht mal den langen Weg nach Hause nehmen? Von der Arbeit. Zu Fuß. Aus dem Bauch heraus. Alles bis 20 Kilometer Entfernung, also rund vier Stunden Netto-Gehzeit sollte doch hinhauen (danach kann das Fahrrad ins Spiel kommen, aber das erfordert natürlich schon wieder Planung und nimmt Spontanität). Zum Abendessen tut es ein Snack unterwegs. Zu Hause noch schnell unter die Dusche, Tee kochen und direkt im Bett trinken.

**Fährten lesen** – Alte Jäger- und Sammlerkulturen haben die Fähigkeit, Tiere aufzuspüren, bis zur Perfektion gebracht. Sie waren unglaublich wach, hatten ein riesiges Wissen über das Verhalten der Tiere und zogen aus den kleinsten Details Schlüsse. Der Herbst ist ein guter Zeitraum, um sich mit dieser verloren gegangenen Kunst zu befassen, weil der Boden jetzt weicher wird und darauf die Spuren der Tiere leichter zu entdecken sind.

Die Fragen, die sich Fährtenleser stellen, sind folgende:

- Wer hat diese Spur hinterlassen?
- Was hat das Tier hier gemacht?
- Wann war das Tier hier?
- Warum war dieses Tier hier?
- Wohin ist es gegangen?
- Wie hat es sich gefühlt?

Zu den Anhaltspunkten gehören also bei Weitem nicht nur die Trittsiegel (siehe folgende Seite), sondern auch Kot, Fraßreste, Fell usw. Eine Folge von Trittsiegeln wird in der Regel Fährte genannt, zumindest bei Dam- und Schwarzwild. Bei anderen Tieren spricht man in der Tat meist einfach von einer Spur, bei Vögeln vom Geläufe. Die Fährten- und Spurenbilder können deutliche Hinweise darauf geben, ob das Tier hier gejagt hat, auf Nahrungssuche war, durchgewandert oder geflüchtet ist. Am besten nimmst du ein Notizbuch mit, um deine Beobachtungen zu notieren. Auch ein Maßband kann ganz nützlich sein.

Das Allerwichtigste: Es sollte uns beim Fährtenlesen nicht darum gehen, den Tieren zu nahe zu rücken, geschweige denn, sie in die Enge zu treiben. Was zählt, ist die intensive Auseinandersetzung mit ihnen und dem Lebensraum, Natur mit allen Sinnen.

Wer sich zum Einstieg Unterstützung wünscht, findet über das Netzwerk der Wildnisschulen in Deutschland entsprechende Kurse wildnisschulen-netzwerk.de. Und auf der Website spurenjagd.de kannst du dich mit Gleichgesinnten austauschen.

## TIERSPUREN

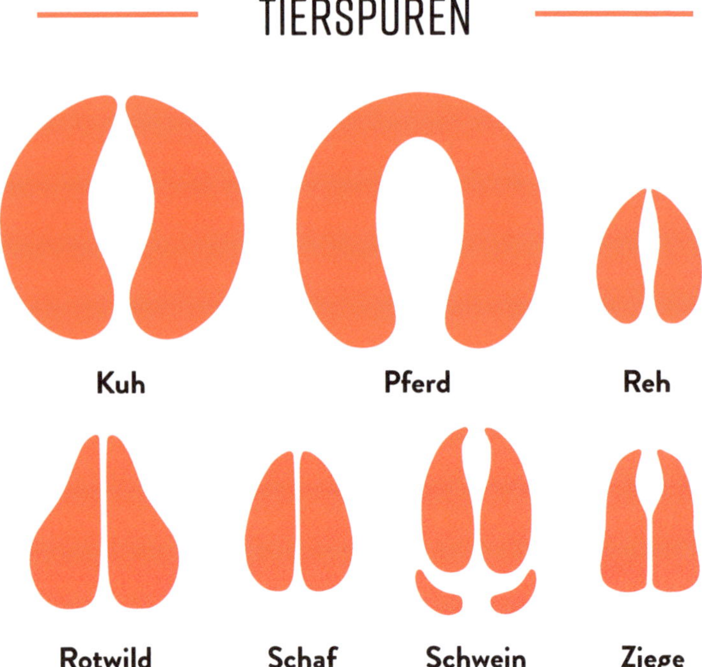

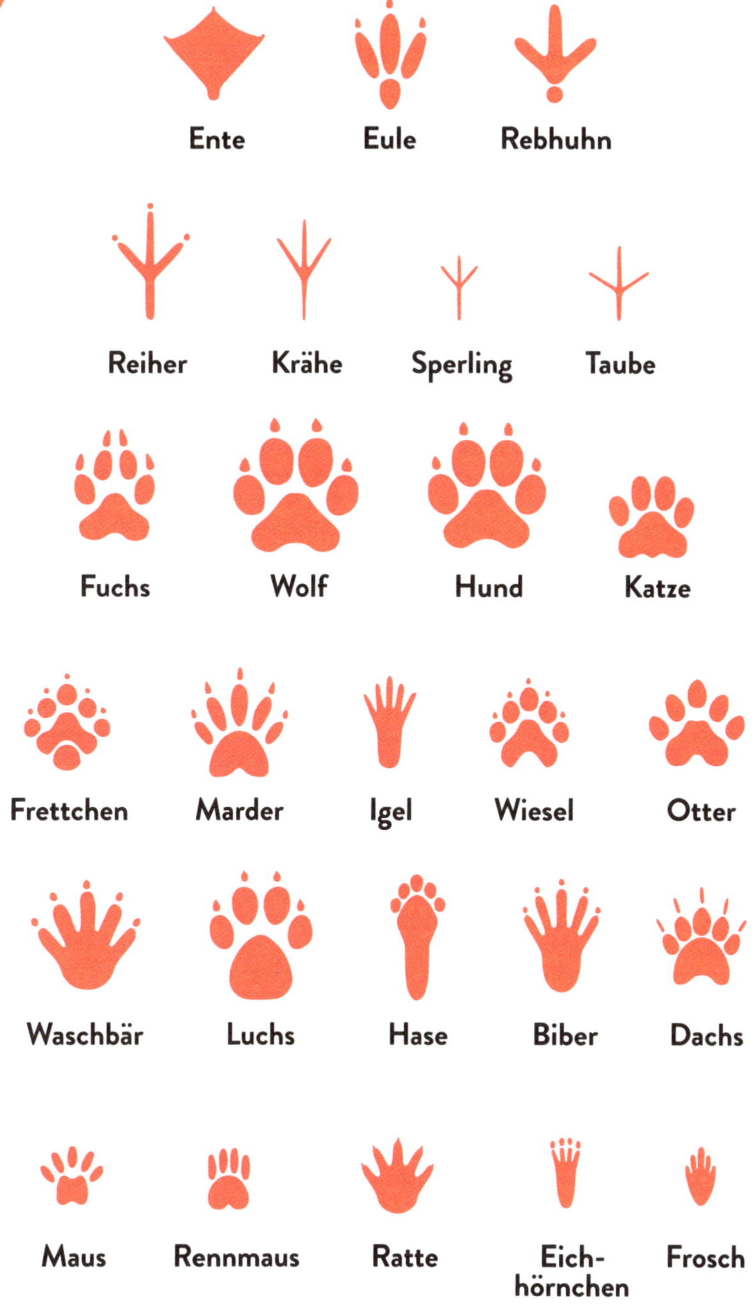
Ente
Eule
Rebhuhn
Reiher
Krähe
Sperling
Taube
Fuchs
Wolf
Hund
Katze
Frettchen
Marder
Igel
Wiesel
Otter
Waschbär
Luchs
Hase
Biber
Dachs
Maus
Rennmaus
Ratte
Eich-
hörnchen
Frosch

## Liste der wilden Tiere, die ich gesehen habe

**Liste der wilden Tiere, deren Spuren ich gesehen habe**

# INDIAN SUMMER ODER: BUNT SIND SCHON DIE WÄLDER

**Wo es im Herbst besonders schön leuchtet**

Der Begriff Indian Summer steht ursprünglich für ein typisches Naturphänomen auf dem nordamerikanischen Kontinent im späten Herbst: Wenn dort entlang der Atlantikküste nach ersten Nachtfrösten ein Hochdruckgebiet entsteht und warme Luft aus dem Süden der Vereinigten Staaten nach Norden strömt, verfärben sich die Blätter besonders spektakulär. In der tief stehenden Sonne leuchten sie in unzähligen Nuancen. Vor allem das intensive Scharlachrot, das die Blätter des Zucker-Ahorns annehmen, ist charakteristisch für den Indian Summer in Nordamerika. Was der Indian Summer mit den Ureinwohnern des Kontinents zu tun hat, ist nicht ganz klar. Jedenfalls steht die Bezeichnung in der Kritik – spätestens seitdem man erkannt hat, dass der Begriff »Indianer« zu wenig wertschätzend ist.

## Die Jagd auf den großen Bären

> Bei den Irokesen gibt es die Legende von der Jagd auf den großen Bären. Der Bär wird jeden Herbst von zwei Männern verfolgt. Seine Kraft trägt ihn hoch in den Himmel, doch auch da ist er nicht sicher. Den beiden Männern und ihrem Hund gelingt es, dem Bären zu folgen und ihn zu erlegen. Sein heruntertropfendes Blut färbt die Blätter

des Ahornbaums. Hinter dem Sternbild des Großen Bären sind die beiden Jäger und ihr Hund als drei einzelne Sterne zu erkennen (genau die Sterne, die in unserer Vorstellung die Deichsel des Großen Wagens bilden, sozusagen die Verlängerung des Großen Bären mit seinen vier Sternen).

Tourismusverbänden und Medien sei Dank, gibt es mittlerweile auch in Deutschland einen »Indian Summer«. Bei Licht betrachtet ist das zwar nicht mehr als ein Herbst in all seiner Pracht, aber auch nicht weniger. Denn natürlich können auch hiesige Wälder magisch leuchten, wenn das Wetter passt. Ich will hier dennoch einige Gegenden auflisten, die es im Herbst ganz besonders zu besuchen lohnt:

**Der Ahornboden im Karwendel** – Auf dem Grund des Risstals in Tirol stehen über 2000 Ahornbäume und bilden ein einzigartiges natürliches Kunstwerk in 1200 Metern Höhe. Die ältesten Bäume sind rund 600 Jahre alt und sterben langsam weg. Mithilfe von Spenden wurde aber zuletzt verstärkt Nachwuchs gepflanzt.

**Der Teutoburger Wald** – Was das wohl damals für ein Herbst war, in dem Jahr, als die Germanen den Römern in der Varusschlacht eine vernichtende Niederlage zufügten? Hier im niedersächsischen Bergland. Auf dem 156 Kilometer langen Hermannsweg liegen etliche Spots mit grandioser Aussicht, alle auch prädestiniert dafür, sie in ein individuelles Mikroabenteuer zu integrieren.

**Der Pfälzerwald und die Nordvogesen** – Die Sächsische Schweiz mit dem Elbsandsteingebirge ist auch im Herbst natürlich einmalig schön. Da dort mittlerweile aber auch meist extrem viel los ist, sei das größte zusammenhängende Waldgebiet Deutschlands als Alternative mit ähnlichen Eigenschaften erwähnt: Bizarr geformte Felsen, canyonartige Schluchten, weites Mittelgebirgspanorama. Im Süden, an der deutsch-französischen Grenze geht der Pfälzerwald in die Vogesen über. Mein Lieblingsmoment in der Ecke: ein Oktober-Sonnenaufgang im Dahner Felsenland nach langer Wanderung.

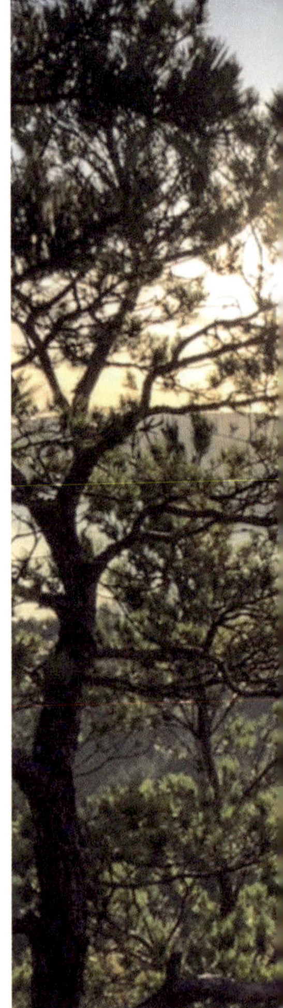

**Die Uckermark** – Wälder, Seen, Hügel und wenig Einwohner, oder anders: Skandinavien-Feeling im Nordosten Brandenburgs, nur 80 Kilometer von Berlin entfernt (eine Tagesdistanz mit dem Fahrrad). Hier umherzustreifen, ist zu jeder Jahreszeit ein Ereignis, aber im Herbst, wenn die Luft schon kalt ist und morgens Nebelschwaden über Wasser und Wiesen ziehen, wenn der Sommer die Touristen längst nach Hause geschickt hat, dann wird es hier magisch. Der Buchenwald Grumsin, Weltnaturerbe der UNESCO, zieht einen besonders in den Bann.

Diese Auswahl ist willkürlich, das versteht sich von selbst. Auch der Schwarzwald, der Bayerische Wald, der Chiemgau, die Eifel oder der Hunsrück sind großartige Bühnen für das Schauspiel der bunten Blätter. Überall dort, wo Laubbäume stehen, ist das, was wir Indian Summer nennen, möglich.

Für die Farbenorgie gibt es übrigens einen einfachen Grund: Die Bäume schalten in eine Art Notprogramm. Über die Blätter verdunsten im Frühjahr und Sommer jeden Tag Hunderte Liter Wasser. Bei gemäßigten Temperaturen nimmt

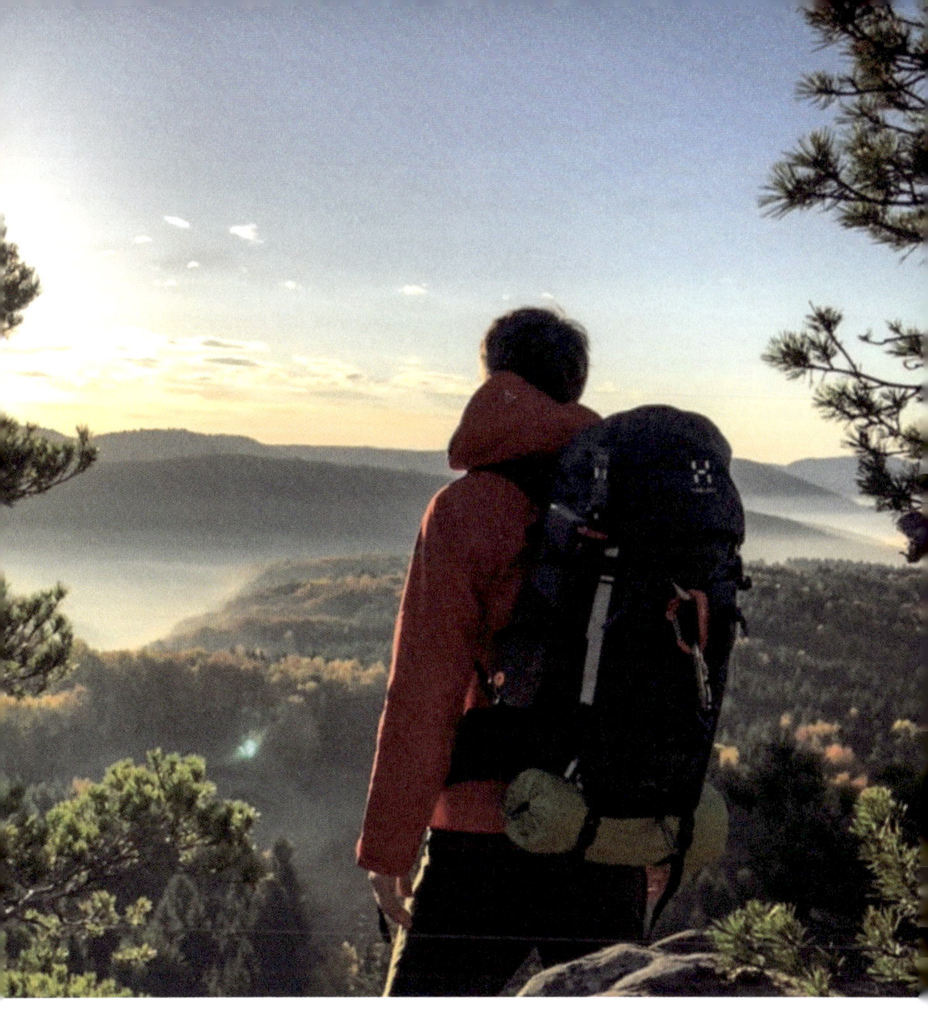

ein Baum dieses Wasser über die Wurzeln wieder auf. Das gelingt aber nicht mehr, sobald es Frost gibt. Deshalb müssen die Blätter weg. Vorher werden aber noch die nützlichen Substanzen aus den Blättern (dazu gehören unter anderem Stärke und der grüne Blattfarbstoff Chlorophyll) in Stamm und Wurzeln umgelagert. Ist das Grün raus, verfärben sich die Blätter je nach Art des Baumes und Restanteil des Grüns in verschiedenen Tönen. Das Abwerfen der Blätter dient gleichzeitig auch zur Entgiftung – viele Schadstoffe gehen mit den Blättern. Die Bäume unterziehen sich auf diese Weise einer Art Zellerneuerung. Nadelbäume werden nicht kahl, weil ihre Nadeln weniger Wasser verdunsten. Sie sind von einer dicken Wachsschicht und einer festen Haut umgeben, beides hemmt die Verdunstung. Ausnahme ist die Lärche, sie wirft ihre Nadeln im Winter ab.

## Heimische BLÄTTERFORMEN

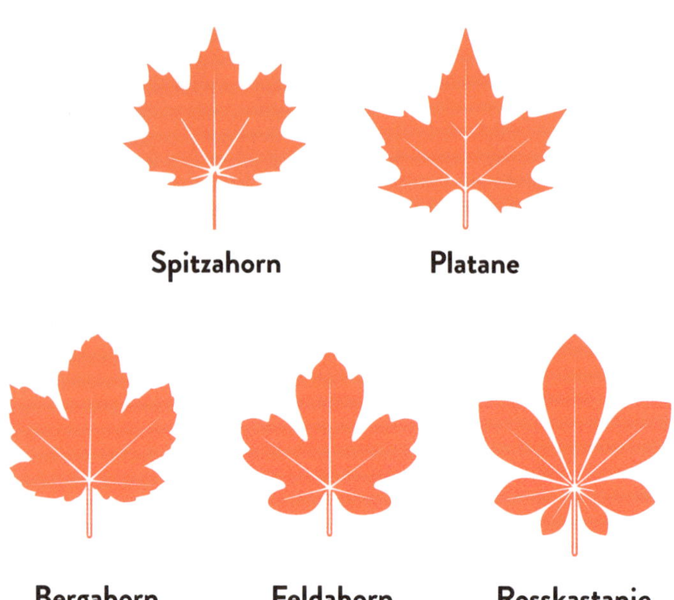

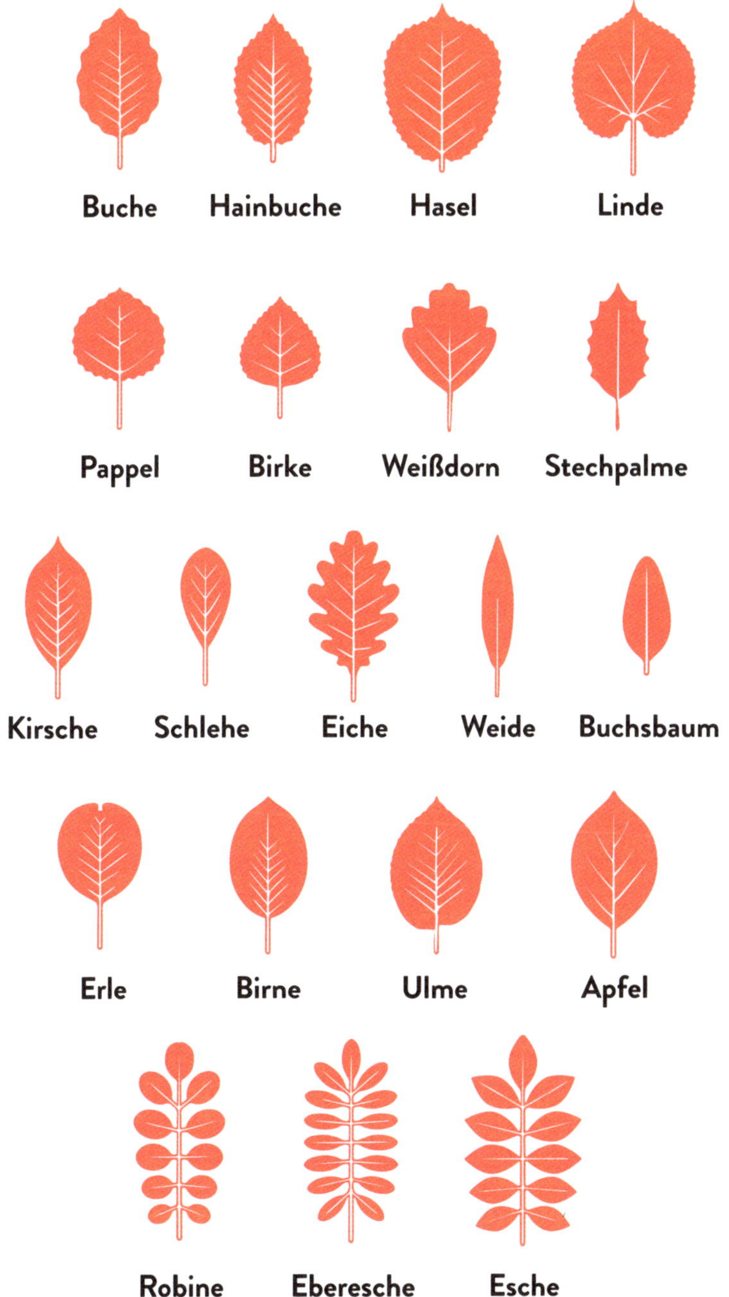
Buche
Hainbuche
Hasel
Linde
Pappel
Birke
Weißdorn
Stechpalme
Kirsche
Schlehe
Eiche
Weide
Buchsbaum
Erle
Birne
Ulme
Apfel
Robine
Eberesche
Esche

# LOGBUCH
# // HEUTE EIN KÖNIG //

## Wenn der Nachtzug zweimal bimmelt

Ich bin erst etwas skeptisch, als ich diese E-Mail aus Irland bekomme. Eine dort ansässige Agentur schreibt mir, einer ihrer Kunden würde mich gerne für einen Vortrag in Berchtesgaden buchen. Im Hotel Kempinski. Ich mache mich schlau und merke recht schnell: Die sind vertrauenswürdig. Man würde mir ein Zimmer vor Ort reservieren und mir einen Flug von Hamburg buchen. Das Zimmer nehme ich dankend an, fliegen will ich nicht. Ich habe mir in den Kopf gesetzt, mit dem Nachtzug zu fahren, und zwar nicht kurz vor knapp, sondern zwei Tage früher als eigentlich nötig. Ich bin schon einmal mit dem Nachtzug von Hamburg in die Alpen gefahren und weiß, dass man für einen Platz mit etwas Privatsphäre meist tiefer in die Tasche greifen muss als für einen Flug. Ich weiß aber auch, was für ein gutes, erdendes Gefühl es ist, den Nachtzug zu nehmen. Mein Glück: Der Kunde bezahlt auch diese Art der Anreise.

Der Vortrag ist für Freitagmorgen geplant, Dienstagabend steige ich in Hamburg-Altona in den Zug. Ich liebe es, am Abend aufzubrechen und in die Nacht hinein zu reisen. Vielleicht, weil ich mich sofort in einem erlesenen Kreis wähne – alle anderen gehen jetzt (oder spätestens in ein paar Stunden) nach Hause, wir juckeln einmal längs durch die

Republik. Juckeln ist tatsächlich die passende Beschreibung, wir wären viel zu früh da, wenn wir in Normalgeschwindigkeit unterwegs wären.

Um kurz nach 6 Uhr steige ich aus und bin in Wels, die achtgrößte Stadt Österreichs. Es ist Ende November, und die scharfe Kälte der Nacht liegt noch auf dem Bahnsteig. Ich lehne meinen Rucksack gegen einen Stromkasten und laufe ein wenig auf und ab. Direkt auf der anderen Seite fährt kurz darauf ein Regionalzug ein, der mich nach Salzburg bringt. Dort wechsle ich noch einmal den Zug und bin um 9 Uhr in Berchtesgaden. Mein Computer, anderer Technikkram, Jeanshemd und saubere Hose sowie salonfähige Schuhe wandern direkt in eines der paar Schließfächer. Dann nehme ich den Bus runter nach Schönau am Ufer des Königssees.

Dieser See gehört zu den beeindruckendsten und beliebtesten Naturschönheiten Deutschlands. Fjordartig ruht er zwischen Watzmann und Hagengebirge. Rechts und links steil abfallende Felswände, hinter ihm die massiven Ostalpen. Glasklares Wasser. Im Sommer wäre ich nicht hergekommen (zu viel Remmidemmi!), und selbst jetzt hat sich vor

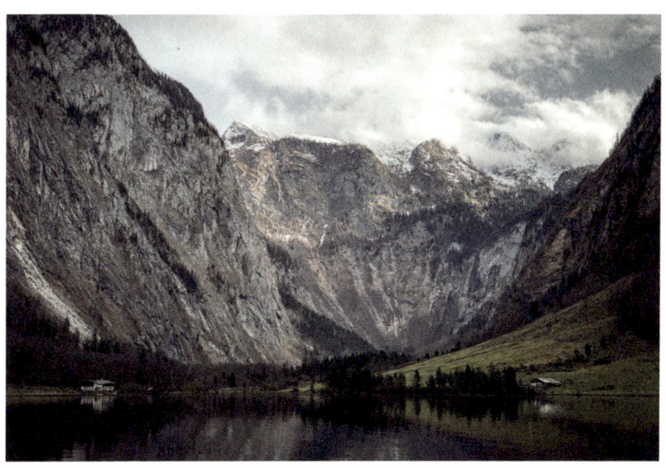

dem Kassenhäuschen für die Bootsfahrt eine stattliche Touristenschlange gebildet. Ich reihe mich ein und fühle mich deplatziert. Ich bin der Einzige mit Wanderstiefeln und großem Rucksack.

Die traditionell elektrisch betriebenen Ausflugsboote fahren nach St. Bartholomä, eine mittelalterliche Wallfahrtskirche auf der Halbinsel Hirschau am Westufer des Königssees – ein Postkarten-Idyll. Wenn es für Besucher aus dem Ausland ein Klischee-Deutschland gibt, dann liegt es hier.

»Ich würde gerne erst morgen Nachmittag wieder zurückfahren«, sage ich, als ich an der Reihe bin. Der Ticketverkäufer stutzt kurz. »Sicher?«, fragt er. Ich bejahe, und er bläut mir noch mal die Abfahrzeit für das letzte Boot ein – wer das verpasst, hat nämlich ein Problem: Es gibt keinen anderen Weg von St. Bartholomä nach Schönau als den über das Wasser.

Die Bootsfahrt ist schön, keine Frage, aber doch von dieser Atmosphäre überlagert, die immer dann entsteht, wenn Menschen nur für ihre Bucket List von A nach B gebracht werden. Mitten auf dem See halten wir plötzlich an. Der Co-Kapitän, der eben noch in holprigem Englisch Wikipedia-Infos ins Mikro genuschelt hat, holt das Flügelhorn hervor und trötet eine Melodie über den See. Echo-Aufführung. Und tatsächlich: Wenn ich die Augen schließe, erreicht der erstaunlich klare Widerhall auch mich.

»Morgen soll es schneien. Pass gut auf«, gibt mir der Flügelhornspieler noch mit auf den Weg, nachdem wir angelegt haben. Nebenbei arbeite er für die Bergwacht und habe schon so einige runterholen müssen von da oben. Ich versichere ihm, dass ich weiß, worauf ich mich einlasse – und vor allem, dass ich nicht zum Watzmann hochwill. Mein Plan: Von St. Bartholomä am Ufer des Königssees entlang zum Obersee, der sich südöstlich an den Hauptsee anschließt, über die Fischunkelalm Richtung Röthbachfall, wo das Was-

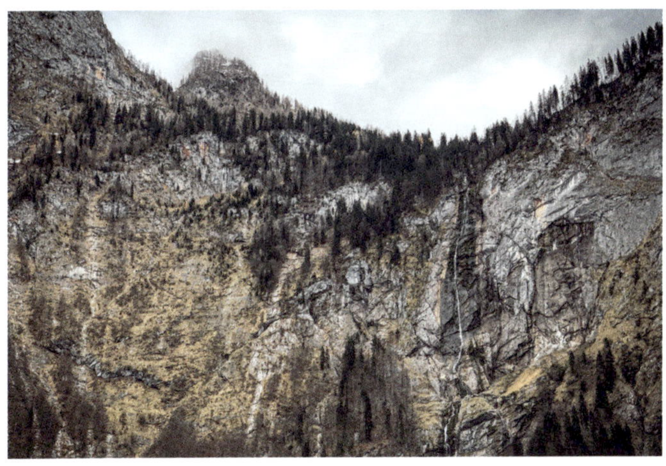

ser 400 Meter am Fels hinunterstürzt, so tief wie nirgendwo sonst in Deutschland. Aufsteigen bis zur Wasseralm... und dann mal gucken. Morgen vielleicht zum Watzmannhaus, eine Runde wäre auf jeden Fall schön, sodass ich mich dem See wieder von Westen nähere. Hauptsache, Ruhe finden. Und das gelingt schneller, als ich es mir erträume: Weil alle, wirklich alle, am Ende des Anlegers rechts abbiegen, Richtung Wallfahrtskirche. Ich gehe links und bin von diesem Moment an allein. Zu diesem Zeitpunkt weiß ich das natürlich noch nicht, aber in den nächsten 30 Stunden werde ich keiner Menschenseele begegnen.

Hier in den Bergen fühlt sich der späte Herbst schon fast wie Winter an. Die ohnehin nicht sonderlich üppige Vegetation ist noch einmal ausgedünnt, das Grau der Felsen verschwimmt mit dem des Himmels. Die wenigen Laubbäume haben ihre Blätter bereits abgeworfen, nur vereinzelt sind kleine gelb-braune und rötliche Flicken im Waldteppich zu erkennen. Die Stille ist gewaltig.

Schon nach wenigen Minuten gelange ich an die breite Mündung des trocken liegenden Eisgrabens, ein Feld aus

Steinen, gespickt mit ausgewaschenen Baumstämmen und Ästen, die hergespült wurden, als der Fluss noch Wasser führte. Wie in Neuseeland, denke ich. Oder Kanada. Ich muss nichts. Auf niemanden warten, niemandem hinterherhecheln. Ich muss noch nicht einmal zu einer bestimmten Uhrzeit an einem bestimmten Ort sein. Okay, da ist der Vortrag übermorgen, aber der erscheint mir gerade Lichtjahre entfernt.

Der Weg zur Wasseralm führt über einen Steig durch die Röthwand. Stoisch folge ich seinem Zickzackkurs, Schritt für Schritt ein wenig höher, weiter hinein ins Nichts des Moments – oder besser: ins Alles. Jedes Mal, wenn ich innehalte, um mich umzusehen, liegt das Tal des Königssees noch imposanter da. Und obwohl es bewölkt ist, leuchtet das klare Wasser von den Rändern des Sees bis zu mir.

Es dämmert bereits, als ich ankomme. Die kleine Alpenvereinshütte befindet sich im Winterschlaf, und auch sonst mutet die Wasseralm an wie ein aufgegebenes Berggehöft. Irgendwo soll ein Schlüssel hinterlegt sein, der außerhalb der Saison Zugang zum Schutzraum der Hütte verschafft. Aber ich lese die Hinweise auf dem verwitterten Schild gar nicht

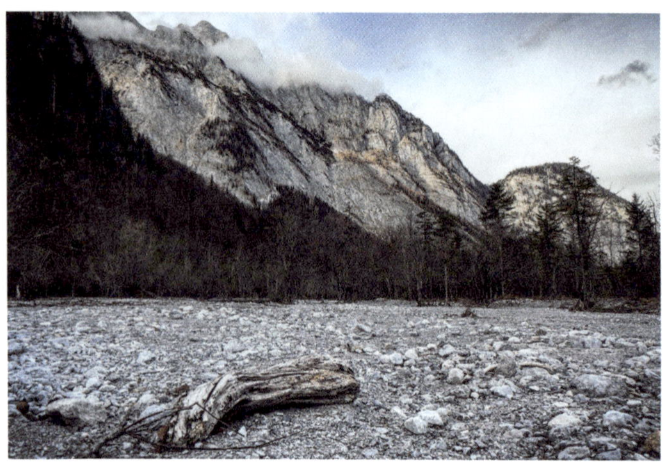

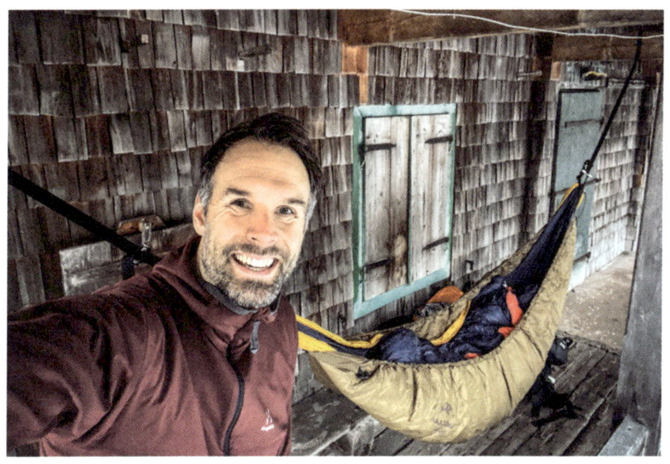

bis zum Ende. Die Dachbalken des Überstands eignen sich perfekt, um meine Hängematte zu befestigen. Erstmal habe ich aber Hunger. Ich rolle eine der beiden geräucherten Forellen, die ich mir vorhin noch besorgt habe, aus dem Papier, schneide mit dem Messer kleine Stücke heraus und schiebe sie mir zufrieden in den Mund. Kurz darauf schaukle ich eingemummelt in meinen dicken Daunenschlafsack unter dem Hütten-Vordach. Ein grandioser Platz, denn obwohl ich vor Regen geschützt bin, sehe ich noch genug vom beeindruckenden Sternenhimmel. Kein menschengemachtes Geräusch, ehrlich gesagt auch kaum ein natürliches. Es ist einfach still. Wahrscheinlich bin ich der einzige Mensch in einem Radius von mindestens drei Stunden Fußmarsch. Komischerweise macht mir das nicht ein Fünkchen Angst, im Gegenteil: Ich fühle mich unfassbar wohl.

Dass ich hier an der Hütte übernachte und nicht einfach irgendwo im Wald, hat einen einfachen Grund: Ich befinde mich im Nationalpark, wo das »wilde« Kampieren streng verboten ist. Und obwohl mich sicher niemand erwischen würde, will ich morgen noch in den dreckigen Spiegel gucken können, der ein paar Meter weiter an der Außenwand der Hütte hängt. Ob ich im Schutzraum liege oder hier lautlos unterm Vordach hänge, das macht ja keinen Unterschied.

Früher gab es auf der Röth deutlich mehr Almen, auf denen Kühe grasten und Bergbauern ihre Arbeit verrichteten. Im Zweiten Weltkrieg wurden aber alle Hütten niedergerissen. Schon vorher erklärten die Nationalsozialisten die Röth zur Sperrzone. Hermann Göring, später Oberbefehlshaber der Luftwaffe und zu diesem Zeitpunkt Reichsjägermeister sowie Oberster Beauftragter für den Naturschutz, machte sie 1934 zum »Naturschutzgebiet besonderer Ordnung« – um sich im gleichen Jahr eine private Jagdhütte auf einer der Almen bauen zu lassen. Kurz darauf ließ er Steinböcke und Geißen aus der Schweiz heranschaffen, um sie auf der Röth auszuwildern. Man baute eine Materialseilbahn und schaffte die Tiere, die vorher per Ruderboot über den Königssee transportiert worden waren, in Holzkisten auf die Hochebenen jenseits der Röthwand. Sogar der italienische Diktator Benito Mussolini soll später zwei Pracht-Steinböcke aus den italienischen Alpen als Geschenk gesandt haben. Das Fundament der Göring-Jagdhütte (von der unklar ist, wie oft er sie überhaupt persönlich genutzt hat) ist heute noch zu sehen, genau wie Überreste der Seilbahn. Die Hütte, an der ich diese Nacht verbringe, wurde 1950 als Einzige wiederaufgebaut und dient Bergsteigern heute als wichtiger Stützpunkt für Gipfeltouren.

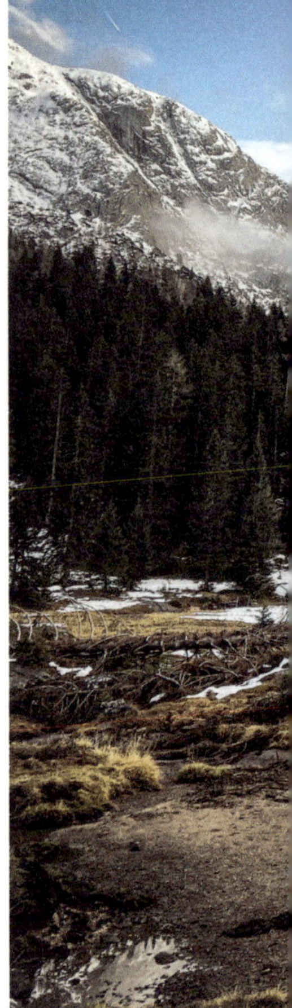

Zum Frühstück gibt es Forelle Nummer zwei. Der Tag hat sich Zeit gelassen mit dem Erwachen und ich auch. Es ist

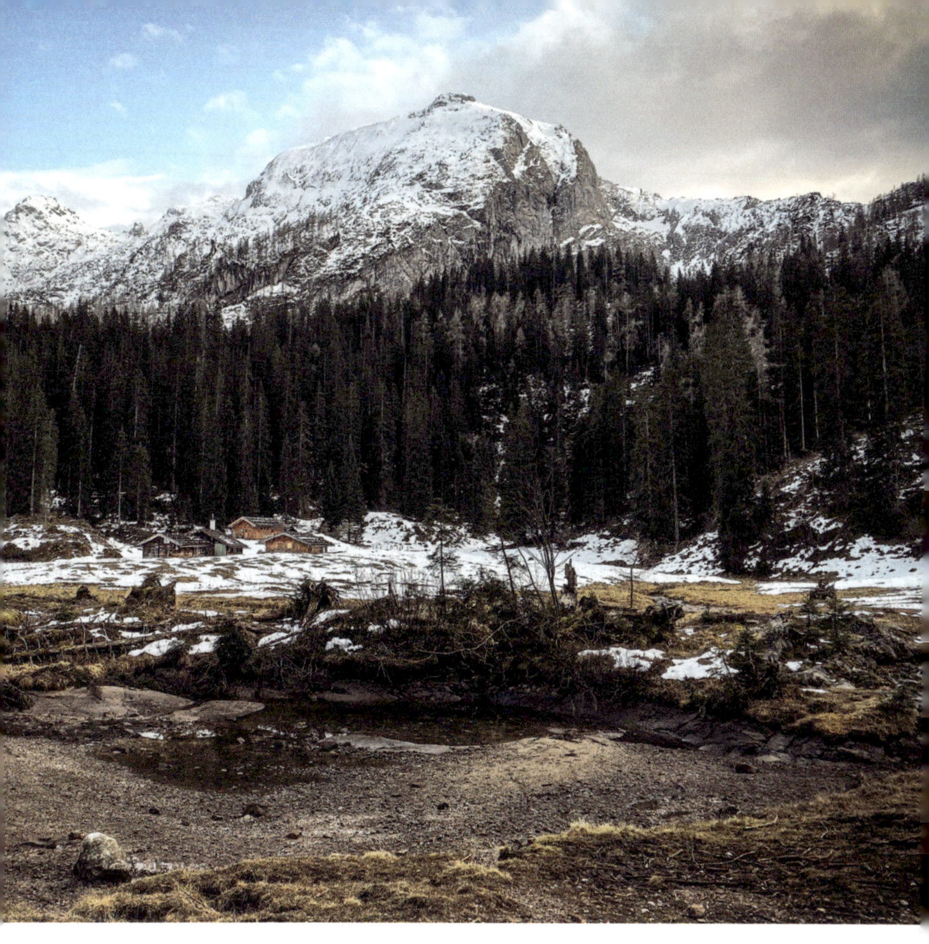

diesig, und ja, es sieht in der Tat nach Niederschlag aus. Hier auf 1423 Metern Höhe bedeutet das schon Schnee – weiter oben, wo ich heute gerne noch hinmöchte, erst recht. Ich streife durch Märchenwälder, vorbei an zugefrorenen Seen, passiere die Baumgrenze. Das Watzmannhaus auf fast 2000 Metern Höhe schlage ich mir aus dem Kopf. Für eine hochalpine Schneetour bin ich nicht ausgerüstet. Aber ich habe auch wenig Lust, den gleichen Weg zurückzugehen, deshalb entscheide ich mich für einen Schlenker, der mich durch die berüchtigte Saugasse wieder ins Tal führt. Die Saugasse ist eine schluchtartige Steilrinne, 300 Höhenmeter auf

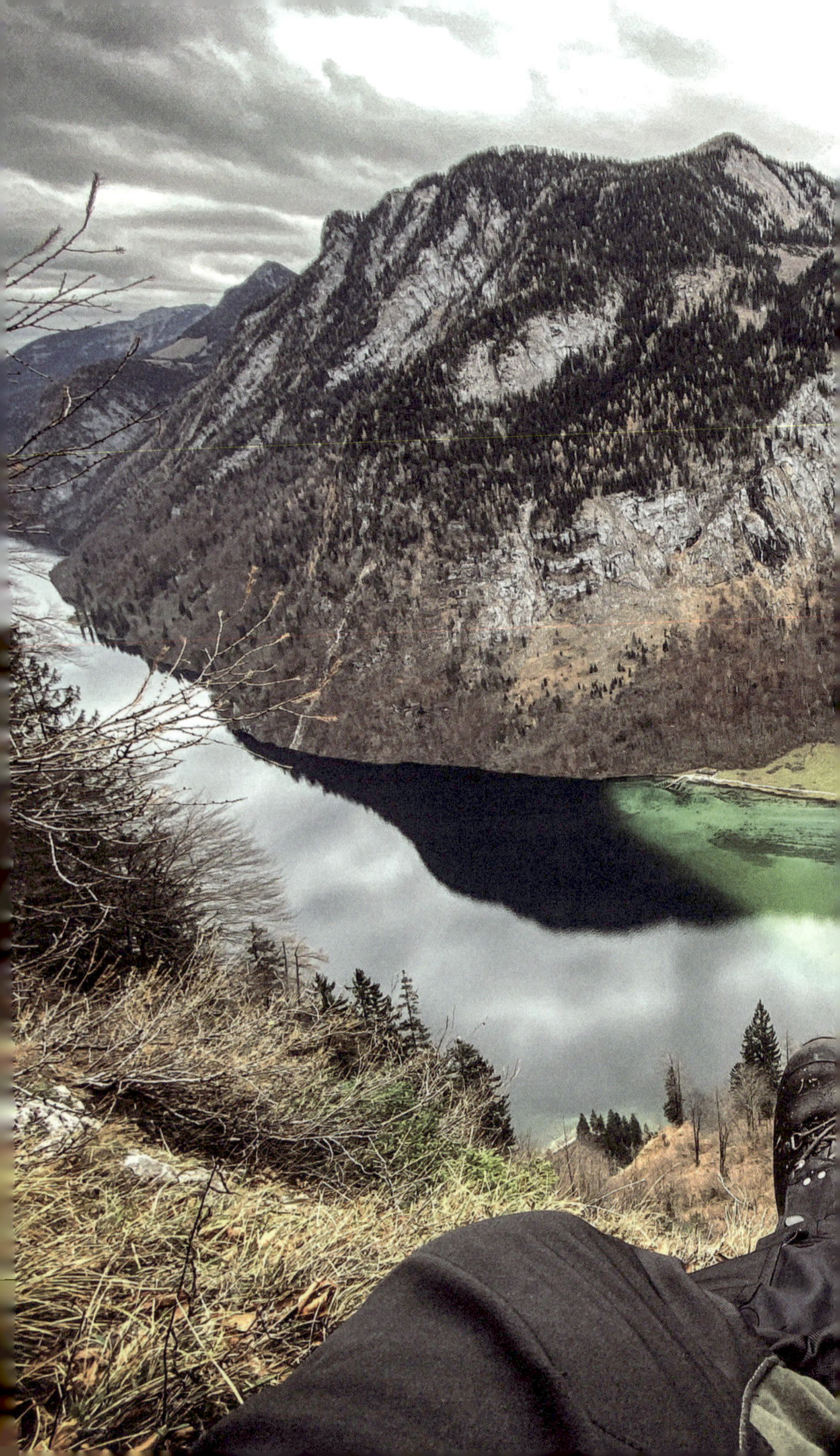

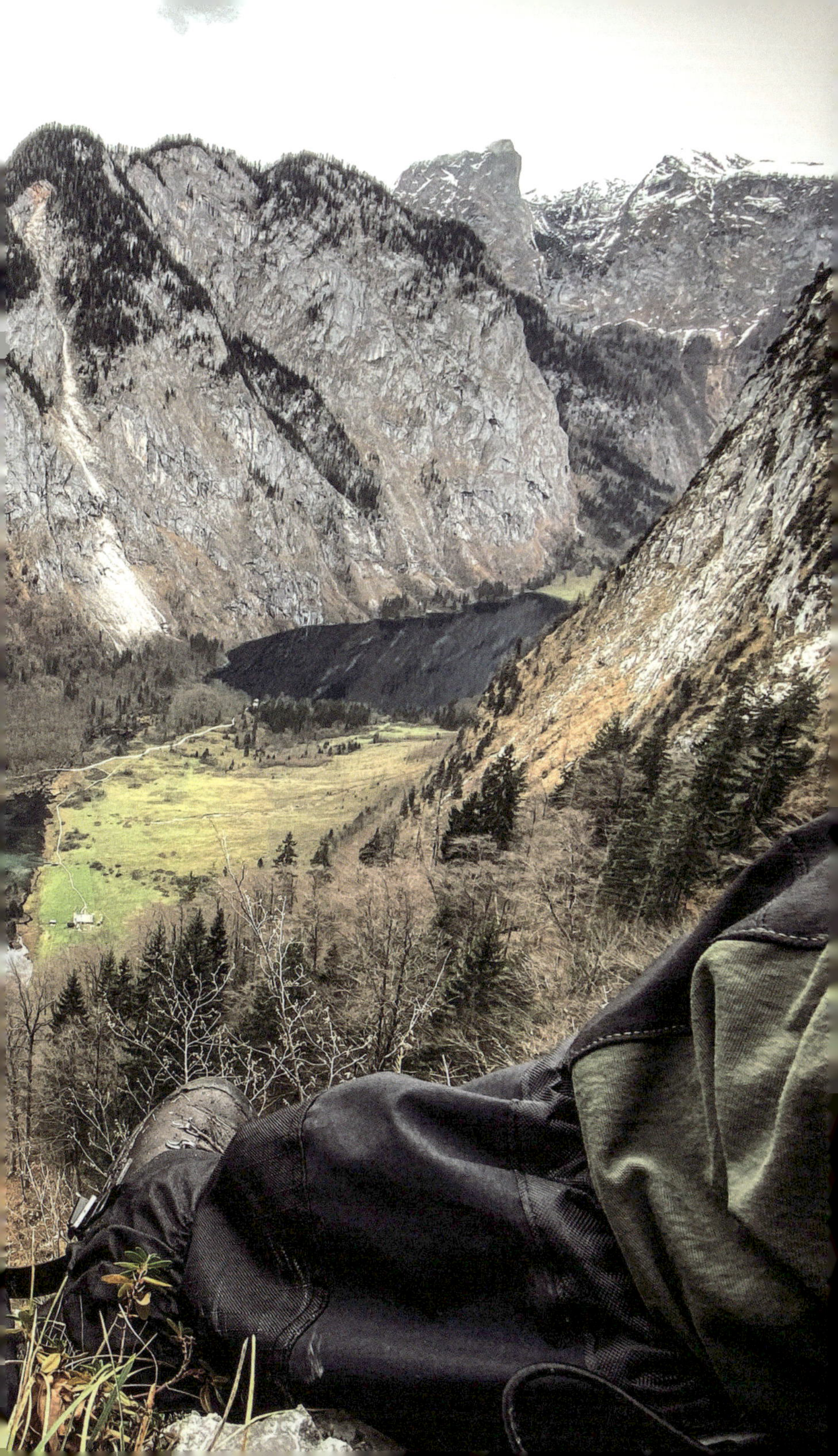

600 Meter Distanz. Ein schmaler Wanderpfad mit 32 Serpentinen führt durch sie hindurch. Ich habe im Nachtzug einige Warnungen gelesen, diese Passage nicht zu unterschätzen, und bin ganz froh, dass sich die Saugasse bergab als harmlos erweist.

Schon zur Mittagszeit bin ich unten am See, immer noch weit genug entfernt von St. Bartholomä und seinen Ausflugsbooten, um kurz nackt ins Wasser zu gleiten. Gut, es ist eher ein Staksen, aber das muss ja keiner wissen. Und sehen tut mich ohnehin niemand.

Eine halbe Stunde bevor das letzte Schiff nach Schönau fährt, bin ich am Anleger. Eine Hütte gleich daneben erscheint mir als geeigneter Ort, um zu warten. Hier gibt es eine öffentliche Toilette – und leider auch WLAN. Ping – ping – ping … Eine Nachricht nach der anderen. So schnell, wie ich gestern raus war aus der Zivilisation, so schnell bin ich jetzt wieder drin. Eingesogen von unsichtbaren Daten. Ich hab's wieder nicht hingekriegt, mich richtig zu verabschieden vom Abenteuer. Aber vielleicht brauche ich das auch gar nicht, wir werden schon noch mal was zusammen machen.

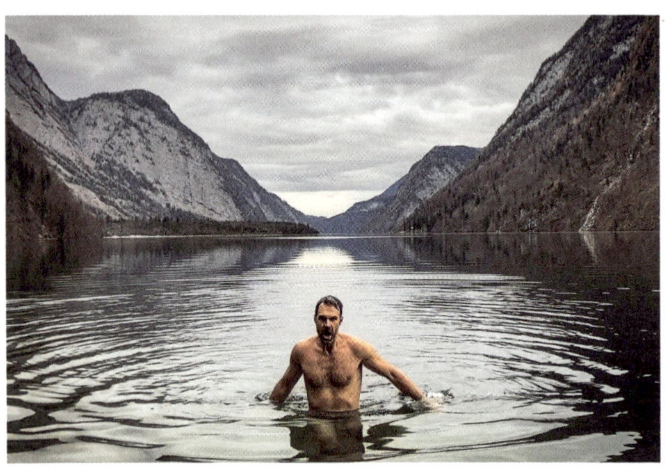

Das Boot bringt mich zurück nach Schönau, der Bus nach Berchtesgaden. Ich hole meine Sachen aus dem Schließfach am Bahnhof und stapfe los zum Kempinski Hotel. Wenn ich schon so ansatzlos reingepurzelt bin in die Zivilisation, dann beame ich mich jetzt auch rauf in ihre dekadentesten Sphären. Das mit dem Beamen dauert allerdings noch mal eine Stunde. Dieses verdammte Fünf-Sterne-Superior-Haus liegt im ehemaligen Führersperrgebiet Obersalzberg – Göring hatten wir ja schon, und die Ecke hier ist schwer durchsetzt mit Nazi-Vergangenheit. Die Typen hatten auf den Schönheiten der Natur einfach schnell die Hand drauf.

*Ich habe das Wort Einsamkeit nie richtig verstanden. Ich befinde mich immer in einer Orgie mit dem Himmel und dem Ozean, mit der Natur.*

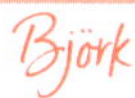


Das Hotel wirbt mit einem phänomenalen Panoramablick auf die Alpen. Und tatsächlich ist der ganz passabel. Nur selbstverständlich nichts gegen die Aussicht gestern in der Hängematte. Trotzdem: Ich freue mich extrem auf den Luxus, der mich hier erwartet.

Der Vortrag am nächsten Morgen läuft wie von selbst. Ich trage noch die Berg-Energie in mir.

Spät abends fahre ich mit dem ICE in Hamburg-Altona ein. Ich sehe zur Uhr und stelle fest, dass ich sogar fast in meinem 72-Stunden-Mikroabenteuer-Zeitfenster geblieben bin. Die eine Nacht im Zug und die im Hotel waren ja streng genommen auch schon ein Verstoß gegen meine selbst auferlegten Regeln. So what? Für mich war es ein Alltagsabenteuer par excellence. //

# IN DIE PILZE!

## Die wichtigsten Infos und Arten

Pilze sammeln ist Entschleunigung und Achtsamkeit pur. Das war es schon, bevor diese Begriffe überhaupt existierten. Beim Pilzesammeln geht es aber auch ums Entdecken: Hinter jedem Baum könnte sich ein neuer Fund verbergen. Auf den nächsten Seiten gibt es einen Überblick über die Pilzarten, die wir am ehesten in unseren Wäldern antreffen und bei denen die Wahrscheinlichkeit gering ist, dass wir sie mit gefährlichen Arten verwechseln. Wenn du Pilze sammeln gehst, nimm zur Sicherheit ein Bestimmungsbuch mit. Online kann ich diese Seite empfehlen (nicht superhübsch, tut aber, was sie soll): 123pilzsuche.de

Beim Sammeln solltest du die Pilze auf ein trockenes Baumwolltuch legen und sie dann in einem Korb transportieren, damit sie rundum Luft bekommen. In einer Plastiktüte verderben sie schnell. Ein scharfes Küchen- oder Taschenmesser ist ebenfalls hilfreich, um die Pilze sauber abzuschneiden. Der Naturschutzbund Deutschland (NABU) empfiehlt, nur so viele Pilze zu sammeln, wie man verwerten kann, zu junge und zu alte Pilze stehen zu lassen und ältere, von Maden oder Schnecken angefressene Pilze nicht zu zerstören (sie werfen noch sogenannte Sporen ab, die der Vermehrung dienen).

Pilze sollten vorsichtig herausgedreht oder mit einem kleinen scharfen Messer dicht über dem Boden abgeschnitten werden. Nicht herausreißen, das schädigt das unterirdisch wachsende Pilzgeflecht, das sogenannte Myzel. Ein eventuell im Boden entstehendes Loch wieder mit Humus oder Laub füllen, damit das Pilzgeflecht nicht austrocknet. Am besten reinigst du die Pilze bereits an Ort und Stelle mit einem Tuch oder Küchenpinsel, um keine Maden mit nach Hause zu schleppen und befallene Pilze direkt auszusortieren.

In Naturschutzgebieten ist das Pilzesammeln in der Regel verboten, außerdem gibt es eine sogenannte Rote Liste in Deutschland, herausgegeben vom Bundesamt für Naturschutz. Auf dieser fortwährend aktualisierten Übersicht finden sich die Pilzarten, die vom Aussterben bedroht sind und deshalb unter Bestandsschutz stehen. Solche Roten Listen existieren übrigens auch für Tiere und Pflanzen. Sie sind in Druckform beim Landwirtschaftsverlag erhältlich (und meiner Meinung nach viel zu teuer, wo es doch um eine Aufklärung im Sinne des Naturschutzes gehen soll – wie wäre es wenigstens mit kostenlosen digitalen Versionen?).

Bei Pilzen unterscheidet man generell zwischen Lamellenpilzen und Röhrlingen. Erstere besitzen die typischen Lamellen, letztere schwammartiges Gewebe unter ihren Hüten. Pilze zu bestimmen und zu sammeln, ist nicht ganz ungefährlich. Im Zweifel nie Pilze verspeisen, die du nicht hundertprozentig zuordnen kannst! Diese Faustregel hilft, die richtige Entscheidung zu treffen: Die besonders giftigen Pilze sind immer Lamellenpilze. Unter den Röhrlingen gibt es tatsächlich keine tödlichen, höchstens ungenießbare Arten, die zu Magenproblemen führen können. Wer kein Pilzprofi ist, gart seine Funde am besten zur Sicherheit, denn einige sind roh nicht bekömmlich. Botanische Gärten, Apotheken und Vereine für Pilzkunde bieten während der Pilzsaison oft Beratungen an. Für die Bestimmung reichen ein einzelner Pilz pro Sorte und Notizen über den Fundort sowie Informationen darüber, welche Bäume in der Nähe standen. Außerdem gibt

es sogenannte Pilzsachverständige. Die Deutsche Gesellschaft für Mykologie e. V. hat sie auf ihrer Website nach Postleitzahlen sortiert aufgelistet, mit Kontaktdaten.
dgfm-ev.de/service/pilzsachverstaendige

**Butterpilz** – Lebt mit der Kiefer in Symbiose, geht also eine Art Lebensgemeinschaft mit ihr ein. Er ist ein Röhrenpilz und hat den typischen Schwamm unterseitig seines Hutes. Der fleischige Hut wölbt sich zu einer Halbkugel und trägt die Farben Orange bis Dunkelbraun. Seine Haut lässt sich abziehen. Die feinen Poren des schwammartigen Gewebes leuchten anfangs hellgelb und später olivfarben. Nach Regenwetter glänzt der Hut etwas schmierig. Generell sind die jungen Pilze leckerer als die älteren, deren Fleisch häufig zu weich wird. Wichtig ist, dass du den Pilz direkt nach der Ernte zubereitest, da er schnell verdirbt. Entferne vor der Zubereitung die Haut am Hut und brate Butterpilze am besten in der Pfanne an. Achtung: Nicht für jeden ist der Butterpilz gleich bekömmlich. Beim ersten Mal also erst mal mit einer kleinen Menge starten.

**Krause Glucke** – Sie wird auch Fette Henne oder Blumenkohlpilz genannt und hat ein unverkennbares Aussehen: blumenkohlartig mit einem großen gelblich-weißen Fruchtkörper, der eine gekräuselte, korallenartige Struktur aufweist. Der Fruchtkörper wird bis zu 50 Zentimeter groß. Zu finden ist sie in der Nähe von Nadelhölzern. Die Krause Glucke ist sehr elastisch, im rohen Zustand fast gummiartig, dabei aber brüchig und erinnert an Morcheln. Der kaum sichtbare Stiel ist weißlich gefärbt und besitzt eine direkte Verbindung zum Wurzelgeflecht des Baumes, auf dem der Pilz wächst. Die Krause Glucke schmeckt mild und leicht nussig. Verzehren solltest du aber nur jüngere Exemplare. Wenn der Pilz bereits unangenehm riecht, dann lass lieber die Finger davon.

**Maronenröhrling** – Er wächst meist in Nadelwäldern, besonders in der unmittelbaren Umgebung von Fichten und Kiefern. Der Maronenröhrling entwickelt einen bis zu 15 Zentimeter breiten dunkelbraunen Hut. Für gewöhnlich glänzt der matt-seidig, wird bei Regen jedoch deutlich glänzender. Je jünger der Pilz, desto gewölbter der Hut. Die Röhren unter dem Hut sind weiß bis hellgelb, verändern sich aber mit der Zeit hin zu einem dunkleren Gelb bis Olivgrün. So erkennst du ihn eindeutig: Er läuft auf Druck binnen kürzester Zeit blaugrün an. Ernsthafte Verwechslungsgefahr also besteht nicht. Hin und wieder wird er lediglich mit dem – äußerst leckeren – Steinpilz verwechselt. Der Maronenröhrling hat zartes Fleisch und schmeckt angenehm mild. Bevor du ihn verarbeitest, solltest du aber die Röhren (den Schwamm) unter dem Hut entfernen, sonst wird das Gericht sehr matschig. Die Pilze salzen und braten, um einer zu weichen Konsistenz entgegenzuwirken. Roh vertragen manche Menschen den Maronenröhrling nicht.

**Parasol** – Der Lamellenpilz mit dem schönen Zweitnamen Gemeiner Riesenschirmling ist in fast allen Wäldern, vor allem aber in Mischwäldern zu finden. Typisches Merkmal: Sein großer Hut erreicht bis zu 25 Zentimeter Durchmesser, der oben braune Schuppen mit rauer Oberfläche trägt. Seine Unterseite hat weiße bis cremefarbene Lamellen, die nicht direkt mit dem Stiel verbunden sind. Der Stiel des Parasols (span. Sonnenschirm) ist unten knollig verdickt. Der Ring unterhalb des Schirms ist weiß, leicht wattig und lässt sich verschieben. Ernten kannst du den Parasol, wenn der Hut sich vollständig entfaltet hat. Achtung: Allerdings sieht ihm der giftige Schirmling ähnlich. Einzigartig für den Parasol ist aber der verschiebbare Ring. Der Parasol schmeckt mild-nussig und eignet sich zum Panieren, zum kurzen Anbraten in der Pfanne oder als Brotbelag. Die Stiele sind zwar auch essbar, aber nicht sonderlich delikat. Iss den Parasol am besten nicht roh und bereite ihn zügig nach der Ernte zu.

**Pfifferling** – Wächst vor allem in Nadelwäldern, hauptsächlich auf Moos unter Kiefern oder Fichten. Markant für den Pfifferling sind die an der Basis schmalen Stiele, die zum Hut hin breiter werden. Junge Pilze sind ockergelb und verblassen im Alterungsprozess etwas. Der Durchmesser des Huts kann bis zu zwölf Zentimeter betragen. Verwechseln kannst du den Echten Pfifferling mit dem Falschen Pfifferling (da ist zumindest die Namenswahl unmissverständlich). Achtung: Der Falsche ist zwar nicht giftig, aber nicht sehr bekömmlich. Außerdem duftet er nicht so prägnant und hat lederartiges orangefarbenes Fleisch. Das Fleisch des Echten ist weiß, das siehst du, wenn du ihn aufschneidest.

Der Samtpfifferling, auch Samtiger Leistling genannt, sieht dem Pfifferling ebenfalls ähnlich, ist jedoch stärker gefärbt und hat eine samtige Huthaut. Er schmeckt pfeffrig und gilt ebenso als Speisepilz. Achtung: Der giftige Doppelgänger des Echten Pfifferlings – der Leuchtende Ölbaumpilz – wächst eigentlich nur in Südeuropa. Vereinzelt wurde er aber wohl auch schon in unseren Gefilden gesichtet (die Erderwärmung!). Auch wenn die beiden sich sehr ähnlich sehen, ist das Unterscheiden recht einfach: Der Gute wächst auf dem Boden, der Böse auf Holz. Der Pfifferling lässt sich komplett verarbeiten. Mit seiner leicht pfeffrigen Note wird er besonders gerne als Zutat für Risotto verwendet.

**Steinpilz** – Ihn findest du in Nadelwäldern, hauptsächlich unter Fichten oder Kiefern. Er gehört zu den Röhrlingen und hat das dafür typische schwammartige Gewebe unter seinem Hut. Prägnant ist seine helle Netzzeichnung am Stiel und der stark gewölbte hell- bis dunkelbraune Hut, der bis zu 30 Zentimeter breit werden kann. Die Röhren unterhalb des Hutes sind bei den jungen Steinpilzen weiß-gräulich und verfärben sich im Alter zu Gelb bis Hellgrün. Auf den ersten Blick kann er schnell mit dem Maronenröhrling verwechselt werden. Der Steinpilz verfärbt sich aber nicht blau, wenn du auf seinen Schwamm drückst, außerdem wird der Stiel des Steinpilzes nach unten hin bauchig und breiter. Er hat keinen giftigen Doppelgänger, kann aber mit dem unbekömmlichen, bitteren Gallenröhrling verwechselt werden. Du schmeckst den Unterschied sofort, wenn du kurz mit der Zungenspitze testest. Der Steinpilz schmeckt sehr nussig. Das Fleisch ist bei den jungen Pilzen noch fester als bei den alten, essen kannst du ihn aber grundsätzlich in jedem Reifestadium. Je älter er ist, desto eher könnte er allerdings mit Larven befallen sein. Neben dem Fichten-Steinpilz (kommt am häufigsten vor), gibt es bei uns auch den Kiefern-Steinpilz, den Sommer- oder Eichen-Steinpilz und den Schwarzhütigen Steinpilz. Letzterer ist in Deutschland aber vom Aussterben bedroht und darf zurzeit nicht gesammelt werden.

# WAS MACHEN DIE TIERE?

## Herbst-Update aus der Fauna

Die Aktivität des Wilds nimmt vor der Ruhephase im Winter noch einmal zu. Die Brunftzeit beginnt, im Spätherbst kommen die Wildschweine in die sogenannte Rauschzeit, und sowohl die Jungfüchse als auch die einjährigen Dachsrüden wandern ab, um sich ein eigenes Revier zu suchen. Die Zugvögel ziehen gen Süden.

Brunftzeit bedeutet Paarungszeit für die Hirsche (die Familie der Hirsche wird auch als Geweihträger bzw. Cerviden bezeichnet, zu ihr gehören insgesamt über 80 Arten, unter anderem der Rothirsch, der Damhirsch, das Reh und der Elch). Für die Rehe beginnt sie zuerst und dauert von Juli bis August, für das Rotwild von September bis Oktober und das Damwild von Oktober bis November, mit klimabedingten und geografischen Abweichungen.

Die Brunft der Hirscharten verläuft unterschiedlich. Bei den Rehen locken die Ricken (die weiblichen Rehe, mehr zu den Begriffen und zur Unterscheidung der Arten ▶ S. 113 f.) die Rehböcke mit einer Art Fiepen an. Die Rehböcke markieren ihr Revier, indem sie ihr Gehörn an Bäumen und Sträuchern reiben und durch die Duftdrüsen auf der Stirn ihren Geruch hinterlassen. Die Brunft verläuft recht still. Nach der Brunft der Rehe folgt die Blattzeit, in der Rehböcke die noch nicht beschlagenen Ricken suchen. Dabei kommt es immer wieder zu kleinen Gebietskämpfen. Die Rehböcke nehmen Menschen oder Straßen in dieser Zeit oft kaum wahr. Nach dem Ende der Blattzeit herrscht etwa vier Wochen Ruhe, bevor das Rotwild Brunftzeit hat.

Während der Brunftzeit nehmen die Rothirsche keine Nahrung zu sich. Sie schlafen nur wenige Minuten am Tag und paaren sich mehrmals am Tag mit den Kühen. Zu dieser Zeit verlieren die bis zu 200 Kilogramm schweren Männchen bis zu ein Viertel ihres Körpergewichts. Ein starker Hirsch sammelt während der Brunftzeit bis zu ein Dutzend Weibchen um sich und vertreibt alle Rivalen vom Brunftplatz. Sein Röhren ist vor allem morgens und abends in der Dämmerung zu hören. Ein sogenannter Platzhirsch duldet nicht, dass eine Hirschkuh sein Brunftrudel verlässt. Er drängt sie mithilfe seines Geweihs sofort zurück.

### Rotwild oder Damwild? Und wozu gehören die Rehe?

Die einzelnen Wildarten erscheinen manchmal ziemlich kompliziert zu durchsteigen. Dabei ist es eigentlich ganz einfach: Rotwild und Damwild gehören beide zur Familie der Echten Hirsche.

**Rotwild** ist größer als Damwild, hat eine breite Brust und einen recht langen, schlanken Hals. Die Geweihe der Rothirsche sind prachtvoll und verzweigt. Im Sommer hat das Fell des Rotwilds den typischen rötlichen Haselnusston, im Herbst verfärbt es sich zu einem graugelb bis graubraunen Winterfell.

Das **Damwild** erkennt man an den weißen Flecken auf dem Sommerfell und an den eher schaufelartigen Geweihen der männlichen Tiere. Die älteren weiblichen Tiere werden Hirschkühe genannt, die jungen Kälber.

Das Reh hat damit erst mal gar nichts zu tun, ist also keinesfalls das weibliche Pendant zum Hirsch. **Rehwild** ist eine andere Art und gehört nicht zur Gattung der Echten Hirsche, sondern zu den Trughirschen. Mit seinem schlanken, grazilen Körper ist es perfekt an den Lebensraum Wald angepasst, während Rot- und Damwild über Jahrtausende eher in der Steppe zu Hause waren. Beim Rehwild wird zwischen Rehbock (männlich), Rehricke (weiblich) und Rehkitz (der Nachwuchs) unterschieden.

**Schwarzwild** ist die Bezeichnung für Wildschweine. Die älteren männlichen Wildschweine werden Keiler genannt, die weiblichen Bachen. Junge Wildschweine sind im ersten Lebensjahr Frischlinge, im zweiten Überläufer.

Der Rothirsch markiert den Brunftplatz, indem er mit seinen Vorderschalen (Klauen) und dem Geweih Bodenvertiefungen schlägt. Dabei werden die Voraugendrüsen (sitzen wie eine Kerbe direkt vor den Augen) zur Geruchsmarkierung an diesen Stellen geleert. Zusätzlich uriniert er in die Brunftkuhle und wälzt sich darin – und in der Tat ist sein so entstehender »Duft« ein positiver Marker für die Hirschkühe, sich am Brunftgeschehen zu beteiligen. Während der Brunft röhren die Männchen, um anderen männlichen Hirschen ihren Anspruch auf die Hirschkühe zu verdeutlichen. Dabei stoßen sie drei bis acht Einzelrufe aus, der erste ist am lautesten und am längsten. Die Konkurrenten stolzieren oft laut röhrend umeinander her. Erst wenn sich ein Herausforderer bei einem solchen »Röhrduell« nicht beeindrucken lässt, krachen die Geweihe, was mitunter zu schweren Verletzungen führt.

Die Damhirsche umkämpfen ihre Weibchen nicht, sondern markieren lediglich ihr Revier. Der Hirsch präpariert eine flache Kuhle und hinterlässt darauf seinen Urin, der Informationen über seine Konstitution enthält. Er schlägt die Kuhle weiter auf, sondert auch Sekret aus den Vorderaugendrüsen ab und wälzt sich in seinen Düften. Dieses kleine

Territorium verteidigt er in der folgenden Zeit vehement. Die Damkuh macht mit hochtönigen, fast miauenden Lauten auf sich aufmerksam. Das Röhren der Damhirsche ist nicht ganz so eindrucksvoll wie das der Rothirsche. Es klingt eher grunzend und die Laute sind weniger klar voneinander getrennt.

Die Paarungszeit der Wildschweine, die sogenannte Rauschzeit, beginnt im Oktober und dauert bis zum März an. Wobei die Hauptzeit in die Monate November bis Januar fällt. Wann genau es losgeht, bestimmen die Bachen, genauer gesagt die jeweiligen Leitbachen der einzelnen Rotten (Wildschweinverbände). Diese werden zuerst »rauschig«, dann folgen die älteren Bachen, die Überläuferbachen und zuletzt sogar die Frischlingsbachen. Der Keiler ist eigentlich das ganze Jahr über paarungsbereit, stößt aber erst dann zur Rotte, wenn die Bachen es auch sind. Mit etwa einem Jahr verlassen die Keiler nämlich ihre Rotte und schlagen sich – außerhalb der Rauschzeit – als Einzelgänger durch. Wurden alle Bachen befruchtet, verlässt der Keiler die Rotte wieder.

### Die Brunft der Rothirsche

Live dabei sein, ohne zu stören

Grundsätzlich kannst du die Hirsche in der Paarungszeit natürlich überall dort beobachten, wo sie zu Hause sind. Wichtig ist in dieser Zeit ganz besonders, dies mit respektvollem Abstand zu tun – um sie nicht zu stören, aber auch, um nicht selbst in Gefahr zu geraten. Viele Naturparks, aber auch Wildgehege bieten zur Brunftzeit geführte Touren an. Oder du fragst einen Jäger in deiner Ecke, ob er sich vorstellen könnte, dich mal mitzunehmen und dir mehr über die Brunft zu erzählen. Einige Orte, an denen sich die Hirschbrunft »offiziell« erleben lässt, sind auf der Website rothirsch.org in einer interaktiven Karte aufgelistet. Zum Teil liegen diese Orte viel näher an Großstädten, als man vermuten mag.

> Die Seite wird von der Deutschen Wildtier Stiftung betrieben. Auf deutschewildtierstiftung.de findest du außerdem gut aufbereitete Steckbriefe zu den im deutschsprachigen Raum verbreiteten Wildtieren.

Für die Zugvögel beginnt im September die Reisezeit. Fast die Hälfte der in Deutschland brütenden Vögel zieht gen Süden, davon sind etwa zwei Drittel sogenannte Langstreckenzieher und ein Drittel Kurzstreckenzieher. Kranich, Kiebitz oder Star gehören zum Beispiel zu den Kurzstreckenziehern. Sie fliegen in Schwärmen und richten Abflug und Rückkehr nach dem Klima. Ist der Winter mild, ziehen sie später los und kehren früher zurück. Zu den Langstreckenziehern, die meist über 4 000 Kilometer bis hinter die Sahara fliegen, gehören Kuckuck, Nachtigall oder Storch. Zu den sogenannten Standvögeln, die im Winter bleiben, gehören unter anderem Amsel, Fink, Meise, Rotkehlchen und Zaunkönig.

Etliche Vogelarten machen aber auch bei uns Rast auf ihrem Weg weiter in den Süden oder finden hier sogar die »warmen« Gefilde zum Überwintern. Die Niederrheinebene etwa ist der größte Überwinterungsspot in Westeuropa für arktische Graugänse. Rund 180 000 Tiere finden sich hier im Herbst ein. Auch an der Nordseeküste ist Hochbetrieb: Millionen Watvögel, die aus ihren Brutgebieten in Skandinavien auf dem Weg nach Süden sind, machen im Wattenmeer Station. Knutts, Alpenstrandläufer und Goldregenpfeifer tanken auf den Schlickflächen neue Kräfte.

Viele Zugvögel, vor allem die Langstreckenzieher, sind übrigens nachts unterwegs. In der Dunkelheit dazuliegen, gen Himmel zu lauschen und hier und da Zugrufe durch die Nacht hallen zu hören, hat etwas herrlich Verbindendes – genauso wie die herbstlichen Tagesgesänge von Rotkehlchen, Zaunkönig und Zilpzalp in den bunt gefärbten Wäldern. Die letzten

Libellen fliegen, das Efeu blüht, Mäuse, Eichhörnchen, Murmeltiere und Eichelhäher legen Wintervorräte an. Bei den Hornissen- und Wespenvölkern beginnt das große Sterben, nur die jungen befruchteten Weibchen leben weiter, während sich die Roten Waldameisen in ihre Haufen zurückziehen.

Im Herbst entsteht aber auch neues Leben: Hasen und Waldkaninchen bekommen Nachwuchs. Allerdings tun sie das nicht nur im Herbst, sondern drei- bis viermal im Jahr – weshalb es auch in anderen Zusammenhängen heißt: »Die vermehren sich wie die Karnickel.«

In dieser Jahreszeit finden die Tiere noch genügend Nahrung und sind damit beschäftigt, Vorräte anzulegen. Rehe, Hirsche und Wildschweine tun das in Form von Winterspeck. Davon zehren sie in den kalten Monaten, wenn sich ihr Stoffwechsel in den Energiesparmodus geschaltet hat. Das Eichhörnchen zum Beispiel versteckt oder vergräbt Eicheln und Nüsse. Nicht immer allerdings finden die Tiere ihre Verstecke wieder. Deshalb wachsen manchmal Eichen auch dort, wo es sonst nur Nadelbäume gibt. So gestalten die Tiere den Wald mit und leisten einen wichtigen Beitrag zur Verbreitung verschiedener Baumarten.

Der Herbst ist auch Jagdzeit. In vielen Revieren beginnen die Drück- und Bewegungsjagden, hauptsächlich auf Schalenwild. Zum Schalenwild gehören Paarhufer (Damwild, Rotwild, Rehe) und Schwarzwild (Wildschweine). Deren Spuren sind in der Grafik auf ▸ S. 84 illustriert.

Dass Jagdzeit und Brunftzeit im deutschsprachigen Raum zusammenfallen, kann man durchaus hinterfragen. Viele Jäger sehen jetzt die beste Chance auf einen kapitalen Hirsch, andere halten sich in der Brunftzeit bewusst zurück (auch weil das Wildbret vom Hirsch in dieser Zeit schlechter genießbar ist als sonst), wieder andere jagen nur abseits der Brunftplätze. In Schweden etwa ist die Elchjagd während der Brunftzeit dagegen verboten.

## Wie können wir den Tieren im Herbst helfen?

Drei konkrete Ideen für die ganze Familie

**Wintervorrat für Eichhörnchen** – Besonders nach heißen Sommern reifen zum Beispiel die Nüsse schneller als sonst, was manchmal dazu führt, dass sie innen noch hohl sind. Je früher sie reif sind, desto eher verkommen sie aber auch. Das wirft das Eichhörnchen-Winterprogramm oft ganz schön durcheinander. Um sie zu unterstützen, können wir im Herbst Kastanien, Nüsse, Bucheckern, Hagebutten oder Tannenzapfen sammeln und sie trocken lagern, um sie dann bei Eis und Schnee auszulegen.

**Ein Quartier für Igel** – Um Igeln Rückzugsmöglichkeiten für den Winter zu schaffen, reicht es manchmal schon, den eigenen Garten etwas verwildern zu lassen. Haufen aus Ästen oder Laub sind wunderbare Igelquartiere.

**Wasser und Futter für Vögel** – Grundsätzlich sind wild lebende Tiere im Winter sehr gut in der Lage, sich ohne menschliche Hilfe zurechtzufinden. Selbst der NABU sieht das Vögelfüttern im Winter vor allem als umweltpädagogische Disziplin: An den Futterstellen lassen sich verschiedene Arten beobachten, das Vogelwissen wächst und damit auch das Bewusstsein für den Naturschutz. Wer zu Hause zufüttert (im Wald ist es verboten!), sollte dies zwischen November und Februar tun. Das ganze Jahr über zu füttern, helfe nicht gegen das Artensterben, außerdem vertrügen gerade die Jungvögel im Frühjahr und Frühsommer das fettreiche, grobkörnige Winterfutter nicht. Wichtig: Die Futterstelle regelmäßig säubern. Spatzen, Meisen und Finken mögen Kerne und Samen. Weichfutterfresser wie Amsel, Rotkehlchen und Zaunkönig bevorzugen Obst, Beeren und Insektenlarven.

# HERBSTAUSRÜSTUNG

## Drei Produkte, die du in dieser Jahreszeit gebrauchen könntest

**Fernglas** – Wenn du Tiere beobachten willst, ohne ihnen zu nahe zu kommen, ist ein Fernglas immer noch die beste Möglichkeit. Hochwertige Modelle sind unglaublich teuer und liegen schnell bei 1000 Euro und mehr. Für den Einstieg reichen aber auch deutlich günstigere Modelle. Der Kamerahersteller Nikon zum Beispiel macht auch erschwingliche Ferngläser von guter Qualität. Kompakt, wenn auch nicht unbedingt leichter ist ein Monokular, also ein kleines Fernrohr.

**Wetterfeste Allroundschuhe** – Solange ich nicht in alpinem Gelände unterwegs bin, ziehe ich auch im Herbst möglichst sportliche Schuhe an – am liebsten halbhohe, leichte Trekkingschuhe. Adidas hat mit Adidas Terrex eine hochfunktionelle Outdoor-Linie. Die Schuhe aus dieser Linie haben Sportschuh-DNA, sind aber für widrige Bedingungen gemacht.

**Pilzmesser** – Natürlich kannst du Pilze auch mit einem normalen Taschenmesser abschneiden. Das Pilzmesser von Opinel hat aber zwei Features, die es zu einem echten Spezialisten machen: Eine fein gebogene Stahlklinge und Wildschweinborsten am Ende des Griffs, mit denen du die Pilze direkt vor Ort vom gröbsten Dreck befreien kannst.

# NOTIZEN

**Deine Ideen und Notizen für den Herbst**

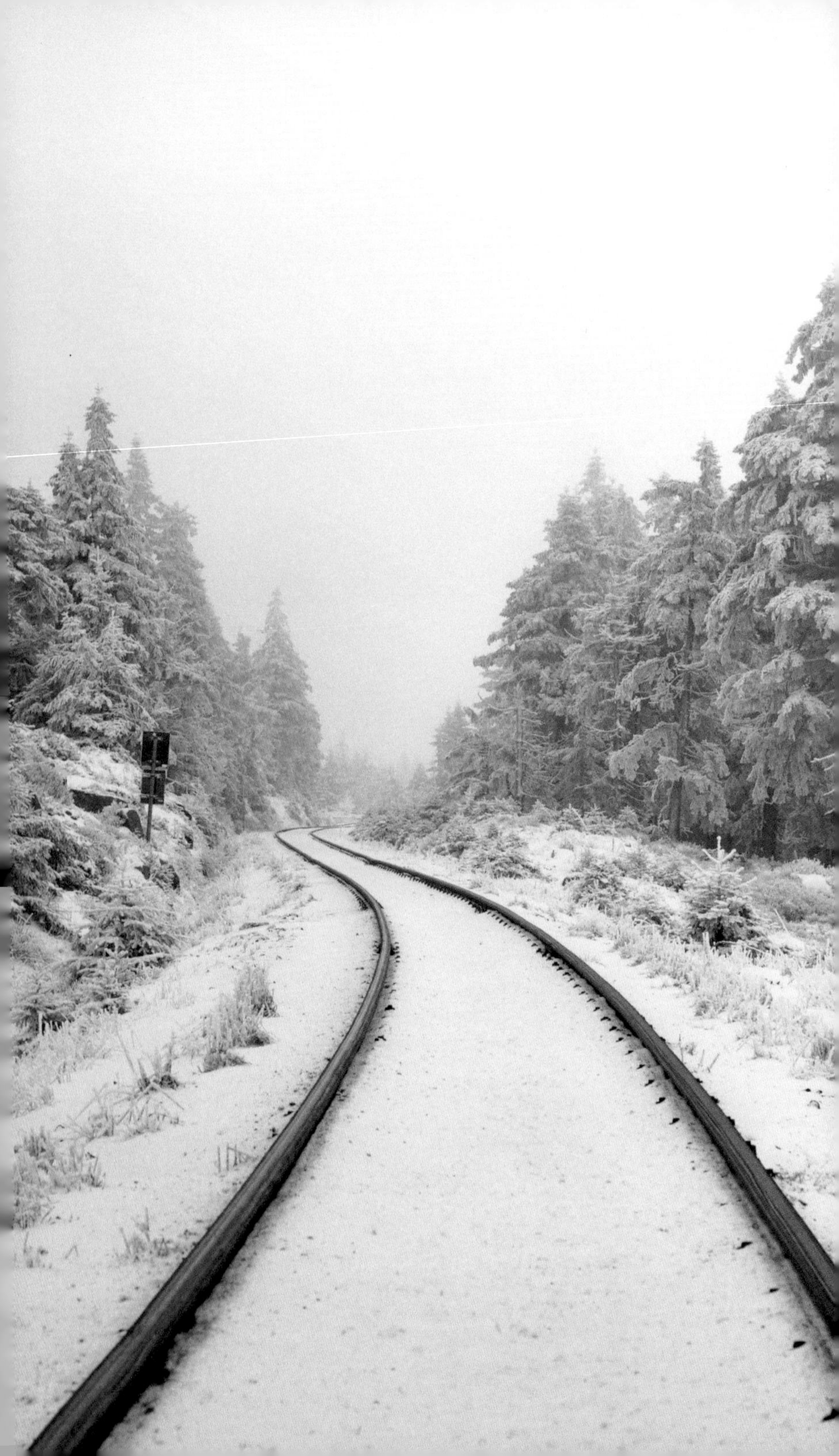

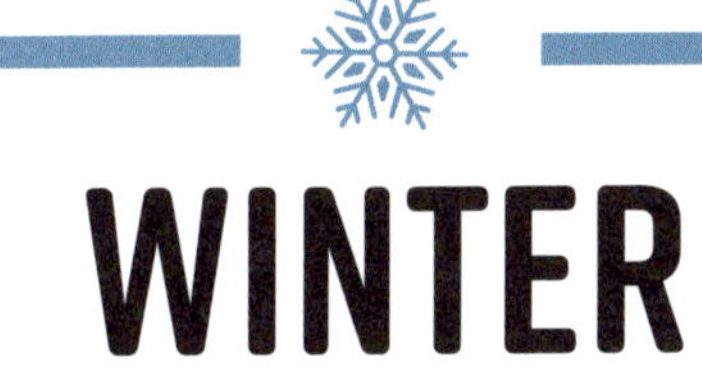


**Tief im Winter habe ich schließlich erkannt, dass in mir ein unbesiegbarer Sommer lag.**

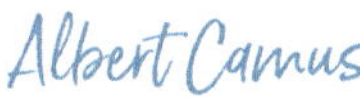

Ist unser Winter noch ein richtiger Winter? Und was ist das überhaupt, ein richtiger Winter? Unbestritten hat sich das Gesicht der kalten Jahreszeit in Mitteleuropa zuletzt spürbar verändert. Die Bilderbuch-Tage mit dicker Schneedecke und knackig-kalter, klarer Luft sind selten geworden. Nur: Ihnen nachzuhängen, wird sie nicht zurückbringen. Auch heute ist der Winter ein wichtiges Element im Jahreszeiten-Mosaik – und spielt eine große Rolle in meinen Verständnis von Mikroabenteuern. Ich bin vor allem dann gerne draußen, wenn andere es nicht sind. Ich spüre die Kraft des *Raus und machen* immer dann besonders intensiv, wenn aus der Drinnen-Sicht eigentlich alles dagegenspricht, ausgerechnet jetzt aufzubrechen. Im Winter zeigt sich, wie sehr wir wirklich die Natur erleben wollen.

Uns (dosiert) der Kälte auszusetzen, stärkt unsere Persönlichkeit genauso wie unser Immunsystem. Und auch das hat mittlerweile eine Relevanz, die uns in der Form bislang möglicherweise noch gar nicht so bewusst war. Das Beste am Winter: Die Mücken nerven nicht. Draußennächte können im Winter also viel entspannter sein als im Sommer, zumal es morgens auch nicht schon um 5 Uhr morgens hell ist.

Apropos Licht: Schon ab dem 21. Dezember werden die Tage wieder länger. Im Februar ist es vielerorts schon wieder bis 18 Uhr hell – ein Grund für die Fastnachtsbräuche, bei denen das Ende der harten, entbehrungsreichen Jahreszeit gefeiert wird. Liegt Schnee, sind Vollmondnächte grandiose Gelegenheiten für spontane Wanderungen (▶ S. 127).

Auf den folgenden Seiten gibt es einen Schwung Ideen und Infos für den Winter. Egal, von welcher Seite er sich in diesem Jahr zeigt, lass uns ihn feiern!

# IDEEN FÜR DEZEMBER, JANUAR UND FEBRUAR

## Die Kälte umarmen

**Winteranfang** – Der 21. Dezember ist der Tag, an dem der Winter kalendarisch beginnt. In vielen Kulturen der Welt wird zu dieser Zeit seit Jahrtausenden die Wintersonnenwende gefeiert: der Tag bzw. die Tage, an denen die Sonne wieder anfängt, höher zu stehen, die große Umkehr, die Geburt neuen Lebens. Die Nächte um den 21. Dezember herum werden deshalb auch Mutternächte genannt. Selbst das christliche Weihnachtsfest geht auf diese Vorstellung zurück. Ganz nüchtern gesehen, werden die Tage ab dem 21. Dezember wieder länger, die tiefste Dunkelheit ist durchschritten. Ein schöner Anlass, eine Nacht draußen zu verbringen. Zu dieser Jahreszeit ist es in der Regel auch nicht mehr so trocken wie in den Sommermonaten, und es lässt sich an ein Lagerfeuer denken – am besten an einem Flussufer mit steinernem Untergrund und nicht mitten im Wald.

**Wintermarsch** – Entweder die lange Wanderung aus dem Herbst wieder aufnehmen (siehe ▸ S. 77) oder zu Fuß zum Weihnachtsfest laufen! In Großbritannien gibt es die Idee des »Walking Home for Christmas« schon länger. Dort wird sie genutzt, um Spenden für Veteranen und Kriegsversehrte zu sammeln. Wo feierst du Weihnachten? Oder wo geht es am ersten oder zweiten Weihnachtstag noch hin? Lässt sich

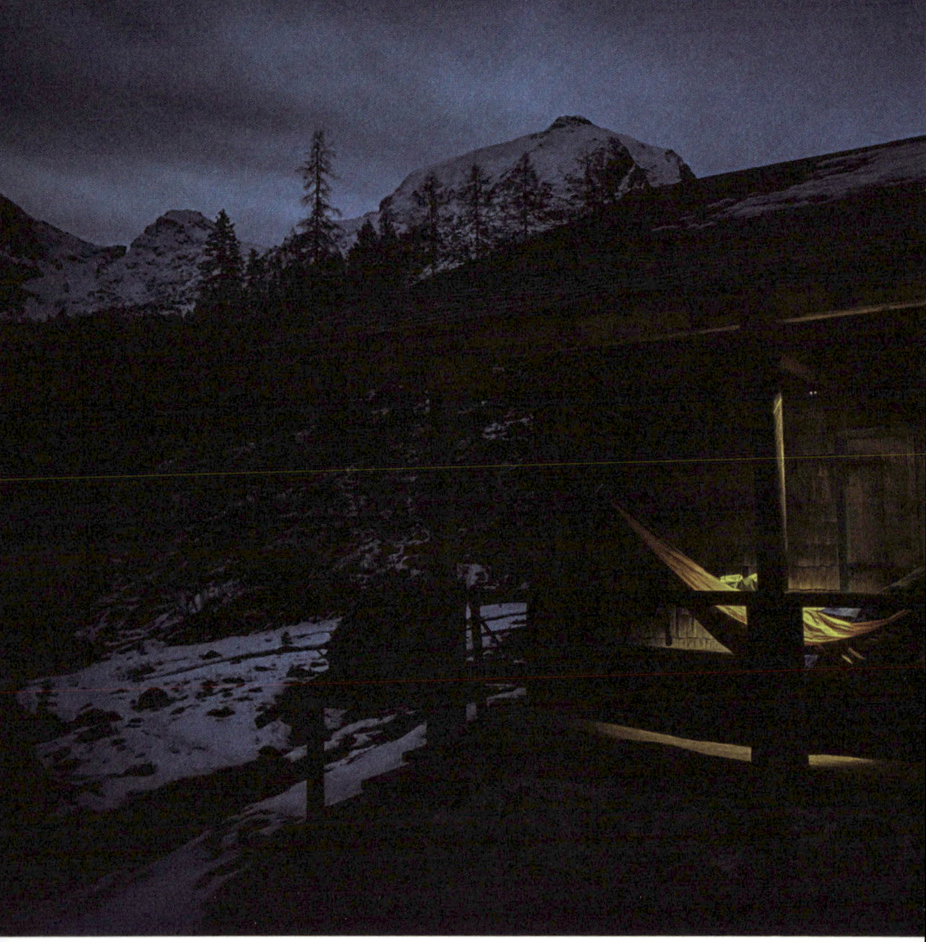

diese Strecke zu Fuß zurücklegen? Hundertprozentig! Die Frage ist nur, wie lange es dauert... Du kannst dir auch ein ganzes Wochenende Zeit nehmen, um Weihnachtspost mit dem Fahrrad auszutragen. Schlafen tust du unterwegs unterm Sternenhimmel oder bei Freunden im Garten.

**Winterschwimmen** – Bei Temperaturen von unter 10 Grad ins Wasser zu steigen, kostet jede Menge Überwindung, macht aber auch extrem wach. Dem Baden in kaltem Wasser werden positive Effekte für das Immunsystem nachgesagt, wirklich

belastbare Daten gibt es allerdings kaum. In der Regel ist das Eisbaden eher ein kurzes Eintauchen und Verweilen von maximal zwei bis drei Minuten, ohne mit dem Kopf unterzutauchen (weil darüber besonders viel Wärme abgegeben wird). Wechselduschen führen einen an das Gefühl des Kälteschocks heran. Bekanntester Botschafter des Eisbadens ist aktuell der Niederländer Wim Hof, der auf Basis tibetanischer Meditationspraktiken eine eigene Atemtechnik entwickelt hat – die Wim-Hof-Methode. Grundsätzlich ist das kontrollierte Atmen ein effektiver Weg, um mit kaltem Wasser klarzukommen. Ich bade traditionell am 1. Januar in der Elbe an. Komm gerne mal vorbei!

**Vollmond-Abenteuer** – Wenn der Mond die dunklen Mutternächte erhellt, herrscht eine einzigartige Stimmung. Richtig gut wird es, wenn dazu auch noch Schnee liegt und das Mondlicht reflektiert. Dann brauchst du meist überhaupt kein künstliches Licht, um den Weg zu erkennen. Vollmondnächten wird seit jeher besondere Kraft zugeschrieben. Daher drängen sie viele Geschichten in eine unheimliche Ecke, aber ich empfinde mit ihnen eher eine intensive Verbundenheit. Ob du nachts wieder nach Hause kehrst, durchwanderst, dir ein Lager errichtest oder mitten in der Nacht erst aufbrichst, um in den Morgen hineinzugehen, ist dabei völlig egal – Hauptsache raus.

**Eine Pulka bauen** – Eine Pulka ist ein Materialschlitten, der mit eigener Kraft über Schnee oder vereiste Flächen gezogen wird. Er besteht aus einer Art Wanne, an der ein Gestänge und ein Zuggurt befestigt sind. Wenn es richtig schneit, kann es ein ausgefallenes kleines Abenteuer sein, mit einer Pulka loszuziehen. Wer eine kaufen will, muss allerdings tief in die Tasche greifen. Deshalb kursieren im Internet verschiedene Anleitungen zum Selbstbau, die meisten auf Basis des Paris Expedition Sled. Einfach nach »Pulka selbst bauen« suchen. Ein schönes Winterprojekt kann natürlich auch der Bau einer Schneehöhle bzw. eines Iglus sein. Dafür ist aber eine so dicke und feste Schneedecke nötig, dass die Chancen außerhalb des Alpenraums und unterhalb von 2000 Metern Höhe in einem Durchschnittswinter recht gering sind.

**Nacktwandern** – Kein Witz, es gibt zwei offizielle Nacktwanderwege in Deutschland: den Harzer Naturistenstieg und den Naturistenweg Undeloh in der Lüneburger Heide. Natürlich sind dort vornehmlich im Sommer Nackedeis unterwegs. Aber allein der Gedanke daran, es mal im Winter zu versuchen, lässt in mir das Raus-und-machen-Gefühl hochsteigen. Wenn ich Badehose und Wanderschuhe anziehe, geht es sogar auf jedem Wanderweg, ob für Naturisten ausgewiesen oder nicht. Gut, man sollte sicher warme Kleidung dabeihaben, um im Notfall doch umzuswitchen und ein Auskühlen zu verhindern. Aber warum nicht erst mal (halb-)nackt los?

**Abenteuer zu Weihnachten** – Dinge zu schenken, ist überbewertet. Für die meisten von uns ist gemeinsame Zeit viel wertvoller. Warum also in diesem Jahr nicht einen Gutschein für ein individuelles Mikroabenteuer verschenken? Wichtig: Von vornherein ein konkretes Zeitfenster für die Umsetzung festlegen.

**Urbaner Everest** – Nutze den Winter, um deine persönliche Everest-Besteigung zu realisieren. In der Stadt, zu Hause oder wo immer du Treppenstufen findest. Einfache Rechnung: Eine Treppenstufe ist etwa 20 Zentimeter hoch, der Mount Everest 8848 Meter. Das bedeutet, dass du nach

44240 Treppenstufen auf dem Gipfel stehst. Ich weiß, dass niemand den Everest vom Meeresspiegel aus erklimmt, aber egal. Wie lange du für dieses Projekt brauchst, hängt davon ab, wie ehrgeizig du es angehst. Hilfreich ist aber sicher, vorher einen Zeitrahmen abzustecken, zum Beispiel sechs Wochenenden mit jeweils einem vollen Tag »Bergtour«. Wenn wir den Kölner Dom mit seinen 533 Stufen bis zur Spitze des Südturms heranziehen, wären das 14 Aufstiege pro Tag. Schöner ist es aber sicher, nicht tagelang den gleichen Turm auf- und abzusteigen, sondern verschiedene Ecken der Stadt zu entdecken. Oder du setzt dir einfach ein vom Everest unabhängiges Ziel von 5000 Stufen, um einfach mal einen Tag was komplett anderes zu machen – etwas, bei dem jeder, dem du davon erzählst, verständnislos die Augenbrauen hochzieht.

## Sechs Fragen aus der Winter-Praxis

### Von kalten Füßen bis zur Lawinengefahr

**Wie bleiben die Füße beim Wandern warm?** Am besten hilft Bewegung. Aber nicht nur hin- und herlaufen, sondern vor allem Bewegung im (!) Fuß, also Zehen einzeln wippen und spreizen oder auf Zehenspitzen gehen. Generell sollten die Schuhe nicht zu eng sein, damit die Durchblutung nicht beeinträchtigt wird. Spezielle Wärme-Gels (zum Beispiel von Gehwohl) fördern die Durchblutung. Außerdem sollten die Socken ein gutes Klima schaffen, also Feuchtigkeit aufnehmen. Merino- und Alpakawolle eignen sich dafür sehr gut. Wenn möglich sollten die Socken überhaupt nicht nass werden, weil Nässe die Körperwärme ableitet. Ein trockenes Ersatzpaar im Rucksack kann Wunder wirken. Warme Einlagen sind mit Vorsicht zu genießen, da sie normalerweise die Schweißbildung fördern. Tun sie das nicht, sind sie ein effektiver Joker.

**Wie vermeide ich kalte Finger beim Radfahren?** Da wir die Finger beim Radfahren kaum bewegen und die herznahen Köperteile bei Kälte einfach besser versorgt werden (eine Niere ist nun mal wichtiger als ein kleiner Finger), haben wir im Winter schnell das Gefühl, sie nicht mehr bewegen zu können. Ziehe wasserdichte Handschuhe an, das ist klar, aber sie sollten weit genug sein, um eine dünne Luftschicht zur Isolation zwischen Haut und Stoff zu erlauben. Außerdem sollten sie atmungsaktiv sein, damit die Finger nicht schwitzen. Fausthandschuhe ermöglichen mehr Bewegungsfreiheit für die einzelnen Finger, in ihnen kann die Luft zwischen Haut und Stoff besser zirkulieren. Ich bin ganz zufrieden mit meinen »Hummer-Scheren«. Diese Handschuhe bestehen aus drei Hüllen, zwei für jeweils zwei Finger und den Daumen. Das ist ein schöner Kompromiss, der etwas mehr Feinmotorik erlaubt als ein Fausthandschuh. Wer sehr kälteempfindlich ist, kann zusätzlich dünne Unterzieh-Handschuhe nutzen, am besten aus Merinowolle. Einige Radfahrer schwören auf Kaltwasser-Tauchhandschuhe.

**Gibt es einen Trick, nachts nicht zum Pinkeln rauszumüssen?** Den warmen Schlafsack verlassen zu müssen, nervt immer, im Winter ist es aber besonders hart. Das Wichtigste vorweg: Sobald ich das Gefühl habe, mal rauszumüssen, folge ich dem. Wachliegen und auf Besserung hoffen, ist immer eine schlechte Idee. Effektiv herunterfahren kann man die Wahrscheinlichkeit dafür nur, wenn man am Abend wenig trinkt. Ich wache lieber nachts auf, weil ich Durst habe, und nehme dann einen Schluck aus der Trinkflasche (im Schlafsack friert ihr Inhalt übrigens nicht ein), als dass ich ständig pinkeln gehen muss. Das ist aber immer auch eine Gratwanderung, weil Trinken ja durchaus wichtig ist (sofern es sich nicht um Hochprozentiges handelt). Es heißt, dass kalte Füße den Harndrang erhöhen. Dagegen helfen im Schlafsack zum Beispiel warme Socken oder eine Flasche mit warmem Wasser. Ganz große Künstler schaffen es vielleicht sogar, im Schlafsack in eine PET-Flasche zu pinkeln und die dann zugeschraubt (!) zum Wärmen an die Füße zu legen. Eins ist sicher: Diesen Trick werde ich nicht versuchen.

**Wie errichte ich ein Lager im Schnee?** Es gilt, zunächst eine Stelle zu finden, die möglichst windgeschützt ist. Dort, wo die Isomatte liegen soll, den Schnee möglichst entfernen oder alternativ platttreten sowie eine zusätzliche Unterlage aus Zweigen drauflegen. Talsohlen und Mulden eher meiden, da sich dort oft kalte Luft festsetzt und sich Wasser bildet, sobald der Schnee schmilzt. Eine gute Option ist auch eine Hängematte samt Underquilt, da hast du immer genügend Luft unterm Hintern und liegst nicht direkt auf dem Schnee oder dem kalten Boden. Wenn die Schuhe oder andere Bekleidungsteile nass oder sogar gefroren sind, kannst du sie mit in den Schlafsack nehmen, am besten in einem wasserdichten Packsack, in den du zusätzlich eine Flasche mit heißem Wasser legst. Auch zwischen Schlafsack und Biwaksack ist nasse Ausrüstung gut aufgehoben. Die effektivste Maßnahme, wenn es richtig kalt wird, ist meiner Erfahrung zunächst einmal: Den Schlafsack im Kopfbereich so weit wie möglich schließen, damit keine Körperwärme entweichen kann. Das hilft meist besser, als noch eine Hose oder Jacke anzuziehen.

**Wie vermeide ich eine Unterkühlung?** Unser Körper kennt keine absolute Temperatur in Celsiusgraden, sondern nur die gefühlte. Es kann also durchaus sein, dass uns Wind und Regen bei +5 Grad stärker zusetzen als trockene und sonnige -10 Grad. Wie sehr sie das tun, hängt vor allem von unserer Ausrüstung ab. Vor allem sollte sie wind- und wasserdicht sein, was auch für die Handschuhe gilt. Unter die Kapuze gehört bei widrigen Bedingungen eine Mütze. Solange wir uns bewegen, ist die Gefahr einer ernsten Unterkühlung eher gering. Gefährlich wird es meist, wenn wir bereits frösteln, schlecht ausgerüstet sind und dann rasten. Wer einen guten Schlafsack hat, muss aber keine Sorge haben, im Schlaf zu erfrieren. Bevor der Körper zu kalt wird, wachen wir auf. Lieber etwas schlafen, als völlig in die Erschöpfung und Übermüdung hineinwandern. Essen führt dem Körper übrigens auch Energie zu, das unterschätzen wir oft, gerade wenn wir frieren und keine Lust haben, noch den Gaskocher anzuschmeißen. Gerade etwas Warmes, und wenn es nur ein heißer Tee ist, wirkt oft Wunder.

**Wie erkenne ich Lawinengefahr in den Bergen?** Am höchsten ist die Lawinengefahr, wenn es gerade viel geschneit hat, und im Frühjahr, wenn die Schneeschichten schmelzen. Die Lawinengefahr an Berghängen kannst du folgendermaßen einordnen:

- Hänge mit dichtem Baumbewuchs sind recht ungefährlich, weil die Bäume dem Schnee Halt geben. Außerdem scheint dort längere Zeit keine große Lawine abgegangen zu sein, sonst stünden da keine Bäume. Schneisen im Wald sind dagegen ein deutliches Zeichen für regelmäßige Lawinenabgänge.
- Kahle Hänge sind besonders gefährlich, je steiler, desto höher die Lawinengefahr. Besonders die Hänge auf der windabgewandten Seite des Berges bergen eine hohe Wahrscheinlichkeit für Abgänge, weil sich dort kurz unterhalb des Kamms oft Schneeüberhänge bilden, die schnell abrutschen können.

- Nach starkem Wind oder Sturm ist die Lawinengefahr aber aus demselben Grund auch generell erhöht.
- Die weitaus meisten Lawinen gehen auf Hängen ab, die nach Norden bis Osten ausgerichtet sind.
- Starker Neuschnee ist vor allem dann gefährlich, wenn er auf eine feste, verharschte Schicht fällt, die wenig Halt bietet.
- Höchste Warnstufe gilt, wenn die Temperaturen plötzlich steigen und es taut. Dann kommen die Schneemassen schnell ins Rutschen, zudem sind Lawinen aus nassem Schnee deutlich vernichtender als die aus Pulverschnee.

Wer in den Bergen unterwegs ist, sollte sich selbstredend vorab über das lokale Lawinenrisiko informieren und nicht alleine losziehen. Ein Lager ist nur dort aufzuschlagen, wo es wirklich sicher ist, denn selbst bei geringer Lawinengefahr erhöht sich das Risiko mit jeder Verweilminute.

# WAS MACHEN DIE TIERE?

## Winter-Update aus der Fauna

Klarer Fokus in der kalten Jahreszeit ist das Überleben! Die Winter sind zwar in den letzten Jahren weniger hart gewesen, dennoch ist das Nahrungsangebot jetzt so gering wie zu keiner anderen Jahreszeit. Während viele Vögel deshalb aufgeregt von einem Gehölz zum anderen fliegen, um Reste von Früchten und Samen zu ergattern, sind andere längst gen Süden verschwunden. Die meisten Vierbeiner fahren ihre Aktivitäten herunter und verlegen sich auf das Energiesparen.

Im Januar und Februar bekommen die Wildschweine ihre Frischlinge. Wir müssen den Wald deshalb nicht meiden, sollten das aber berücksichtigen und uns entsprechend verhalten. Wenn du auf eine Bache mit ihren Frischlingen triffst und sie sich und ihren Nachwuchs bedroht sieht, wird sie wahrscheinlich schnauben, grunzen oder mit den Zähnen knirschen. Das bedeutet unmissverständlich: »Komm nicht näher, sonst greif ich an!« Wenn wir dann sofort auf Rückzug gehen, ist die Situation meist ohne großes Drama geklärt. Generell sind Wildschweine eher scheu, riechen uns und machen einen Bogen um Menschen. Ausnahmen bestätigen die Regel, und zwar meist dann, wenn bei uns Futter zu holen ist. (Keine Angst, Wildschweine fressen nichts, was lebendig ist.)

Der Feldhase kommt auch im Winter ohne Nest oder Höhle aus. Er scharrt sich im Unterholz eine sogenannte

Sasse zurecht. Das Wildkaninchen gräbt sich einen Bau. Beide ernähren sich ausschließlich pflanzlich und greifen dabei im Winter auf Knollen, Wurzeln und die Rinden junger Bäume zurück. Manche Tiere suchen im Winter ganz bewusst den Wald auf (zum Beispiel der Raufußbussard und der Seidenschwanz), andere verlassen ihn (Blindschleiche, Ringelnatter und Kreuzotter, aber auch Frösche und Igel).

Wirklichen Nahrungsnotstand gibt es in unseren Breitengraden aufgrund der steigenden Temperaturen kaum noch. Nur wenn die Schneedecke so dick ist, dass das Wild nicht mehr bis auf den Boden vordringt, dürfen Jäger und Förster unter Auflagen zufüttern.

Die Tiere kommen im Winter grundsätzlich gut mit weniger aus. Rehe und Hirsche reduzieren ihre Körpertemperatur zum Beispiel deutlich, müssen dann weniger Energie zuführen, um das Temperaturlevel zu halten. Sie stehen dann häufig bewegungslos in der Landschaft. Ihr Herzschlag verringert sich (von 60–70 auf 30–40 Schläge pro Minute). Außerdem verkleinert sich der Verdauungstrakt. Nahezu alle Wildtiere dürfen in der Winterzeit gejagt werden (siehe dazu die Übersicht auf ▶ S. 68) – und natürlich spielt ihre Trägheit den Jägern in die Karten.

Im Februar ist der Frühling oft schon zu ahnen: Im sogenannten Vorfrühling, wenn der Klammergriff des Frostes nachlässt, beginnen die Kohl- und Blaumeisen zu balzen, Molche, Gras- und Springfrösche brechen zu ihren Laichgewässern auf, und schon bald sitzen die Amseln in der Sonne. Im März kehren die ersten Kurzstreckenzieher wie die Stare zurück. In den Bergen brüten bereits die Bartgeier und Kolkraben, im Tiefland balzen Schleiereule und Waldkauz.

Im Wald wird der Schall deutlich weiter getragen als noch im Sommer oder Herbst – es fehlen die Blätter als natürliche Schalldämpfer. In dieser Zeit sollten wir ganz besonders darauf achten, uns leise zu verhalten. Gerade jetzt brauchen die Tiere Ruhe. Schrecken wir sie auf, kann sie das wertvolle Energie kosten. Sogenannte Kulturfolger wie Wildschweine, aber auch Rehe und Füchse haben sich bereits ein ganzes Stück an den Menschen gewöhnt und sind nicht mehr ganz so schreckhaft, viele andere sind aber ständig in Alarmbereitschaft.

# LOGBUCH
# // AUF NACH LAPPLAND //

## Wie viel ich bekam, als ich nichts erwartete

Atmen, immer weiteratmen. Meine Füße brennen wie Feuer, und mit jedem meiner kleinen Schritte breitet sich der Schmerz nach oben aus. Ich zwinge mich dazu, schön gleichmäßig so viel Luft wie möglich in meine Lungen zu ziehen, um sie direkt danach wieder komplett ausströmen zu lassen. Das Wasser im Plöner See ist sicher nicht wärmer als sechs Grad. Und ich bin nackt.

Der Grund des Sees fällt hier nur sanft ab. Ich muss 50 Meter staksen, ehe ich ganz eintauchen kann. Mit quälender Selbstdisziplin wehre ich mich gegen das Gefühl, das eiskalte Wasser würde mich einschnüren. Aber es funktioniert: Ich nähere mich einer körperliche Grenze, überschreiten tue ich sie aber nicht. Solange es mir gelingt, voll bei mir, dem See und diesem Moment zu sein, solange ich loslasse und atme, betäubt die Kraft des Seins den Reflex, schnell aus dem Wasser zukommen.

Lange halte ich es trotzdem nicht aus, ich stehe schließlich erst am Anfang meiner Karriere als Eismann. Ich schreie in die Stille hinein, und während ich mich wieder zum Ufer bewege, spüre ich, wie das Blut ungehemmt durch meinen Körper rauscht. Guten Morgen, da draußen! Kurz abtrocknen, den Sand aus den Zwischenräumen der tauben Zehen reiben

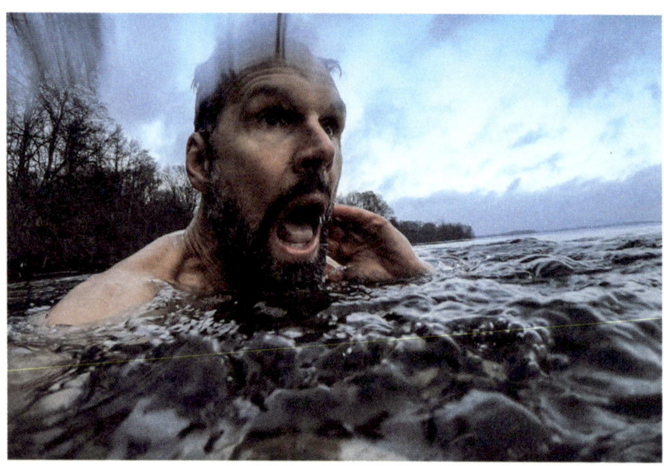

und dann rein in die Klamotten. Kann man sich lebendiger fühlen?

Das habe ich zuletzt immer öfter gemerkt: Wie gut es tut, diese innere Hürde zu überwinden und ins kalte Wasser zu springen. Seit drei Jahren lade ich immer am ersten Tag des Jahres zum Anbaden an den Hamburger Elbstrand. Im Oktober bin ich im Harz in die Bode und Ende November bei Berchtesgaden in den Königssee getaucht. Jedes Mal war es ein kurzer innerer Kampf, jedes Mal war ich nachher froh, mehr Argumente dafür statt dagegen gefunden zu haben.

Die Geschichte dieses Morgens beginnt etwa 24 Stunden vorher: Es ist kurz vor Weihnachten, und ich will mal wieder raus. Mir fällt ein, dass ich irgendwo mal von einer Region gelesen habe – gar nicht weit weg –, die Lappland heißen soll. Und Lappland passt um diese Zeit ja nun wirklich wie die Faust aufs Auge. Vielleicht erwische ich sogar den Weihnachtsmann bei seinen Vorbereitungen! Nur, so ein klar definiertes Land scheint Lappland nicht zu sein, zumindest spuckt das Internet mir dazu keine eindeutigen Informationen aus. Ist dieses Lappland nur eine Siedlung mit grünem Hinweisschild oder gar ein Mysterium? Ich werde es selbst herausfinden müssen. Die Straße »Lappland«, ein paar Kilometer vom Südufer des Plöner Sees entfernt und etwa 100 Kilometer von meiner Haustür in Hamburg, erscheint mir als sinnvolle Wegmarke.

Ich packe das Nötigste für eine Draußennacht im Dezember, schnappe mir mein Fahrrad und breche auf. Das Wetter meint es gut mit mir: Es ist zwar windig, aber trocken, und ab und zu bricht die Sonne durch die Wolken. Ich bin schnell raus aus der Stadt, fahre über holprige Waldwege, kreuze Landstraßen und durchquere Dörfer. Dort, wo sie nicht befestigt sind, sind die Böden vom Regen der vergangenen Tage aufgeweicht. Mein Rad ist zwar für unwegsames Gelände konstruiert, aber an ein paar Stellen muss ich trotzdem schieben. Um die Mittagszeit komme ich an eine Furt durch einen etwa fünf Meter breiten Bach. Ich blicke mich um, doch da gibt es keine andere Möglichkeit: Ich halte einfach drauf zu und setze darauf, dass ich a) im Sattel weniger nass werde, als wenn ich zu Fuß durchs Wasser wate, und b) überhaupt im Sattel drüben ankomme. Halbwegs klappt das,

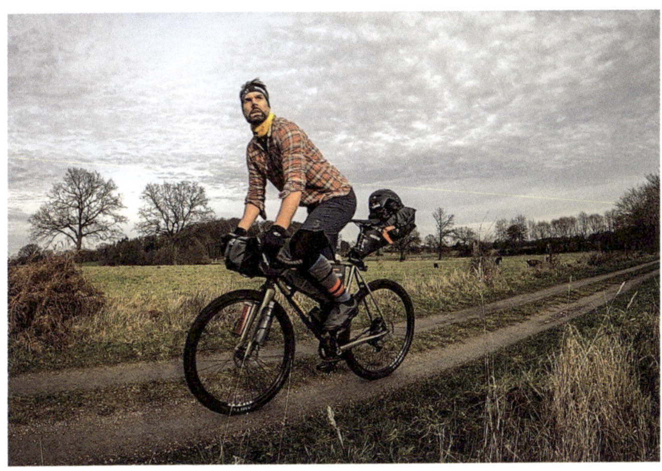

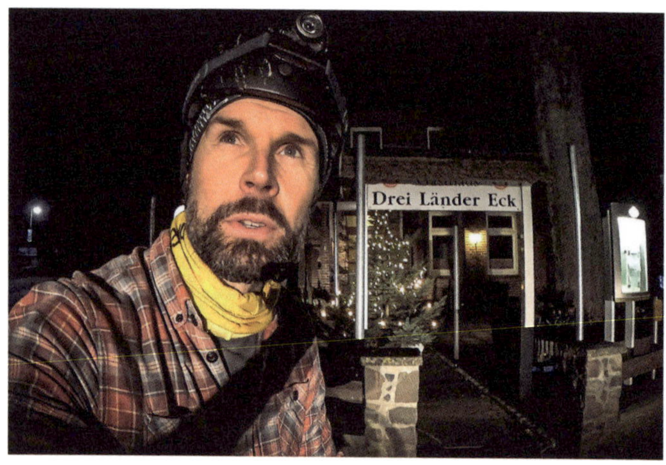


und ich habe ja noch genug Kilometer vor sowie genug Wärme in mir, um Schuhe und Hose bis zum Abend wieder trocknen zu lassen.

In ein paar Tagen ist Wintersonnenwende. Sprich: Es wird verdammt früh dunkel. Ich hatte gedacht, ich würde schneller vorankommen und Lappland noch bei Tageslicht zu sehen bekommen, aber als ich dort bin, wo ich es vermute, blicke ich nur ratlos in die Finsternis. Ein paar Hundert Meter weiter liegt ein Gasthof, das »Drei Länder Eck«. Das könnte doch ein Hinweis sein! Aber Renate, die hinterm Tresen gelangweilt von ihrem Handy aufblickt, als ich die Tür öffne, winkt ab: »Mit den drei Ländern sind die drei Landkreise gemeint, die sich hier treffen. Ostholstein, Plön und Segeberg. Bisschen dick aufgetragen, ich weiß.« Ich bestelle einen Tee und vertage meine Suche nach Lappland auf morgen. Renate vermittelt nicht den Eindruck, als wäre sie in Plauderlaune oder würde sich freuen, dass sich wenigstens ein Gast in ihren Laden verirrt hat. Aber sie ist selbst schuld, wenn sie den Tee so heiß serviert: Unter 10 Minuten lässt sich mein Aufenthalt nicht drücken.

Zurück in der Dunkelheit stelle ich fest, dass ich nur eine Stirnlampe dabeihabe, um den Weg vor mir auszuleuchten. Eine Stirnlampe, deren Batterien immer schwächer werden (Ersatz schien mir offenbar nicht so wichtig). Ich rolle also halbblind und in Schritttempo in den Wald hinein, der sich zwischen dem Großen Plöner See und dem Stocksee erstreckt. Die Straßen werden zu Wegen und die zu Pfaden. Ich erkenne die Umrisse des jahrhundertealten Gut Nehmten mit seinen Stallungen. Irgendwo hier muss auch das dazugehörige Schloss liegen. Ein paar Hundert Meter weiter biege ich rechts ab, noch tiefer in den Wald hinein, direkt ans Seeufer.

Ich bin heilfroh, dass ich mit dem letzten müden Aufbäumen des Stirnlampen-Scheins offenbar eine Stelle gefunden habe, die sich wunderbar für eine Hängemattennacht eignet.

Ich liebe es, in der Hängematte zu schlafen, aber es ist jedesmal von Neuem eine Aufgabe, zwei Bäume mit dem richtigen Durchmesser im richtigen Abstand zu finden. Selbst im Wald erweist sich das manchmal schwieriger, als man vermutet – vor allem, wenn es bereits dunkel ist. Der Vorteil der Dunkelheit: Niemand beobachtet dich. Und dass noch eine Nachteule mit dem Hund eine Runde dreht, wird auch immer unwahrscheinlicher, je später und je weiter du draußen in der Natur unterwegs bist.

Ich befestige meine Hängematte an zwei Buchen, die direkt am Ufer stehen. Zum Einschlafen höre ich die leise Melodie des vor sich hin plätschernden Wassers. Nach und nach synchronisiert sich der Rhythmus, in dem meine Hängematte schaukelt, mit dem der kleinen Wellen. Unweigerlich passt sich auch meine Atmung an, bis das Innen und Außen verschwimmt. Aber da sind mir längst die Augen zugefallen.

Einsame Nächte in der Natur sind nicht besonders spektakulär. Spektakulär unaufgeregt, ja, aber nicht spektakulär im Sinne von ereignisreich. Das ist jedenfalls meine

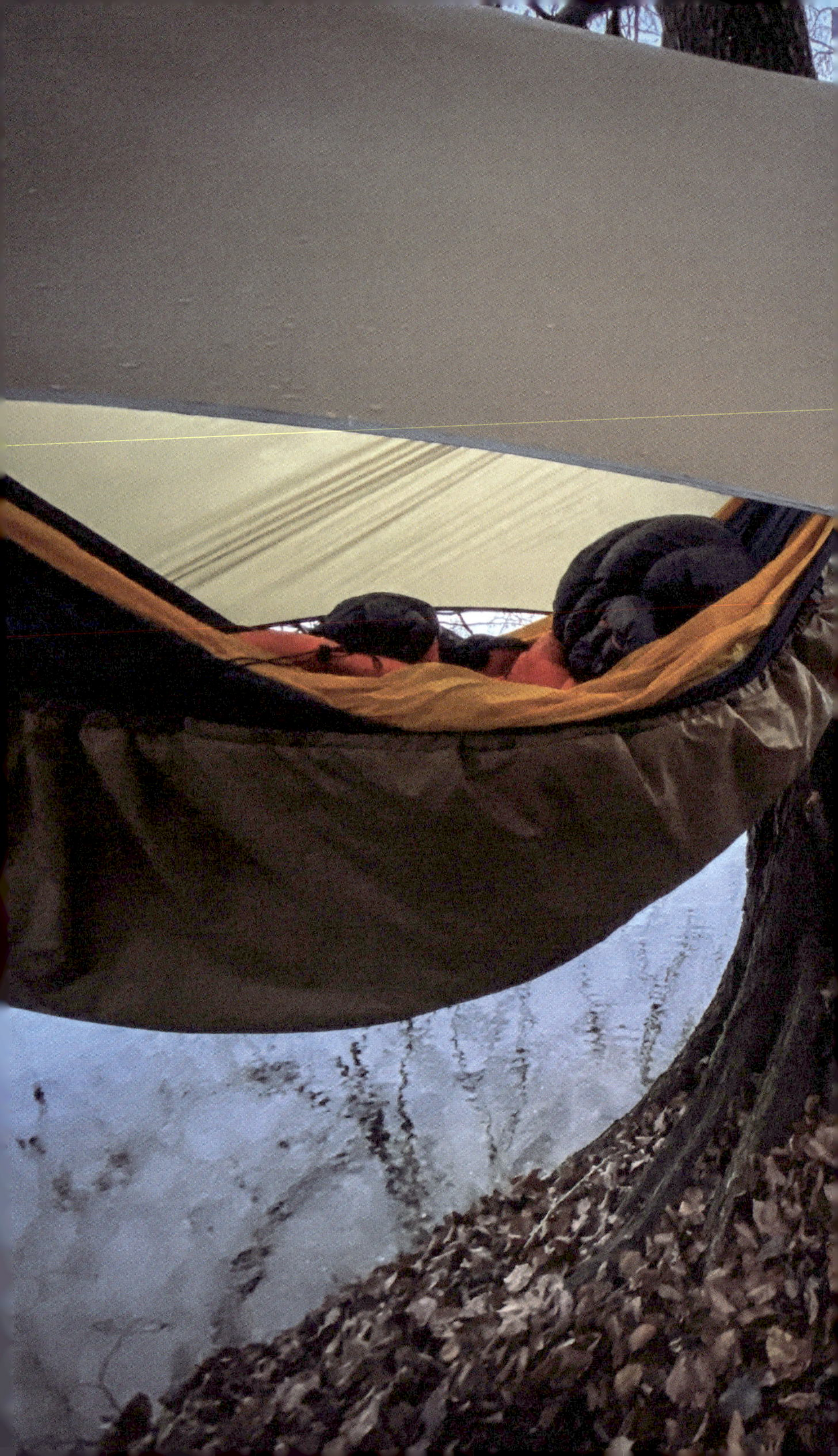

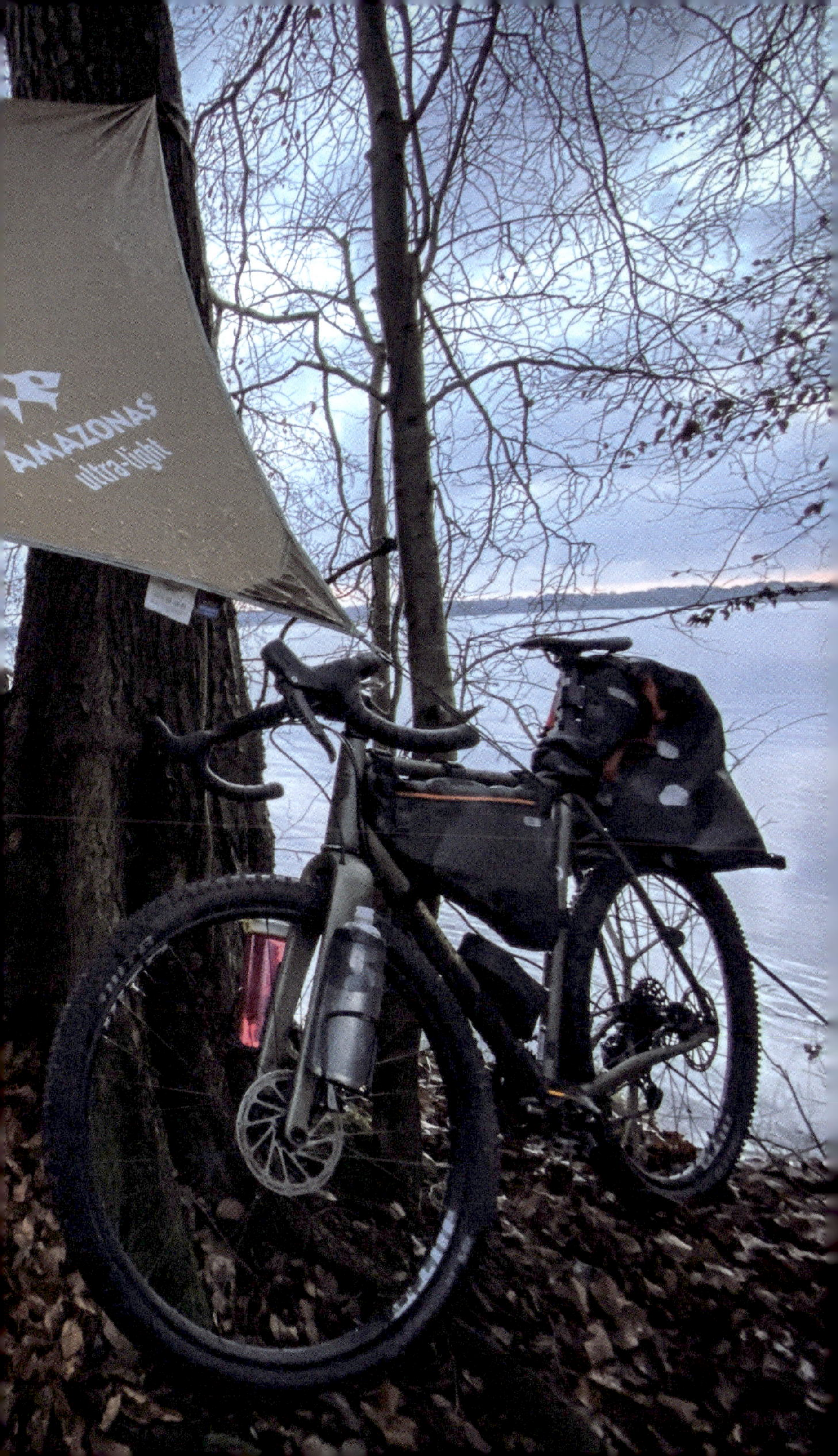
AMAZONAS
ultra-light

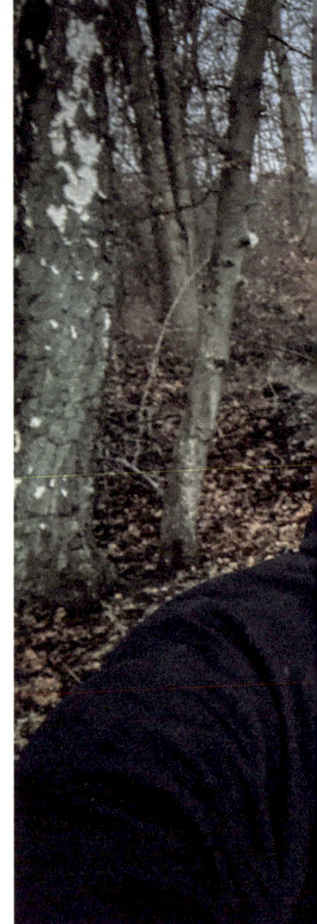

Erfahrung. Hin und wieder (aber extrem selten!) höre ich von anderen, dass sie des Nachts oder frühmorgens von Menschen oder Tieren aufgescheucht wurden. Mir selbst ist das noch nie passiert. Vielleicht führt mein Bauch mich stets an die richtigen Plätze, vielleicht schlafe ich zu fest, vielleicht habe ich bislang aber auch einfach Glück gehabt. In den meisten Fällen läuft eine Nacht unterm Sternenhimmel so ab: Ich schlafe gut ein, wache nach drei bis vier Stunden zum ersten Mal auf, höre irgendwelche Geräusche, die mich im Halbschlaf kurz grübeln, dann aber auch schnell wieder entspannen lassen. Irgendwo kriecht Kälte in den Schafsack oder es ist zu warm. Ich justiere mein Binnenklima, indem ich Reißverschlüsse auf- oder zuziehe, und positioniere mich neu. Von jetzt an werde ich alle zwei Stunden wach. In einer der Schlafpausen schäle ich mich aus den Daunen (je nach Schlafsack auch aus den Kunstfasern) und stolpere zum Pinkeln ein paar Meter durch die Nacht. Und spätestens, wenn die Sonne aufgeht, erhebe ich mich mit ihr. Ich habe durchaus auch schon richtig tief und lange geschlafen da draußen, aber solche Nächte sind eher die Ausnahme als die Regel.

Die Hoffnung darauf, dass der Morgen einen extraintensiven Sonnenaufgang bereithält, ist immer mit dabei. Die Kunst ist, nicht enttäuscht zu sein, wenn diese Hoffnung – wie heute – im Wolkengrau stirbt.

Das Bad im eiskalten Wasser katapultiert mich ohnehin voll in den Moment. Als ich danach noch einen Augenblick

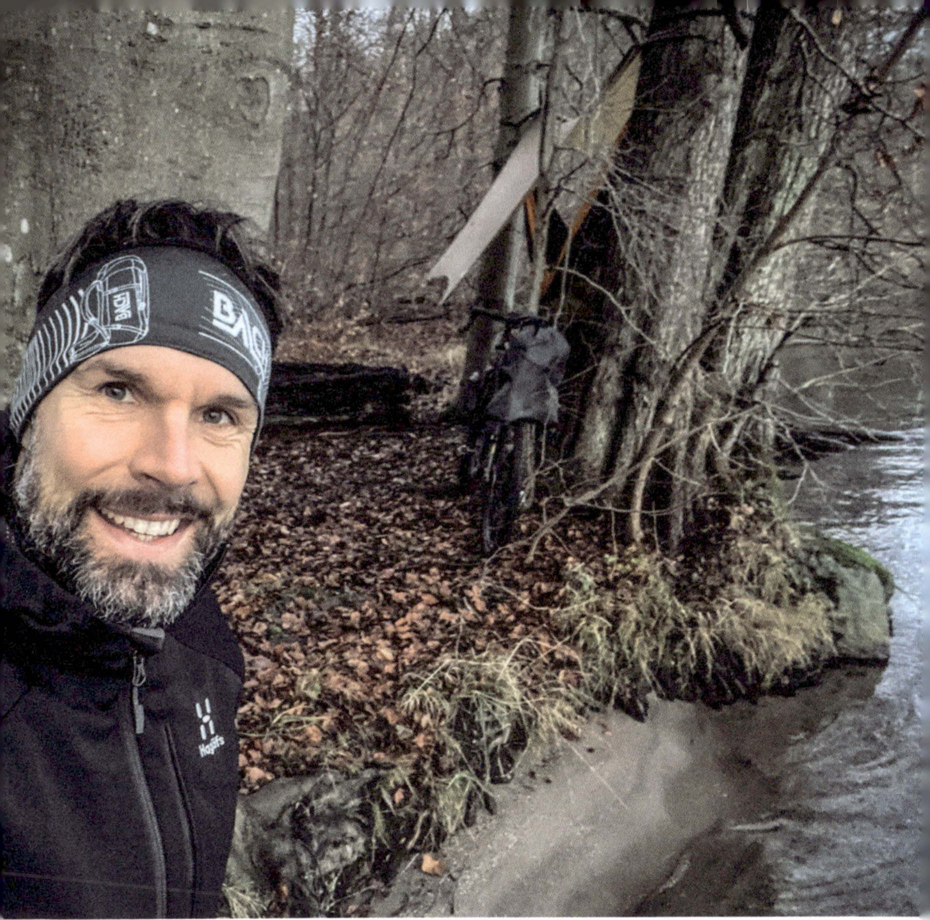

auf einem Baumstamm am Ufer sitze, mir Tee und Porridge koche, stelle ich fest, dass es vermutlich kein schöneres Grau gibt als dieses jetzt über dem Großen Plöner See. Dieser Gedanke ist mir schon oft an anderen Tagen und anderen Orten gekommen.

Ungefähr 20 Meter hinter mir schlappt der erste Hundebesitzer über den Uferweg. Ich habe das Glück, gestern Abend im Dunkeln eine Uferstelle angesteuert zu haben, an die nur ein kleiner Stichpfad führt. Durchgangsverkehr gibt es hier nicht, und wahrscheinlich würde sich gerade auch niemand ohne triftigen Grund näher heranbegeben an einen bärtigen

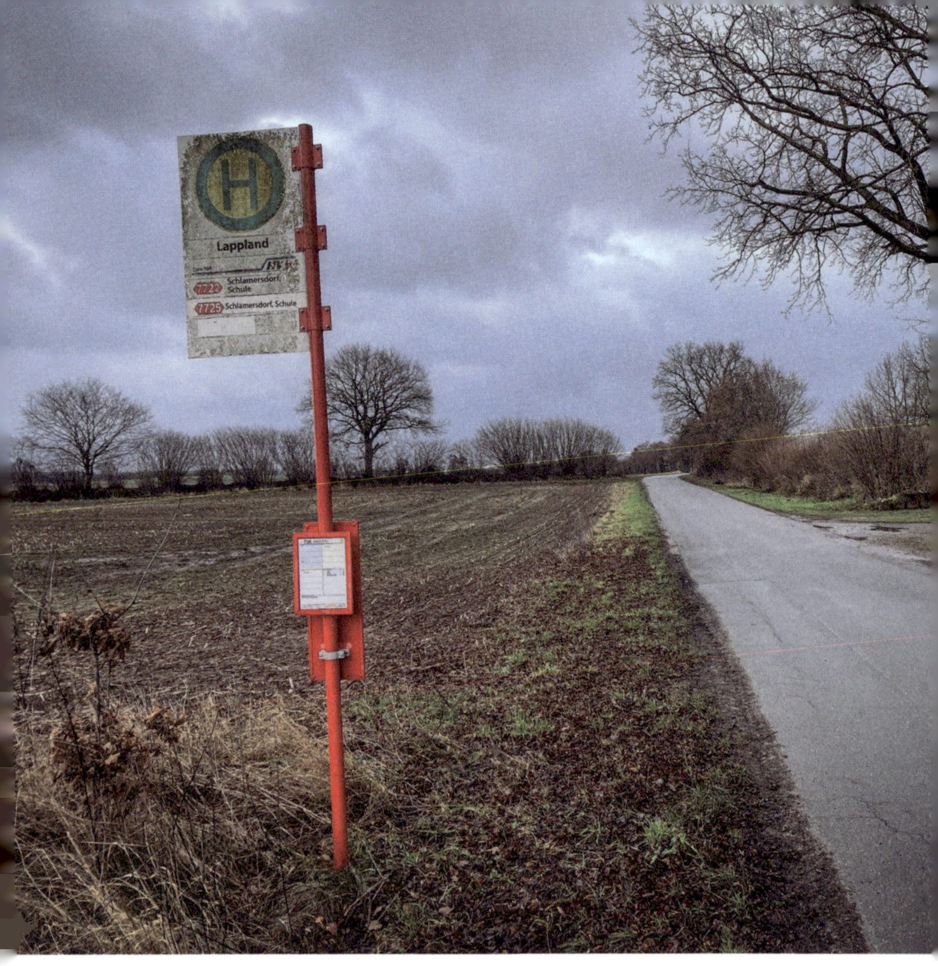


Waldschrat, der mitten im Winter draußen pennt und nackt im See badet.

Was ist jetzt mit Lappland? Ich packe meinen Kram zusammen, sammle meinen Müll ein, sattle den Drahtesel und breche auf. Wie immer, wenn ich eine Strecke erst im Dunkeln fahre und kurz darauf im Hellen, nehme ich jedes Detail der Landschaft bewusst auf. Gestern waren die Wurzeln und Steinchen auf dem Boden meine Priorität, die zehn Meter direkt vor mir, jetzt flutet der Wald rechts und links mich mit seinen Reizen. Aus den Pfaden und Wegen wird wieder

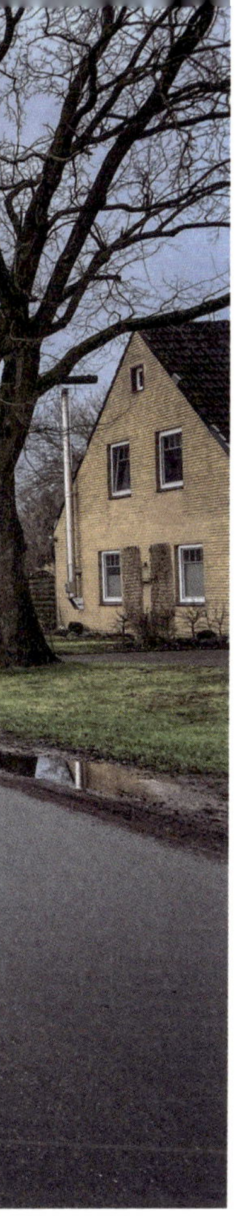

eine Straße, das »Drei Länder Eck« lasse ich rechts liegen.

An einer T-Kreuzung, der auch die lichten Grau-Nuancen dieses Wintermorgens nicht mehr Esprit einhauchen als die Dunkelheit der Nacht, entdecke ich es auf einmal, das Lappland-Schild. Genau genommen sind es sogar zwei – die Straße gen Südwesten heißt so und die Haltestelle des Schulbusses, der zweimal am Tag vorbeikommt. Ich bin da. Kein Trommelwirbel, kein Konfetti, kein Feuerwerk. Nicht einmal ein paar leise Weihnachtsglöckchen. Mein Ziel scheint einfach in dem Moment zu verpuffen, in dem ich es erreiche. Das kenne und liebe ich. Schließlich bin ich ja nicht wirklich in dem Glauben losgefahren, es würde mich wer weiß was erwarten an diesem Ort. Ich habe ihn gewählt, damit er mich aufbrechen lässt, mir ein bisschen was vorgaukelt, mir eine Richtung vorgibt. Aber am Ende ist es das Unterwegssein mit all seinen Herausforderungen, Momenten und Begegnungen, das einem so viel mehr gibt als das Ankommen.

Als ich mir den Fahrplan des Schulbusses genauer ansehe, weiß ich allerdings sofort, dass ich heute noch ein neues Ziel habe, bevor ich wieder Kurs auf meine Haustür nehme. Oder anders: Ich entscheide mich dafür, noch einen Schlenker zu machen. Der Bus startet morgens in Berlin, Unter den Linden, und das liegt rund acht Kilometer entfernt, gehört zur Nachbargemeinde. So direkt gelangt man sonst ja selten von Nordskandinavien in die deutsche Hauptstadt.

Um es vorwegzunehmen: Auch das Berlin Schleswig-Holsteins hat – logischerweise – ein anderes Flair als das Original, Unter den Linden taugt nicht zur Prachtstraße.

Aber ich bin um einen Schwung unnützen Wissens reicher und habe die Ecke noch ein bisschen besser kennengelernt. Zufrieden rolle ich retour. Ich nehme eine etwas andere Route, trotzdem habe ich ständig Déjà-vus. Kühe, Wiesen, Wälder. Wolken, die hin und wieder Platz machen für die tief stehende Sonne, um sich kurz darauf erneut wie ein Vorhang zuzuziehen. Der Leerlauf meines Fahrrads schnurrt betörend, sobald ich kurz aufhöre, zu treten, weil es ausnahmsweise auch hier im hohen Norden mal etwas bergab geht. Ein guter Tag. Wie alle, an denen ich draußen bin. Als ich Hamburg erreiche, ist die Sonne längst untergegangen. An meinen Reifen klebt der Matsch der großen weiten Welt – zumindest gefühlt. Ich stelle das dreckige Gefährt in den Schuppen und halte noch einmal inne, bevor ich die Haustür öffne. Tief einatmen, bis die klare Dezemberluft auch in den hintersten Ecken meiner Lunge angekommen ist, dann wieder aus. Beim zweiten Atemzug schließe ich die Augen und bin plötzlich wieder im eiskalten Plöner See. Beim dritten lande ich da, wo ich hingehöre: im Hier und Jetzt. Es weihnachtet, und da drinnen wartet meine Familie mit einer Kanne Kräutertee. //

# VERRÜCKTE ORTSNAMEN
*in Deutschland*

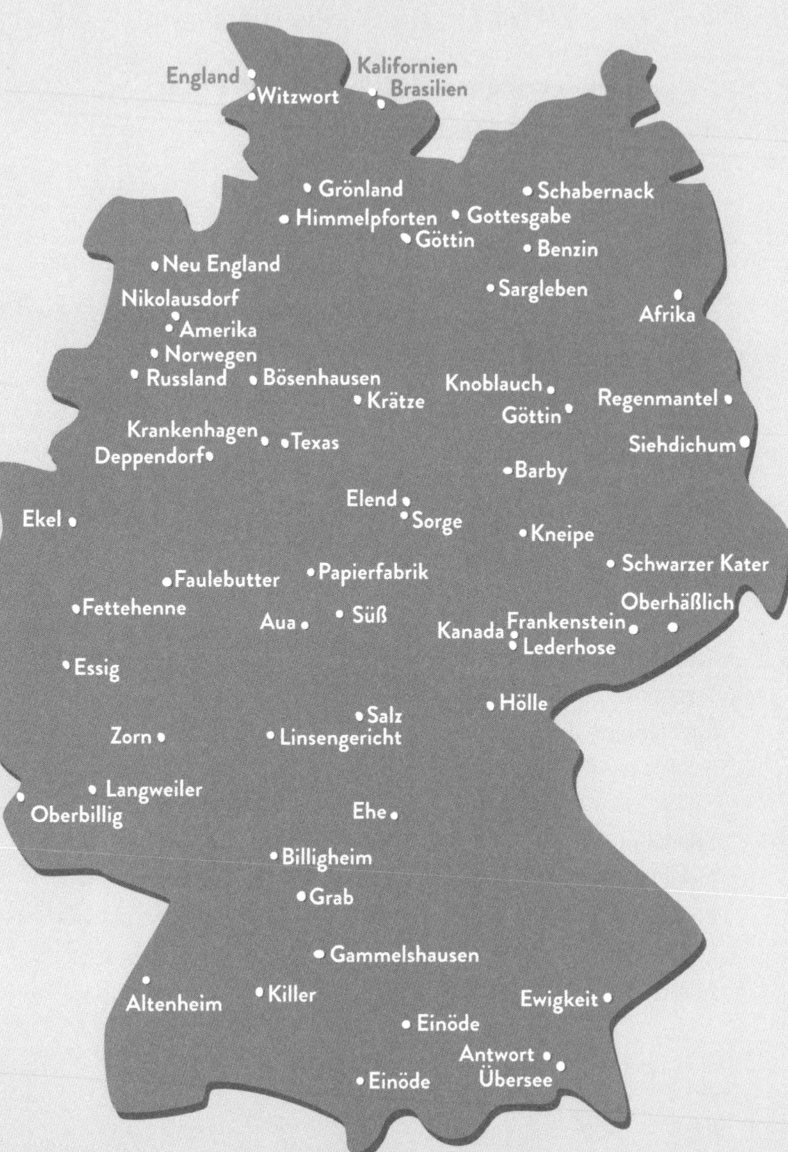

# WINTERAUSRÜSTUNG

## Drei Produkte, die du diesen Winter gebrauchen könntest

**Warmer Schlafsack** – Ich benutze meist einen dünnen Schlafsack im Sommer und einen wärmeren im Herbst, Winter und Frühling. Oft sind sogenannte Drei-Jahreszeiten-Schlafsäcke für Frühling, Sommer und Herbst ausgelegt, für mich macht es so aber mehr Sinn. Meiner ist von Haglöfs, hat eine Füllung aus Daunen und einen Komfortbereich bis -4 Grad. Er ist ein extrem guter Kompromiss aus Gewicht, Isolierfähigkeit, Schlafklima und Preis. Auch der polnische Hersteller Cumulus hat Modelle mit hervorragendem Preis-Leistungs-Verhältnis. Sollte es richtig kalt werden, sind die Kunstfaser-Schlafsäcke von Nordisk zu empfehlen. Um den Schlafsack im Winter aufzupimpen, haben die Schlafsack-Spezialisten des deutschen Herstellers Yeti Daunen-Überzieher für die Füße oder die Beine entwickelt.

**Stirnlampe** – Die Auswahl von verschiedenen Marken und Modellen ist unüberschaubar. Höchstwahrscheinlich wirst du aber weder ein Flutlicht noch zig verschiedene Leucht-Modi brauchen. Eine Stirnlampe sollte folgende Aspekte erfüllen:

- leicht zu bedienen
- stufenlos dimmbar

- bei Bedarf rot leuchtend (im Nahbereich oft sehr viel angenehmer für alle, auch die Tiere)
- wasserfest

**Merino-Funktionswäsche** – Kleidung aus Merinowolle ist längst kein Geheimtipp mehr, aber noch nicht so weit verbreitet, wie sie es verdient hätte. Das Naturmaterial wärmt nämlich nicht nur zuverlässig, sondern reguliert das Körperklima auch hervorragend. Außerdem nimmt es den typischen Schweißgeruch kaum an, sprich: Du kannst ohne Probleme zwei bis drei Tage mit nur einem Shirt unterwegs sein. Ich trage meine lange Merinowäsche von Icebreaker im Winter auch gerne im Schlafsack. Mittlerweile machen aber auch Hersteller wie Odlo, Fjällräven und Patagonia sehr gute Merino-Wäsche. Es geht übrigens auch nichts über Socken aus Merinowolle. Meine stammen vom Hersteller Smartwool.

## NOTIZEN

**Deine Ideen und Notizen für den Winter**

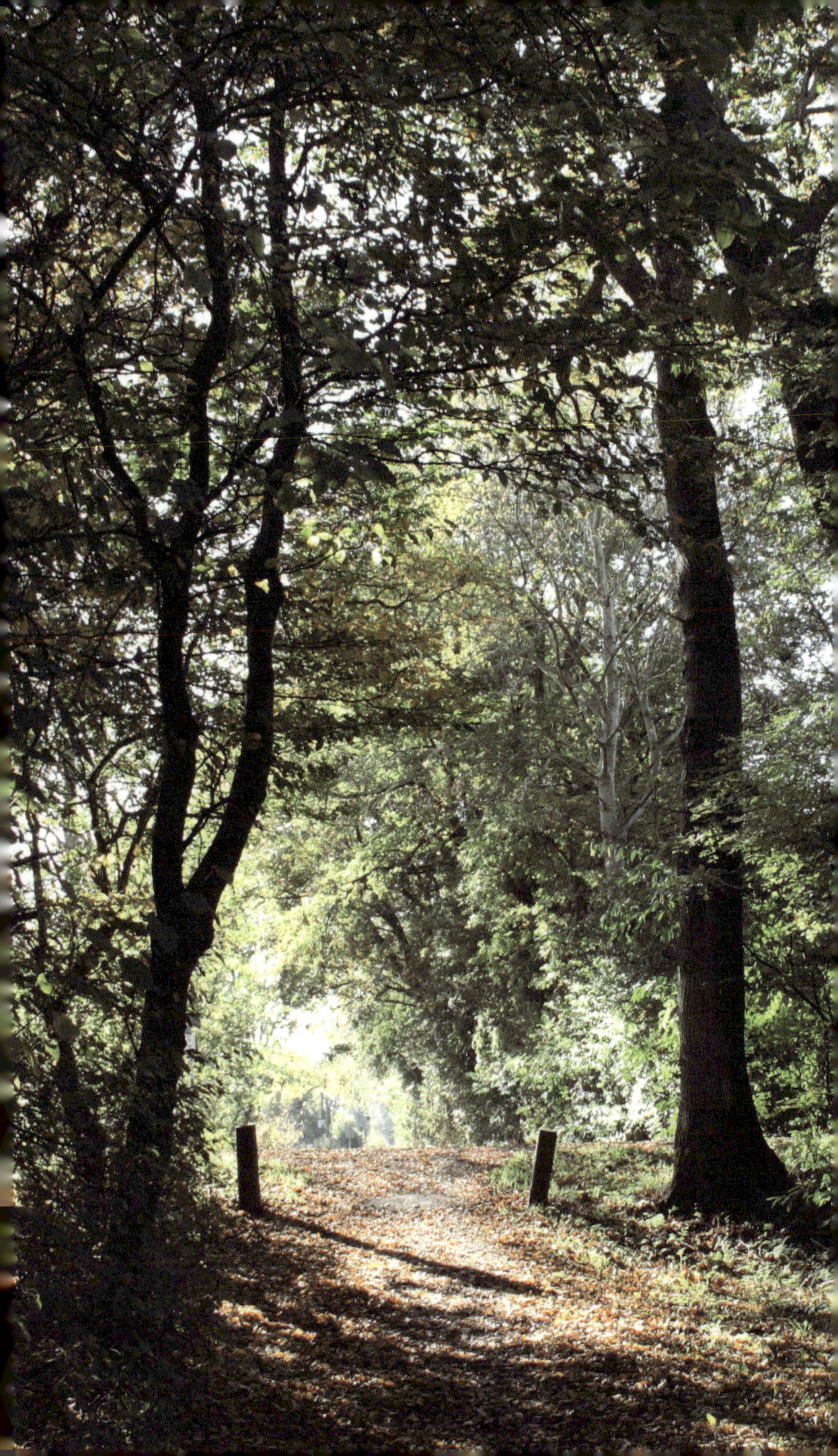

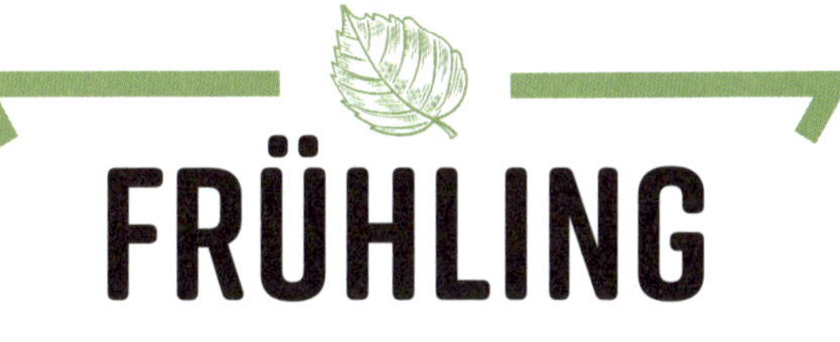

# FRÜHLING

Es war einer dieser Tage, an denen die Sonne bereits warm ist, aber der Wind noch kalt, wenn es im Licht Sommer und im Schatten Winter ist.

*Charles Dickens*

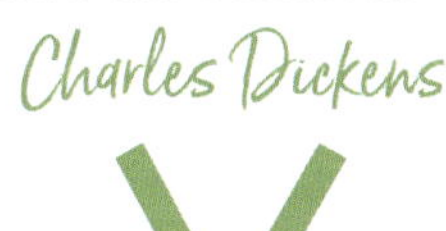

Jetzt geht's los. Beschwingt vom Wiedererwachen der Natur entspringen auch unserer Sehnsucht wieder konkrete Vorhaben. Wir sollten alles daransetzen, sie umzusetzen, denn im Frühling sind die Bedingungen dafür großartig und selbst beliebte Regionen meist noch nicht überfüllt. Eine der Mikroabenteuer-Ideen auf den nächsten Seiten: Vom tiefstgelegenen zum höchstgelegenen Punkt deines Bundeslandes wandern. Ob das für dich im Rahmen eines Mikroabenteuers umsetzbar ist, dafür bekommst du sicher ein Gefühl, wenn du dir die Übersicht auf ▸ S. 164 ff. ansiehst (die es so bislang übrigens nirgendwo gab). Die Lowest-to-Highest-Idee steht symbolisch dafür, kreativ zu werden und Anlässe zu schaffen: Alles kann, nichts muss, aber bekloppte Gedanken zuzulassen, das schadet nie.

Bevor die Laubbäume grün werden und der Sonne den Weg zum Waldboden versperren, kommen als Erstes die sogenannten Frühblüher wie Schneeglöckchen, Buschwindröschen und Waldveilchen aus dem Boden. Der erste Laubbaum, der grün wird, ist die Birke, gefolgt von der Buche. Die Säfte schießen dabei regelrecht durch die Leitungsbahnen aus den Wurzeln in die Baumkronen. Manchmal kann man sogar hören, wie es in den Stämmen gluckst. Leg im Frühling einfach mal dein Ohr an einen Baumstamm – kein Witz. Auch mit einem handelsüblichen Stethoskop funktioniert das.

Beeindruckend sind auch die blühenden Obstwiesen (regionale Tipps auf ▸ S. 169). Die Obstblüte erfasst Europa innerhalb von 80 Tagen wie eine La-Ola-Welle: Meist beginnt die Blüte Ende März in Südspanien, erreicht Deutschland im April und endet im Mai in Südskandinavien.

Für die Tiere ist jetzt bald Brut- und Setzzeit. Was das für sie (und uns!) bedeutet, erfährst du ab ▸ S. 173.

# IDEEN FÜR MÄRZ, APRIL UND MAI

## Veränderung vorantreiben

**Frühlingsanfang** – Wie wäre es, den Frühling mit einem exquisiten Draußen-Frühstück zu begrüßen? Nicht im Garten, auf dem Balkon oder der Terrasse, sondern irgendwo da draußen, im Wald, auf einer Wiese, am Berg oder Fluss. Es ist – hoffentlich! – nicht mehr ganz so kalt, die Sonne geht nicht zu früh und nicht zu spät auf (ungefähr um 7:30 Uhr), die Waldbrandgefahr ist in der Regel sehr gering, Tee und Kaffee dampfen herrlich in der Tasse. Das Frühlingsfrühstück könnte sich unter Umständen sogar an einem Arbeitstag realisieren lassen (je nachdem, wann der für dich beginnt und ob du ausnahmsweise etwas später auftauchen kannst). Andererseits muss es natürlich nicht zwingend der 20. oder 21. März sein. Auch am nächstgelegenen Samstag oder Sonntag ist dieses Mikroabenteuer das frühe Aufstehen wert.

**Frühlingsmarsch** – Klar, du kannst hier wieder neue Eindrücke auf deiner Referenzstrecke sammeln (siehe Herbstmarsch auf ▸ S. 77). Alles spricht dafür. Du könntest aber auch noch einmal etwas Neues ausprobieren: ein Laufabenteuer. Laufschuhe an (am besten natürlich Trailrunningschuhe mit griffiger Sohle), einen leichten, fest sitzenden Rucksack auf, Wasser und ein paar Riegel einpacken und dann mal gucken, wie weit du kommst. Da du vermutlich ohnehin

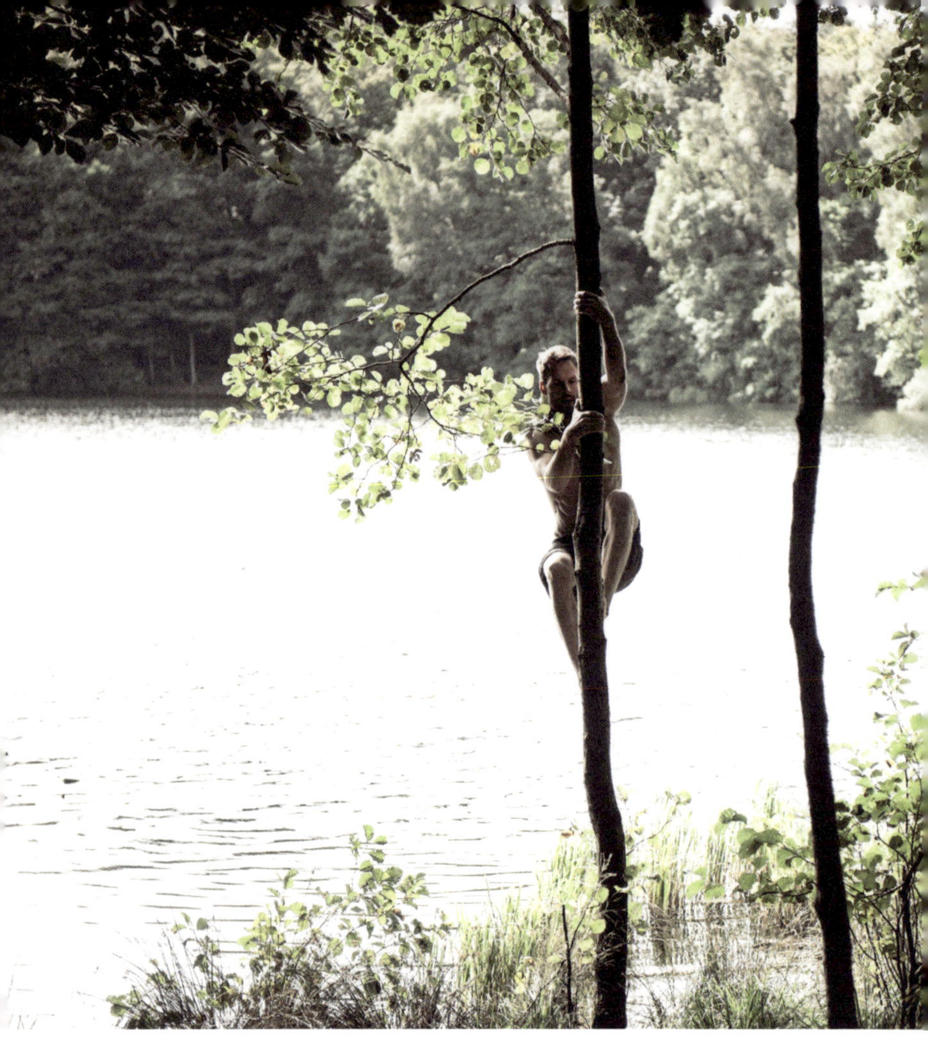

nicht den ganzen Tag durchlaufen wirst, wechsle lieber von Anfang an spielerisch zwischen Laufen und Wandern. Klamottenmäßig folgst du am besten dem Zwiebelprinzip, sodass du in den Gehphasen (und vor allem, wenn du Pause machst) eventuell etwas Leichtes überziehen kannst, um nicht auszukühlen.

**Frühjahrsschwimmen** – Ja, das Wasser ist noch frisch, aber in jedem Frühjahr gibt es Tage, an denen wenigstens die

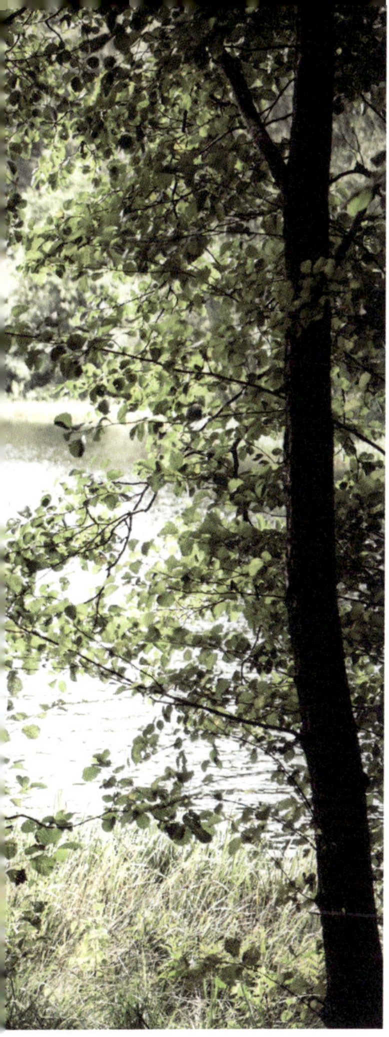

Sonne schon richtig wärmt. Warum nicht mit dem Fahrrad von der Haustür ans Meer oder den nächsten wirklich schönen See fahren? Geh dort eine Runde schwimmen, vielleicht bleibst du noch über Nacht (dann eignet sich natürlich auch der nächste Morgen zum Eindippen), und schließlich geht es wieder retour? Wer nicht mit nassen Haaren unterwegs sein mag, der kann über einen Akku-Fön nachdenken. Ich selbst habe noch nie einen benutzt, aber Gutes – oder besser Brauchbares – davon gehört. Mitten in der Naturidylle einen Fön anzuschmeißen, ist zwar auf einer Höhe mit elektrischer Zahnbürste oder 12-Volt-Pumpe fürs Stand-up-Paddle-Board, aber bevor wir drinnen bleiben, vielleicht doch okay.

**Waldbad** – Wenn nicht jetzt, wann dann? Das »Eintauchen in die Atmosphäre des Waldes« (so die etwas genauere Übersetzung des japanischen Urbegriffs Shinrin-Yoku) ist zwar immer und jederzeit zu empfehlen, aber im Frühjahr passiert einfach am meisten da draußen. Das in Fernost zuerst wissenschaftlich untersuchte Waldbaden gilt als Form der Naturtherapie und wird vor allem eingesetzt, um Körper und Seele wieder in Einklang zu bringen. Ich bin überzeugt, dass nahezu jede Minute in der Natur und jedes Mikroabenteuer so etwas wie eine Therapie ist, aber beim Waldbaden geht es explizit um das ganz bewusste Wahrnehmen, um Achtsamkeit. Ob du nun den Begriff Waldbaden dafür bemühst oder nicht, ist total nebensächlich (genauso wie niemand seine Erlebnisse Mikroabenteuer nennen muss). Es tut allerdings wirklich gut, sich auf die detaillierte Wahrnehmung einzulassen:

- Was genau sehe ich, wenn ich für zehn Minuten einen Ausschnitt von 20 mal 20 Zentimeter Waldboden betrachte?
- Was beobachte ich, wenn ich für eine Stunde in einem Baum sitze?
- Welche Nuancen hat das Grün der ersten fünf Bäume zu meiner Rechten?
- Welche Geräusche höre ich, wenn ich für drei Minuten die Augen schließe?
- Schaffe ich es, eine halbe Stunde an einer Stelle zu sitzen oder zu stehen, ohne die Augen zu öffnen?
- Wie sehr gelingt es mir, mich fallenzulassen?

Die Übergänge zur Meditation sind hier fließend, aber auch zu meditieren, ist ja nicht verwerflich. Ich habe große Freude daran, mich körperlich herauszufordern und mich an die Obergrenzen meiner Leistungsfähigkeit zu bewegen (manchmal auch darüber hinaus), aber ich weiß, dass die andere Richtung genauso wichtig ist. Minimaler Radius, maximale Präsenz im Hier und Jetzt. Meditative Waldbäder sind gerade für all jene zu empfehlen, deren Komfortzone das Höher-Schneller-Weiter ist.

**Clean up** – Raus zum Frühjahrsputz! Die meisten organisierten Aktionen zum Aufsammeln von Müll in der Natur finden im September statt, rund um den World Cleanup Day. Sicher liegt nach dem Sommer noch mal mehr rum da draußen, aber das heißt nicht, dass es im Frühjahr sauber ist. Hand- und Wanderschuhe an, Müllsäcke einpacken (am besten kompostierbare aus Maisstärke), unter Umständen auch eine Greifzange und dann – entdecken. Es kann auch ein schönes Projekt sein, eine ganze Mülltonne mitzunehmen, samt einfacher Holzlatten-Zugvorrichtung. Wenn du dich mit anderen Müllsammlern vernetzen willst, findest du hier einige Links:

- ozeankind.de
- rhinecleanup.org
- letscleanupeurope.de
- smarticular.net
- cleanupnetwork.com

**Spirituelle Visionssuche**

Jahrhundertelang zogen junge Mitglieder indigener Stämme Nordamerikas für mehrere Tage alleine in die Wildnis, um ihren Charakter zu stärken bzw. (etwas spiritueller betrachtet) ihren persönlichen Schutzgeist zu finden. Fasten, Schlafentzug und Selbstmarter führten in dieser Zeit irgendwann zu veränderten Bewusstseinszuständen, Halluzinationen und den gewünschten Visionen. Mit dem dort aufgetauchten Schutzgeist wurde ein individueller Pakt geschlossen, der den jungen Menschen (meist waren es Männer, manchmal aber auch Frauen) ein Leben lang Kraft geben sollte.

In den 1970er-Jahren entwickelte der amerikanische Psychologe Steven Foster mit seiner Frau Meredith Little in Anlehnung an diese Rituale eine moderne Form der spirituellen Visionssuche, die auch heute noch durchgeführt wird. Nahrungs- und Schlafentzug sowie das Alleinsein an einem abgelegenen Ort in der Natur über mehrere Tage sind die Elemente der modernen Visionssuche (die aber immer von einem erfahrenen Coach begleitet wird). Dabei geht es meist um eine Innenschau in die Tiefe der eigenen Psyche.

Eine Visionssuche in dieser Form auf eigene Faust durchzuführen, birgt hohe gesundheitliche Risiken und ist nicht zu empfehlen. Dennoch kann es sehr spannend sein, ein Mikroabenteuer ganz bewusst unter das Motto »Innenschau« zu stellen. Schon einen oder zwei Tage an einem abgelegenen Ort in der Natur zu verbringen, ohne eine körperliche Beschäftigung zu haben, führt meist unweigerlich dazu, sich intensiver mit sich selbst zu beschäftigen. Der Frühling eignet sich dafür deshalb so gut, weil er wie keine andere Jahreszeit für den Neuanfang steht. Noch einmal: Achtung, eine traditionelle Visionssuche mit den beschriebenen Elementen ist nichts für einen Alleingang!

Wer alleine loszieht, um eine Light-Variante ohne Nahrungs- und Schlafentzug zu machen, sollte immer ein Telefon dabeihaben (und sich nicht in einem Funkloch aufhalten), um im Notfall Hilfe rufen zu können. Außerdem sind selbstverständlich die Verordnungen zum Schutz der Natur einzuhalten sowie freiwillig Maßnahmen zum respektvollen Umgang mit Flora und Fauna zu ergreifen: Zum Beispiel das große Geschäft vergraben, nichts liegen lassen, niemanden stören ... Wenn du dich für eine begleitete Visionssuche interessierst, ist zum Beispiel das Eschwege-Institut eine gute Adresse: eschwege-institut.de

**Lowest to Highest** – Die Idee, vom niedrigsten bis zum höchsten Punkt eines Landes zu laufen, wurde in den USA geboren. Dort liegen diese beiden Landmarken, Badwater im Death Valley (-85 Meter) und der Gipfel des Mount Whitney (4421 Meter) auf der Karte nur acht Kilometer Luftlinie voneinander entfernt. Zu Fuß sind es allerdings satte 235 Kilometer und fast 6000 Höhenmeter. Im Jahr 1977 setzte Al Arnold nach mehreren vergeblichen Versuchen erstmals eine Zeit für diese Strecke: 80 Stunden. In den Jahren darauf versuchten sich immer mehr Verrückte an der Strecke, anfangs noch ohne große Regeln, mit Abkürzungen und Kletterpassagen. Irgendwann gab es dann eine offizielle Streckenführung, außerdem wurde die Distanz verkürzt, weil für die Gipfelbesteigung eine Genehmigung notwendig wurde. Heute ist der Badwater Ultramarathon eines der legendärsten Langstreckenrennen überhaupt. Noch immer gibt es keine Verpflegungsstationen.

*Ich kann nicht sagen, ob es besser wird,*
*wenn es anders wird.*
*Aber so viel kann ich sagen: Es muss anders werden,*
*wenn es besser werden soll.*
Georg Christoph Lichtenberg

So »ultra« soll es im Rahmen der Mikroabenteuer-Idee natürlich nicht werden. Aber das Prinzip des Lowest-to-Highest lässt sich wunderbar aufgreifen, und zwar für das Bundesland, in dem wir leben! Ich habe bereits in *Mikroabenteuer – Das Praxisbuch* die 16 Summits aufgelistet, die jeweils höchsten Erhebungen der 16 Bundesländer. Mittlerweile habe ich mit vielen gesprochen, die sich vorgenommen haben, alle 16 Summits zu besteigen. Jetzt ist es an der Zeit, diese Liste zu ergänzen und damit ganz neue Spinnereienzu triggern. Hier findest du für alle 16 Bundesländer jeweils den tiefsten und den höchsten Punkt sowie die Luftlinien-Distanz zwischen diesen beiden Punkten. Ob du deine persönliche

**Mecklenburg-Vorpommern**
▼ Nationalpark Vorpommersche Boddenlandschaft 0 Meter
▲ Helpter Berge 179,2 Meter
▶ Distanz 168 Kilometer

**Brandenburg**
▼ Unteres Odertal -3 Meter
▲ Kutschenberg 201 Meter
▶ Distanz 279 Kilometer

**Schleswig-Holstein**
▼ Neuendorf-Sachsenbande -3,5 Meter
▲ Bungsberg 167,4 Meter
▶ Distanz 122 Kilometer

**Rheinland-Pfalz**
▼ Rolandswerth, Rheinufer 49,5 Meter
▲ Erbeskopf 816,3 Meter
▶ Distanz 146 Kilometer

**Hamburg**
▼ Im Stadtteil Neuenfelde -0,8 Meter
▲ Hasselbrack 116,2 Meter
▶ Distanz 16 Kilometer

**Berlin**
▼ Am Spektesee in Spandau 28,1 Meter
▲ Großer Müggelberg 114,7 Meter
▶ Distanz 45 Kilometer

**Saarland**
▼ Nahe Schloss Thorn an der Grenze zu RLP, Rheinufer 139 Meter
▲ Dollberg 695,4 Meter
▶ Distanz 71 Kilometer

**Bremen**
▼ Landschaftsschutzgebiet Rohrniederung -0,5 Meter
▲ Erhebung im Friedehorstpark 32,5 Meter
▶ Distanz 39 Kilometer

# LOWEST TO HIGHEST

**Nordrhein-Westfalen**
▼ Zyfflich 9,2 Meter
▲ Langenberg 843,2 Meter
▶ Distanz 244 Kilometer

**Thüringen**
▼ Unstrut Flutgraben bei Wiehe 114 Meter
▲ Großer Beerberg 982,9 Meter
▶ Distanz 112 Kilometer

**Hessen**
▼ Lorchhausen, Rheinufer 75 Meter
▲ Wasserkuppe 950 Meter
▶ Distanz 206 Kilometer

**Niedersachsen**
▼ Krummhörn -2,5 Meter
▲ Wurmberg 971,2 Meter
▶ Distanz 414 Kilometer

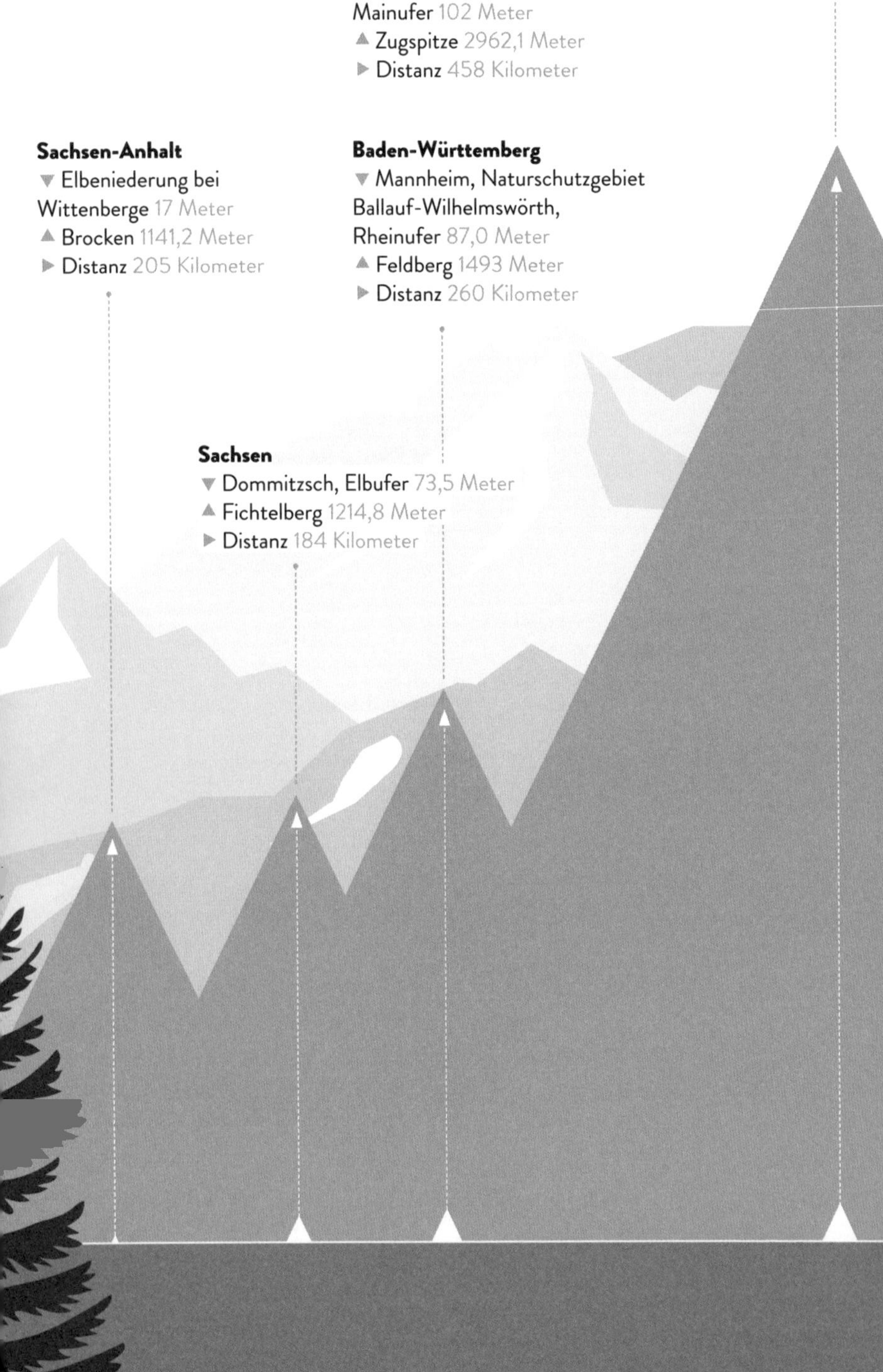
Bayern
▼ Kahl am Main,
Mainufer 102 Meter
▲ Zugspitze 2962,1 Meter
▶ Distanz 458 Kilometer
Sachsen-Anhalt
▼ Elbeniederung bei
Wittenberge 17 Meter
▲ Brocken 1141,2 Meter
▶ Distanz 205 Kilometer
Baden-Württemberg
▼ Mannheim, Naturschutzgebiet
Ballauf-Wilhelmswörth,
Rheinufer 87,0 Meter
▲ Feldberg 1493 Meter
▶ Distanz 260 Kilometer
Sachsen
▼ Dommitzsch, Elbufer 73,5 Meter
▲ Fichtelberg 1214,8 Meter
▶ Distanz 184 Kilometer

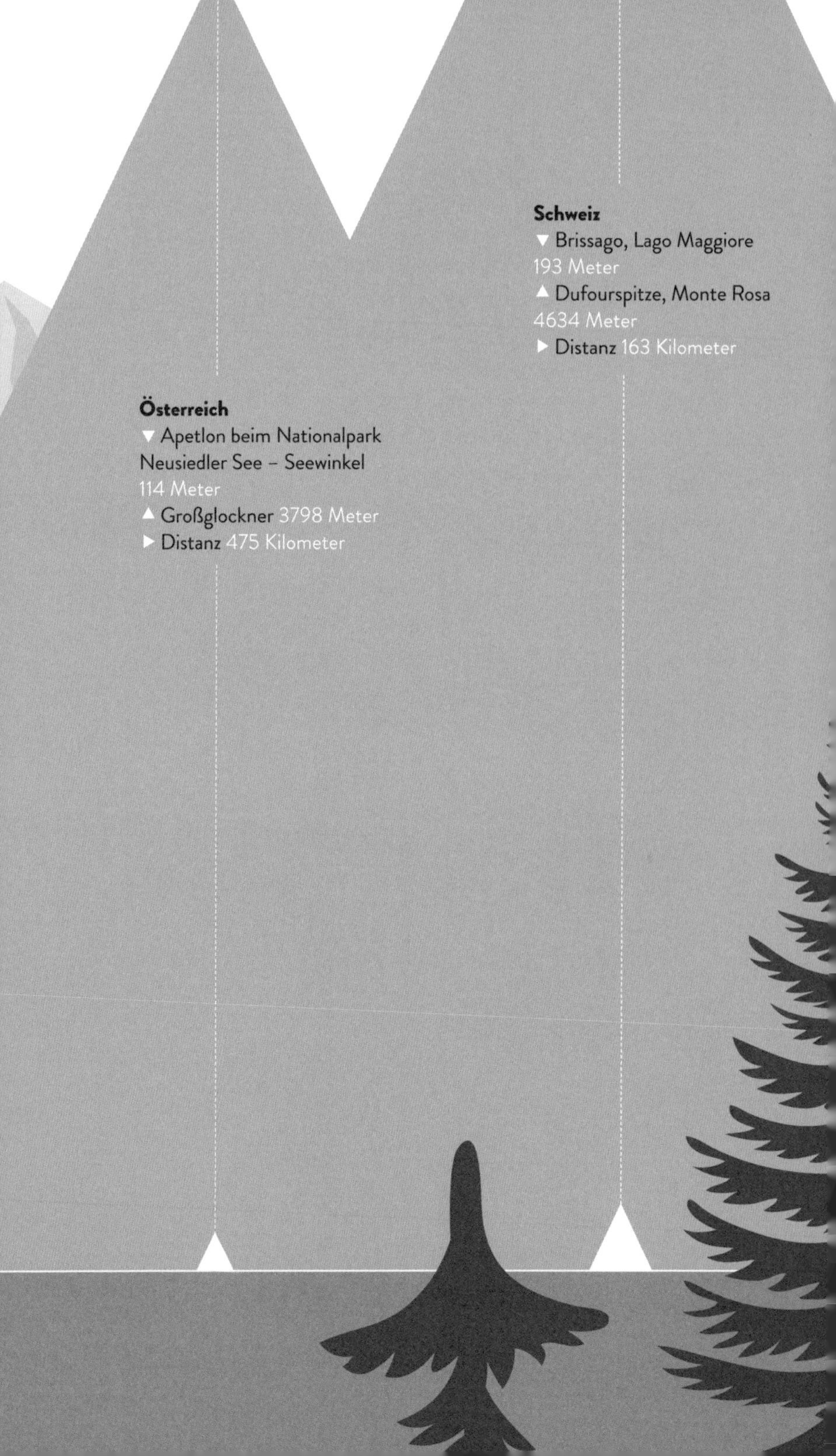
**Schweiz**
▼ Brissago, Lago Maggiore
193 Meter
▲ Dufourspitze, Monte Rosa
4634 Meter
▶ Distanz 163 Kilometer
**Österreich**
▼ Apetlon beim Nationalpark
Neusiedler See – Seewinkel
114 Meter
▲ Großglockner 3798 Meter
▶ Distanz 475 Kilometer

Lowest-to-Highest-Tour nun wanderst oder radelst, zu welcher Jahreszeit du sie in Angriff nimmst, wie lang sie am Ende wirklich wird bzw. wie lange du dir dafür Zeit nimmst oder ob du sie möglicherweise auf mehrere Etappen aufteilst, das ist alles Phase zwei. Zuallererst geht es um die Frage: Machen oder nicht? Übrigens: Bundesländerübergreifend den tiefsten und höchsten Punkt Deutschlands zu verbinden, ist im Rahmen eines Mikroabenteuers definitiv nicht drin. Von der Wilstermarsch an der Nordseeküste bis auf die Zugspitze, das zieht sich. Alle Touren in den deutschen Bundesländern findest du auch unter: christofoerster.com/L2H

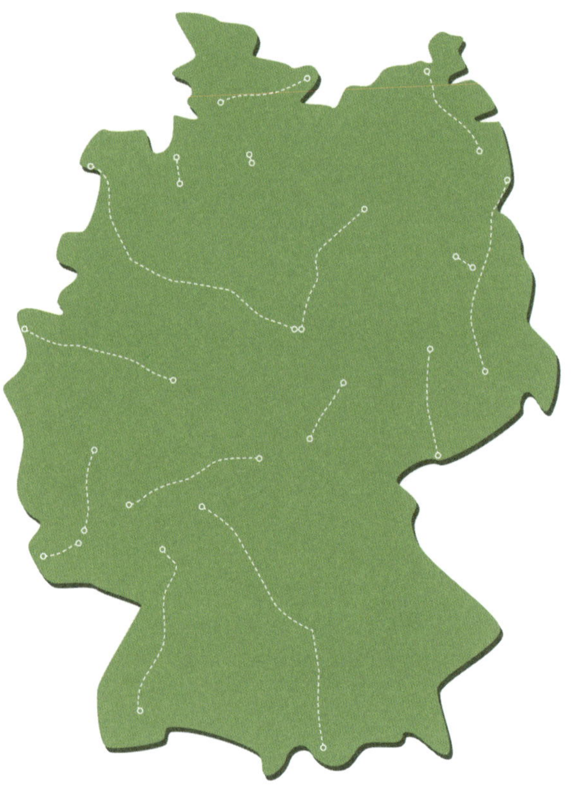

# BLÜHENDE LANDSCHAFTEN

## Sechs Wanderideen mit einer Extraportion Frühlingsgefühl

**Pfälzer Mandelpfad** – Bereits Ende März stehen die Mandelbäume in voller rosa Blüte. Der Pfad ist als Wanderweg angelegt und führt über 76 Kilometer durch Weinberge und Mandelbaumalleen von Bad Dürkheim bis Schweigen-Rechtenbach an der deutsch-französischen Grenze.

**Streuobstwiesenweg in der Eifel** – In der Nähe von Mülheim am Rhein erstrecken sich weite Obstbaumwiesen. Es gibt hier einen offiziellen Streuobstwiesen-Wanderweg von neun Kilometern Länge, gar nicht weit entfernt liegen aber mit der Netter und dem Laacher See weitere lohnenswerte Wegpunkte für ein individuelles Mikroabenteuer.

**Narzissenroute in der Eifel** – Wenn sich sechs Millionen wild wachsende Narzissen zu riesigen gelben Teppichen ausbreiten, ist das durchaus beeindruckend. Die Blüte beginnt meist Ende März im Perlenbach- und Fuhrtsbachtal bei Monschau sowie im Oleftal bei Hellenthal. Auch hier gibt es einen offiziellen Wanderweg: die Narzissenroute (15 Kilometer).

**Kaiserstuhlpfad** – Das Mittelgebirge in der oberrheinischen Tiefebene (auch »Sonnenterrasse zwischen Schwarzwald und Rhein« genannt) gehört zu den wärmsten Orten Deutschlands, deshalb blüht es hier meist früher als anderswo – auch wenn erst einmal die zarteren Pflanzen wie Küchenschelle oder Traubenhyazinthen ihre Köpfe rausstrecken. Der Kaiserstuhlpfad ist 21 Kilometer lang, führt von Endingen nach Ihringen und wartet mit etlichen Panorama-Ausblicken auf.

**Dreifürstensteig an der Schwäbischen Alb** – Es soll Leute geben, die die vielen blühenden Obstbäume entlang des Steiges als »schwäbisches Hanami« bezeichnen. Hanami ist die japanische Tradition, die Kirschbaumblüte zu feiern. Der Wanderweg führt als Rundweg über 13 Kilometer durch Streuobstwiesen und Naturschutzgebiete hoch zum sagenumwobenen Alb-Aussichtspunkt Dreifürstenstein (854 Meter). Basislager: Mössingen. Symbol des Steigs: ein roter Apfel.

**Alpenrosen im Allgäu** – Erst sehr spät im Frühjahr, im Juni, blühen die Alpenrosen an hoch gelegenen Hängen. Vor allem die Anhöhen der Hörnerkette im Allgäu leuchten dann tiefrosa-pink. Eine schöne Tour dort ist zum Beispiel der etwa vierstündige Aufstieg zum Riedberger Horn (1787 Meter) von Bolsterlang.

# FRÜHLINGSPILZE

## Drei Sorten, die schon früh im Jahr erntereif sind

**Austernseitling** – Finden kannst du ihn vor allem an Rotbuchen, Pappeln und anderen Laubhölzern. Er ist ein sogenannter Schmarotzer oder Moderpilz, der auf Holz wächst – entweder auf Totholz oder dem Holz bereits geschwächter Bäume. Eine Kolonie kann aus bis zu einhundert Pilzen bestehen. Charakteristisch ist der zottige, filzartige Stiel des Austernseitlings. Seine muschelförmigen, bis zu 15 Zentimeter breiten Hüte wachsen fast unmittelbar aus dem Holz heraus und haben nur sehr kurze Stiele. Die Farbgebung der Pilze ist sehr unterschiedlich und reicht von grauen Braun- bis zu dunklen Blautönen. Beim Austernseitling besteht keine gefährliche Verwechslungsgefahr. Gesammelt und gegessen werden hauptsächlich die jungen Pilze. Sie lassen sich gut braten, dünsten oder in Essig einlegen. Du kannst Austernpilze auch selbst züchten, sogar aus Kaffeesatz. Hier mehr dazu: loewenzahn.at/magazin/austernpilze-zuechten/

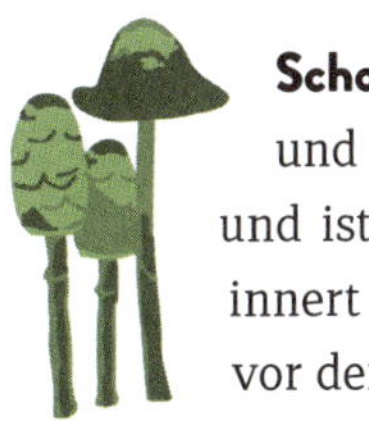

**Schopftintling** – Du findest ihn an Wegrändern und auf Wiesen. Er schmeckt mild-süßlich und ist vielseitig einsetzbar. Sein Geschmack erinnert etwas an Spargel. Genau wie der muss er vor dem Verzehr gekocht werden. Du solltest ihn sammeln, wenn er noch jung und frisch ist. Dann ist der Hut noch weiß und geschlossen, die Lamellen sind weiß bis leicht rosafarben. Schon wenige Stunden nach dem Sammeln zerfließt der Schopftintling schwarz, du solltest ihn also schnell verzehren. Um ihn für den Transport etwas haltbarer zu machen, drehe die Stiele vorsichtig heraus und lagere sie getrennt von den Hüten. Rötlich oder schwarz gefärbte Teile des Fruchtkörpers sind nicht mehr verwertbar.

**Speisemorchel** – Sie wächst auf Wiesen, in Au- und Mischwäldern und ist auch zwischen Kiefern oder Fichten zu finden. Speisemorchel sind sogenannte Zersetzer und wachsen auf abgestorbener organischer Substanz, nicht jedoch auf Holz. Die Speisemorchel zeichnet sich durch ihren gefurchten Hut aus, der an Bienenwaben erinnert. Sie schmeckt angenehm würzig, leicht süßlich und nussig. Roh dürfen Morcheln aber auf keinen Fall gegessen werden, sondern sie müssen mindestens auf 80 Grad erhitzt werden. Deshalb am besten lange garen oder in einer Sauce mitkochen. Achtung: Nicht mit der Frühjahrslorchel verwechseln, die extrem giftig ist! Der Hut der Morchel hat warme Gelbtöne, die Lorchel ist dunkelbraun.

**Kein Pilz, aber auch lecker: Fichtentriebe** – Fichtennadeln lassen sich das ganze Jahr über als Tee aufgießen. Ein solcher Tee wirkt antibakteriell und hilft bei Erkältungen. Was viele nicht wissen: Im April und Mai treiben die Fichten aus. Solange die Triebe noch hellgrün und weich sind, kann man sie gut als kleinen Zwischendurch-Snack knabbern. Achtung: Nicht mit der giftigen Eibe verwechseln, die flachere, nur seitlich austreibende Nadeln hat!

# WAS MACHEN DIE TIERE?

## Frühjahrs-Update aus der Fauna

Der Wald und seine Tiere erwachen jetzt endgültig aus der Winterruhe. Im April beginnt die Brut- und Setzzeit. Sie dauert bis in den Juli hinein und ist in vielen Ländern und Kommunen zum Beispiel mit einer Leinenpflicht für Hunde verbunden – nicht nur zum Schutz der Wildtiere, sondern auch, um die Hunde vor dünnhäutigen Elterntieren zu bewahren – oder vor Jägern, die wildernde Hunde in der Brut- und Setzzeit in einigen Bundesländern sogar schießen dürfen. Mehr Infos dazu, und auch darüber, in welchen Bundesländern eine ganzjährige Leinenpflicht herrscht, findest du unter leinenpflicht.com

Wald und Wiesen verwandeln sich jetzt in eine Kinderstube für Hasen, Schwarz- und Rotwild, Füchse sowie viele am Boden brütende Vogelarten wie Rebhuhn, Fasan, Kiebitz und Lerche. Auch die Jagd unterliegt in dieser Zeit Einschränkungen: Die für die Aufzucht notwendigen Elterntiere dürfen nicht gejagt werden, bis der Nachwuchs selbstständig ist. Das gilt auch für Wild, das eigentlich gerade keine Schonzeit hat. Grundsätzlich dürfen in dieser Zeit aber ohnehin nur Wildschweine und Füchse gejagt werden.

Als wir uns über das Verhalten der Menschen im Wald unterhielten, erzählte mir ein befreundeter Jäger in diesem Frühjahr wieder einmal, dass »gut gemeint« nicht immer »gut gemacht« sei. Viele Muttertiere würden von Natur aus nur selten zum Brutplatz und zu ihren Jungtieren kommen, weil sie auf Nahrungssuche seien oder Feinde fernhielten. Der Nachwuchs sei es gewöhnt, über Stunden allein zu sein.

Es komme immer wieder vor, dass die vermeintlich verlassenen Jungtiere von Menschen entdeckt, gestreichelt, gefüttert oder gar weggetragen werden. Die Folgen können fatal sein – unter anderem, weil viele Jungtiere ohne eigenen Körpergeruch zur Welt kommen und die Mutter sie verstoßen könnte, wenn ihnen menschlicher Geruch anhaftet.

Die ersten Blätter, Knospen und Blüten sind, genau wie junge Triebe, willkommene Nahrung für die Tiere. Wird zu viel abgefressen, kann das allerdings verhindern, dass der Baum-Nachwuchs gedeiht. Einige Bäume reagieren darauf faszinierend trickreich: Sie erkennen, ob es sich bei einer »Verletzung« zum Beispiel um einen abgebrochenen Ast oder einen Rehbiss handelt. War es ein Reh, verderben sie ihm den Appetit, indem sie an der Stelle Salizylsäure ausschütten. Bei einem einfachen Astabbruch schütten sie lediglich Wundhormone aus, um die Stelle wieder zu verschließen. Forscher der Universität Leipzig und des Deutschen Zentrums für integrative Biodiversitätsforschung haben dieses Phänomen bei Buchen und Bergahornen nachweisen können.

Kraniche, Kiebitze und die anderen Zugvögel kommen im Frühjahr zurück aus dem Winterlager, nach den Molchen und Fröschen machen sich jetzt auch die Erdkröten auf den Weg in ihre Laichgewässer. Die ersten Schmetterlinge flattern wieder. Auch sie haben zum Teil übrigens einen langen Weg hinter sich: Der Distelfalter fliegt aus Afrika bis zu uns (zum Teil auch weiter, über die Nordsee bis nach England und Schottland), orientiert sich dabei für die grobe Richtung wohl am Stand der Sonne, um dann Landmarken bzw. -linien wie zum Beispiel Bahngleisen zu folgen. Distelfalter legen ihre Eier an Disteln ab – der Nachwuchs flattert dann im Herbst wieder ins Warme.

Solange die Bäume noch nicht komplett grün sind, lassen sich gut Singvögel in ihnen beobachten. Oft erst nach den Eisheiligen (12.–14. Mai) starten die Temperaturen mit voller Kraft Richtung Sommer durch. Spätestens dann beginnen nachts auch die Konzerte von Fröschen, Kröten und Unken.

# LOGBUCH
# // AUFRECHT INS FRÜHJAHR //

## SUP-Abenteuer, bevor es voll wird auf dem Wasser

Seit zwölf Jahren ziehe ich Anfang April unseren alten Wohnwagen auf seinen angestammten Platz am Hamburger Elbstrand. Wir sind dort Dauermieter, aber in den Wintermonaten wird das Gelände des Campingplatzes immer geräumt, vor allem aufgrund der Hochwassergefahr. Hinter dem Strand zieht sich ein steiler, bewaldeter Hang Richtung Stadt hinauf. Wenn wir im Frühjahr mit unserem Wohnwagen auftauchen, ist dieser Hang noch karg und grau. Aber in den darauffolgenden Wochen können wir zusehen, wie er immer grüner wird, bis er sich – meist im Juni – zu einer imposanten Dschungelwand entwickelt hat.

Aufgrund der Coronapandemie, verbunden mit dem Lockdown, habe ich im März/April 2020 auf ein Frühjahrs-Mikroabenteuer verzichtet. Alles andere wäre unverantwortlich gewesen. In dieser Phase startete ich meinen Podcast *Frei raus*. Hier thematisierte ich auch das Abenteuer-Erleben während des Lockdowns und versuchte Möglichkeiten aufzuzeigen, dennoch draußen auf Abenteuersuche zu gehen.

Eine Möglichkeit, die ich bald wieder nutzte, war das Stand-up-Paddeln, zumindest für eine oder zwei Stunden. In dieser Zeit des Jahres war der Hype noch nicht so groß, wie er es im Sommer werden sollte, und selbst auf den Alsterkanälen war kaum jemand unterwegs.

Das Frühjahr ist vielleicht die beste Zeit, in diese Art der Fortbewegung einzusteigen: Das Wasser wird langsam wieder warm, es liegen viele Monate vor einem, in denen man diese Sportart ausführen kann. Du kannst erste Erfahrungen auf dem Wasser sammeln und später richtige Touren machen, auch über mehrere Tage. Stand-up-Paddle-Boards sind großartige Abenteuergefährten. Wer sie beherrscht und das richtige (Touring-)Modell wählt, wird viel Freude auf dem Wasser haben.

Das Wasser ist ein Element, vor dem wir keine Angst zu haben brauchen. Respekt ist aber angebracht. Wenn die Temperaturen im Frühjahr noch niedrig und wir unsicher sind, brauchen wir Kleidung, die uns unter Umständen (sprich: beim Reinfallen) vor dem Auskühlen schützt (am besten einen Trockenanzug, der gar kein Wasser reinlässt). Auch mit Strömungen, Schiffsverkehr und Vorschriften sollten wir uns auseinandersetzen.

All das habe ich getan, nachdem ich mir in den Kopf gesetzt hatte, als Erster die Überfahrt nach Helgoland zu wagen. Übrigens nachdem ich mal wieder am Elbstrand gesessen und einem Containerschiff hinterhergesehen hatte, das flussabwärts Richtung Nordsee tuckerte. Dass ich diese Geschichte (genauer gesagt den zweiten Teil davon, aber dazu gleich mehr) an dieser Stelle erzähle, hat zwei Gründe: Erstens habe ich neben ein paar Nächten auf der Terrasse in diesem Corona-Frühjahr keine Mikroabenteuer erlebt, zweitens kickt mich das Thema Wasserwandern in normalen Frühlingsmonaten immer ganz besonders.

Achtung: BITTE NICHT NACHMACHEN! Das sollte ich hier wahrscheinlich vorabschicken. Aber blind Ideen abarbeiten, die andere vor einem umgesetzt haben, ist ja ohnehin nicht die Prämisse. In der folgenden Geschichte geht es eigentlich auch weder um Helgoland noch um die Leistung, die dieses Abenteuer mir abverlangt hat. Es geht darum, die eigenen Träume anzupacken, ohne sich von all den Ängsten – denen, die man selbst hat, aber vor allem denen, die von außen an einen herangetragen werden –, abhalten zu lassen. Raus und machen, beim Klabautermann!

## Expedition Helgoland: Wenn nicht jetzt, wann dann?

### 30 Stunden, die ich nie vergessen werde

Pirogen sind pfeilschnelle Boote. Schmal geschnittene Kanus, die von einem Ausleger vor dem Umkippen bewahrt werden. Polynesische Stämme legen mit solchen Konstruktionen seit Jahrtausenden unglaubliche Distanzen in der Südsee zurück, heute gibt es Ausleger-Rennen auf der ganzen Welt. Die beiden Männer, die mir mit verschränkten Armen und süffisant-irritiertem Blick gegenüberstehen, fahren so ein Ding, zu zweit. Gerade noch haben sie brüderlich mit angepackt und mein Board auf den Steg gezogen, jetzt – nachdem sie erfahren haben, was ich vorhabe – sind sie keine große Hilfe mehr. »Bis nach Helgoland? Damit? Vergiss es. Glaub uns, wir sind

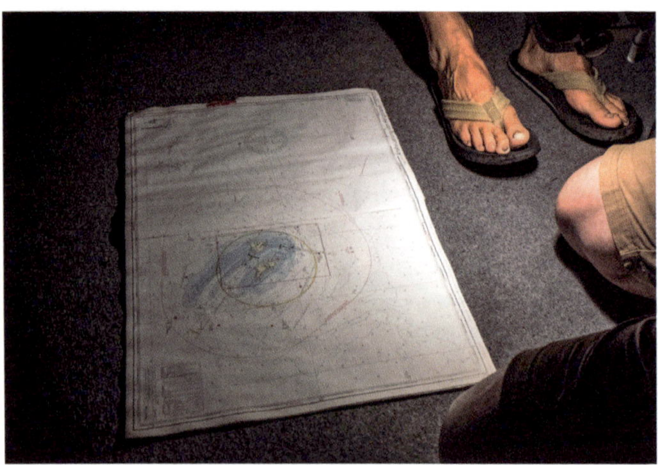

da schon rübergefahren. Da brauchst du gar nicht los, das geht nicht.« Ich setze an, den beiden zu erklären, dass mich ihre Einschätzung nicht groß jucken würde, weil ich sie so oder ähnlich bereits zig Mal von anderen gehört habe, aber sie bestehen darauf, dass es unmöglich sei, Helgoland vom Festland aus mit dem Stand-up-Paddle-Board zu erreichen. Und offen gesagt könnten sie durchaus recht haben. Herausfinden werde ich das aber nur, wenn ich morgen Früh auf mein Board steige und lospaddle. Gut 50 Kilometer, Kurs Nordwest. Dicke Containerschiffe, starke Strömungen, offenes Meer.

Die zehn Kilometer vom Duhner Strand bei Cuxhaven bis hierher auf die Insel Neuwerk bin ich alleine gefahren. Die Sonne ist soeben fulminant versunken – und hinter den beiden Motivationskünstlern wartet am Anleger schon mein Begleitboot. Gemeinsam mit dem Skipper werfe ich noch einen Blick auf die Seekarte, rufe die letzten Wetterinformationen ab und lege den genauen Zeitpunkt für den Aufbruch fest. Dann nehme ich mein Board unter den Arm und gehe durch die Dunkelheit ein paar Hundert Meter die Inselküste hoch, bis zu einer einsamen Bank, vor der ich meine Isomatte ausrolle und mich in den Schlafsack lege. Über mir tausend unverschämt klar leuchtende Sterne, viel zu schön, um direkt einzuschlafen, unter mir der kalte Boden der Tatsachen.

Die Idee mit Helgoland kam mir vor über einem Jahr. Wie so oft war ich von unserem alten Wohnwagen am Elbufer durch den tiefen Sand bis an die Wasserkante geschlurft und hatte den Schiffen hinterhergesehen, die stoisch Richtung Nordsee tuckern. Viele von ihnen würden irgendwann Deutschlands einzige Hochseeinsel passieren. Eine Insel, auf der ich noch nie war. Eine Insel mit einem Felsen, der »langen Anna«, randvoll aufgeladen mit Geschichte, Sehnsucht und Duty-Free-Romantik: Helgoland. Ich wollte auch mal da raus.

Wie ich auf das Board als Verkehrsmittel der Wahl kam, weiß ich nicht mehr, jedenfalls besorgte ich mir eins und begann zu trainieren. Ich fand heraus, dass die Kombination von optimalen Bedingungen – ein stabiles Hoch über Europa, zwei bis drei Windstärken aus Südost und Hochwasser am frühen Morgen – sowie einem blinden Fleck in meinem Terminkalender extrem selten gegeben ist. Ich bekam Rückenprobleme, ignorierte sie und paddelte die ganze wahnwitzige Idee an die Wand, ohne überhaupt einen ernsthaften Versuch unternommen zu haben, Helgoland zu erreichen. Bis zu dieser Stelle habe ich die Geschichte bereits in meinem Buch *Mikroabenteuer – Das Motivationsbuch* erzählt. »Doch kein Superheld« stand darüber. Eine Geschichte des Scheiterns. Was ich dort aber auch schon gelernt hatte: Ich würde mit meinem Körper arbeiten müssen, nicht gegen ihn.

Viele, viele beschissene Dehnübungen und Faszien-Sessions später wagte ich in diesem Frühjahr wieder erste vorsichtige Blicke in die Windvorhersage für die Deutsche Bucht. Und urplötzlich war da dieses Wochenende, an dem alles zu passen schien, oder anders: an dem ich nur meine Familie hängen lassen und zwei Verabredungen mit Freunden absagen musste. Natürlich gab es immer noch tausend gute Gründe, die dagegensprachen, dieses Abenteuer so spontan anzugehen, aber ich wusste: Das ist meine einzige Chance in diesem Jahr.

Jeder vernünftige Stehpaddler hätte ein sogenanntes Hardboard für eine Tour wie diese gewählt, weil es steifer ist und bessere Fahreigenschaften hat, aber ich entschied mich für ein aufblasbares. Nur so konnte ich mit Bus und Bahn

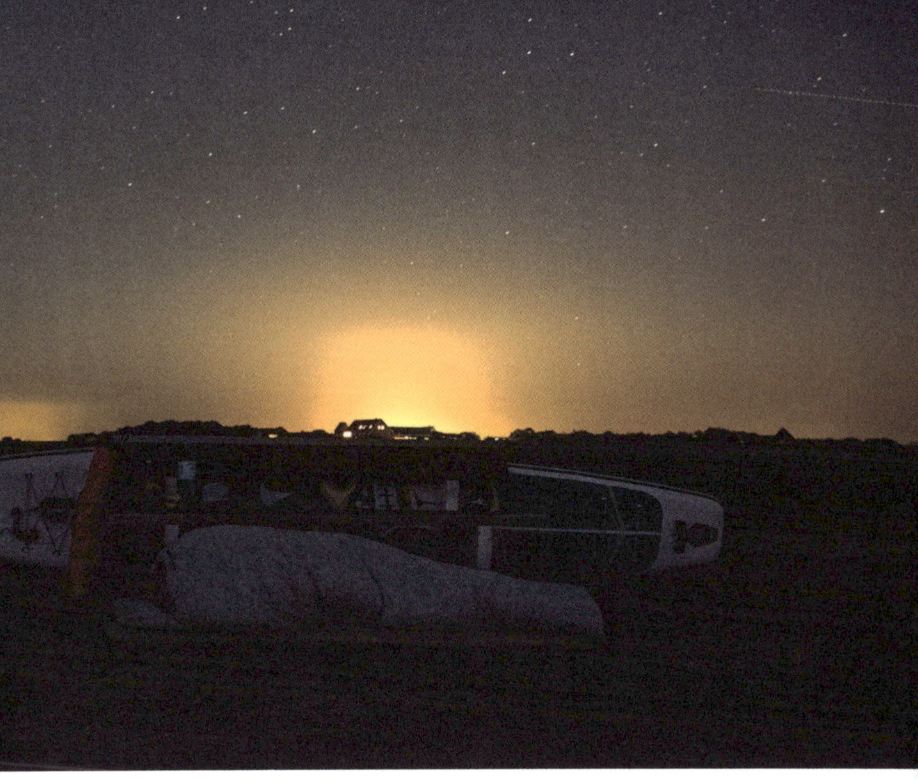

nach Cuxhaven, nur so würde ich mit der öffentlichen Fähre von Helgoland wieder zurück nach Hamburg kommen – wenn ich es überhaupt bis auf die Insel schaffte.

Der Wecker meines Smartphones klingelt um 6 Uhr. Da bin ich schon eine halbe Stunde wach. Am Horizont hinter Neuwerk beginnt der Himmel in so kräftigem Blau-Orange zu leuchten, als hätte jemand den Saum eines gigantischen Vorhangs in Brand gesteckt. Ich habe mir noch nicht einmal die Zähne geputzt und stecke schon mittendrin in einem wilden Rausch der Gefühle: Nervosität, Vorfreude, Ergriffenheit, in allen denkbaren Facetten.

Zwei Dosen Fisch zum Frühstück, den Druck des Boards prüfen, die Ausrüstung festzurren, tief durchatmen, Arsch-

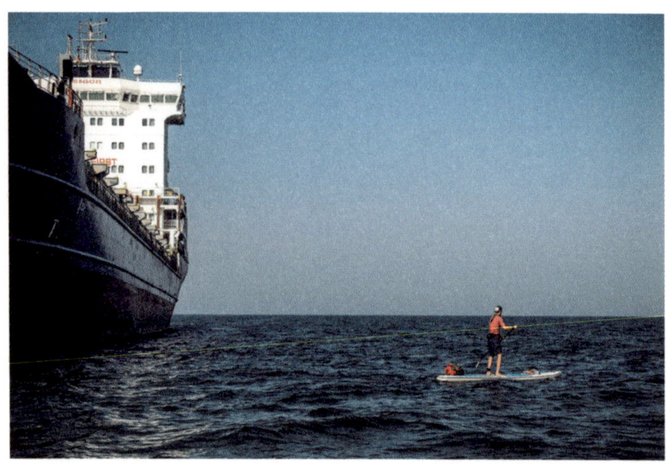

backen zusammenkneifen und dann los. Um 7:15 Uhr, kurz vor dem Scheitelpunkt des Hochwassers, bin ich auf der Nordsee. Der Wind weht mit Stärke 3–4 aus Ost. Mein Kurs, um aus den Wattgebieten rund um Neuwerk herauszukommen, ist erst einmal Nord. Sprich: Ich muss quer zu den Wellen paddeln. Nach 20 Minuten fliege ich das erste Mal vom Board. Nach zwei weiteren Malen liegt das mit grünen und roten Tonnen markierte Fahrwasser des Schiffsverkehrs von und nach Hamburg vor mir. Eine der meistbefahrenen Wasserstraßen Europas, eine maritime Autobahn. Von links nähert sich ein knapp 100 Meter langes Frachtschiff aus Gibraltar, rechts ist frei. Wenn nicht jetzt, wann dann? Die Autobahn-Querung ist eine der heikelsten Stellen dieser maximal übermütigen Mikro-Expedition. Ich passe den Kurs etwas an, habe Wind und Wellen nunmehr im Rücken und paddle um mein Leben. Eine gute Stunde nach dem Aufbruch von Neuwerk erreiche ich die andere Seite des Fahrwassers. Gegen Zweifel habe ich mich heute mental abgeschottet, aber wenn es so weitergeht, wird das keine Triumphfahrt, sondern ein Reinfall. Im wahrsten Sinne.

Das Begleitboot hält sich wie besprochen dezent im Hintergrund. Ich will es weder sehen noch darauf zurückgreifen. Ich setze mich auf mein Board, schiebe eine Banane und einen Energieriegel in mich hinein – ein Ritual, das ich von nun an alle 60 Minuten wiederhole – und spüle mit Wasser nach. Auf den Packsäcken vor mir klemmt ein großer Kompass, wie Segler ihn benutzen. Ich habe ihn erst vorgestern in einem Fachgeschäft in Hamburg gekauft und ihn auf zwei kurze Holzlatten geschraubt, die ich unter die elastischen Gepäckschnüre des Boards schiebe. Das Teil ist Gold wert. Ich peile erst 300 Grad an, später 270. Der Wind dreht ein bisschen mehr auf Südost und schwächt ab. Beides kommt mir jetzt zu Gute. Noch zieht auch das ablaufende Wasser mich raus aufs offene Meer. Noch. Das Tiden-Zeitfenster ist verflixt schmal. Sechs Stunden nach Hochwasser schiebt sich die Nordsee wieder zurück Richtung Küste, draußen vor Helgoland schon etwas früher. Ich habe also etwa fünfeinhalb Stunden, bevor die Gezeitenströmung sich gegen mich wendet.

Es wäre schön, hier von den poetischen, tiefgreifenden Gedanken auf dem offenen Meer zu erzählen, aber da ist nur

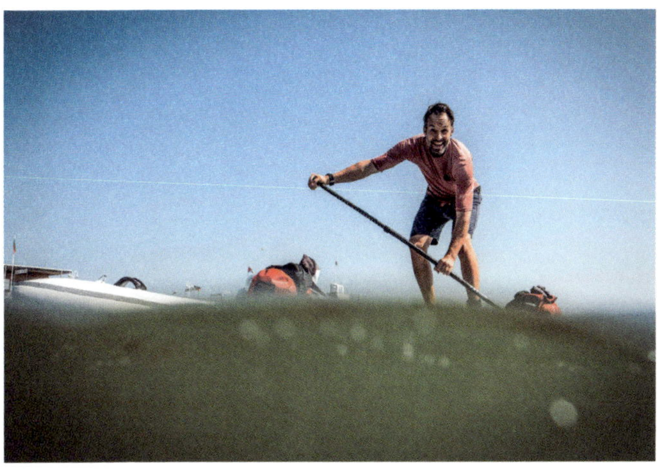

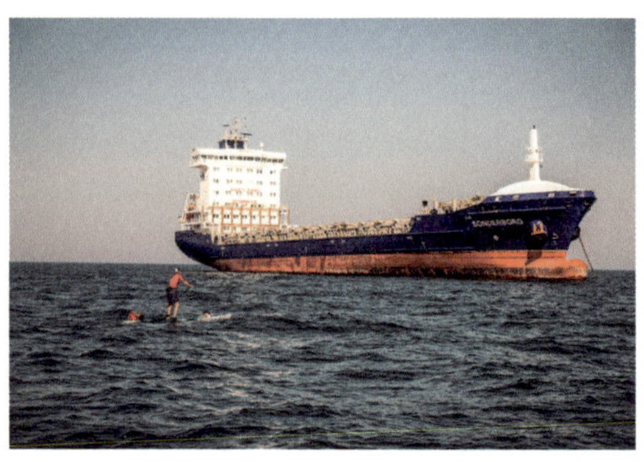

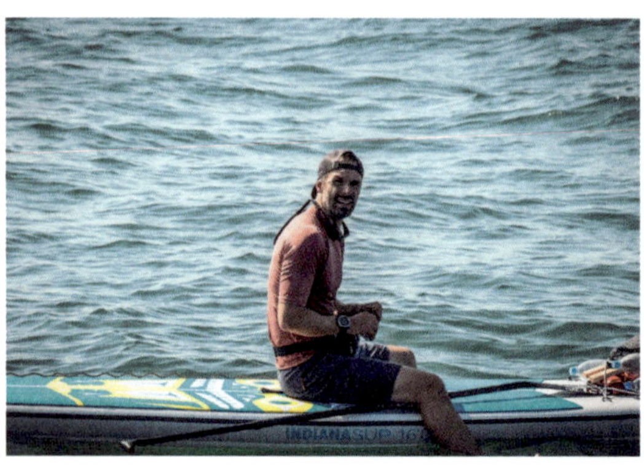
INDIANASUP

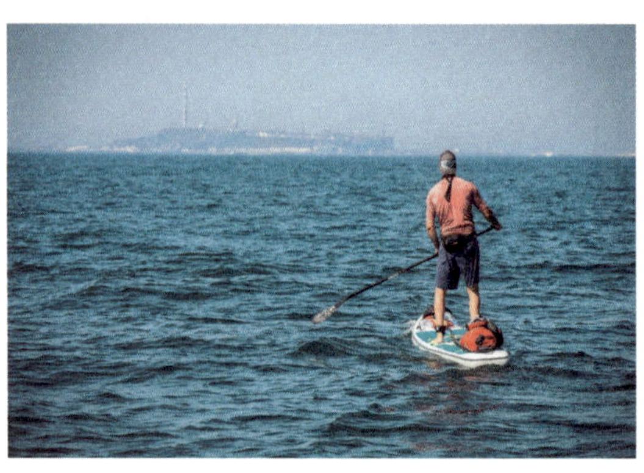

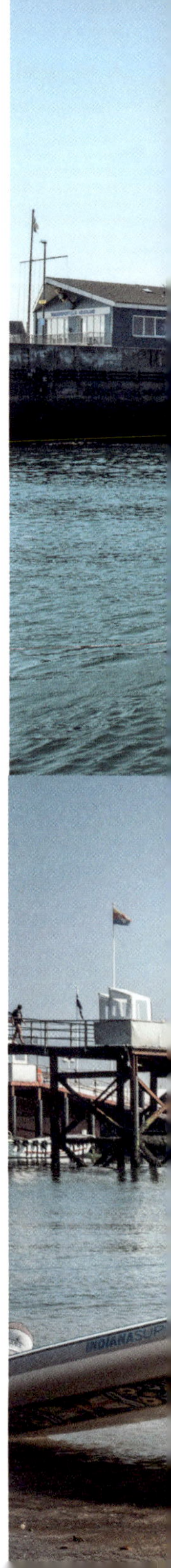
INDIANASUP

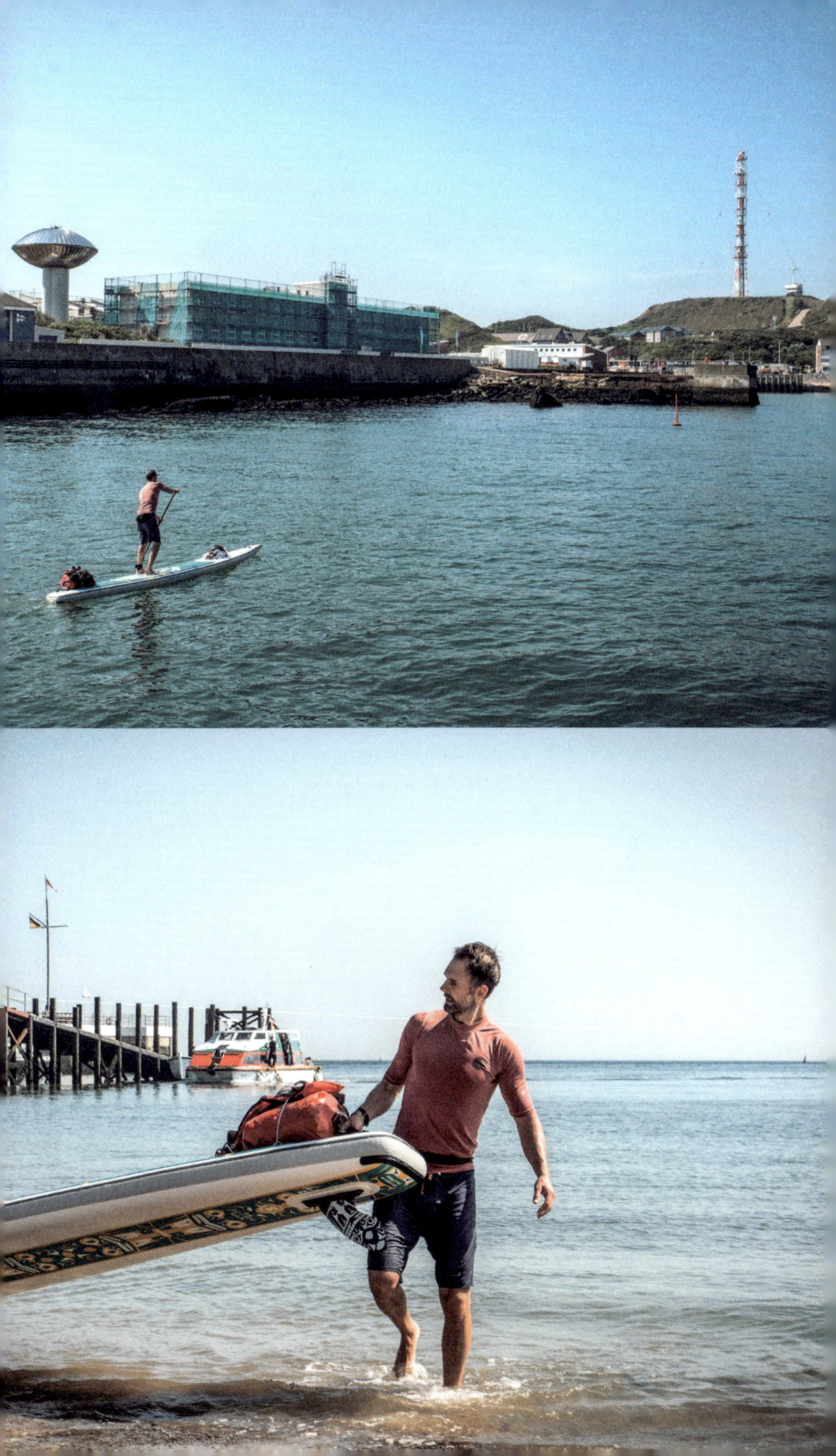

permanentes, von der Kompassnadel dirigiertes Hochrechnen und plumpes Affirmieren. »Ruhig, mien Jung. Einfach sauber weiterarbeiten, einfach sauber weiterarbeiten.« Und dennoch sind sie da, die Momente, in denen die Frage nach dem Ankommen ganz kurz völlig unwichtig erscheint, weil ich am liebsten die Zeit anhalten würde.

Als die Tide kippt, paddle ich immer noch. Wie einer göttlichen Choreografie folgend, taucht genau da erst ein Seehund neben mir auf und dann vorne aus dem Dunst die Silhouette Helgolands. Ich habe von Kajakfahrern gehört, für die Helgoland auch schon in Sichtweite war, die dann aber noch stundenlang mit der Strömung gekämpft haben, ehe sie halbtot auf den Strand krochen.

Aber obwohl ich spüre, dass ich langsamer werde, obwohl auch meine Kräfte schwinden, läuft es gut. Bis zuletzt halte ich meine Euphorie bewusst an der kurzen Leine, weil natürlich immer noch irgendetwas passieren kann, mit dem ich nicht rechne, aber dann, nach knapp sieben Stunden bin ich da. Ich bin tatsächlich da, auf Helgoland. Die Sonne brennt, der Wind ist noch mehr abgeflaut und wird eine

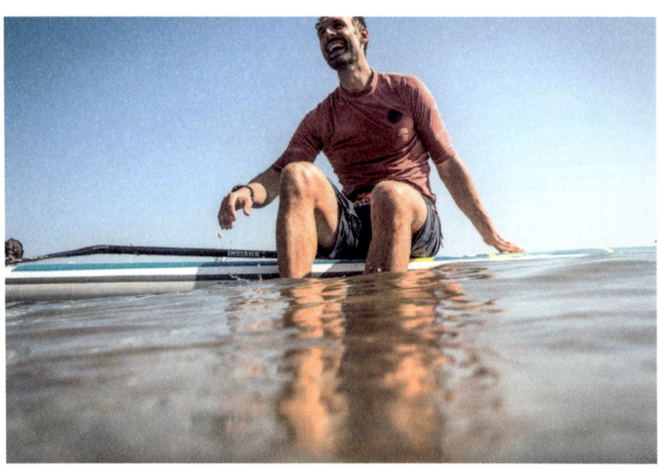

weitere Stunde später allmählich auf Nordost drehen. Punktlandung. Ich ziehe mein Board ans Ufer und springe ins Wasser. Noch einmal ganz alleine sein, bevor ich mich zwischen die Touristen mische.

Das Gefühl danach ist auf skurrile Art und Weise betörend – ich blicke, von einer tiefen Zufriedenheit erfüllt, in fremde Gesichter, und weiß, dass wir gerade Welten voneinander entfernt sind. Gleichzeitig war ich selten so präsent im Hier und Jetzt, so bei mir und so bei meinem Gegenüber. Manchmal braucht es gar nicht viele Worte. Kann ja sowieso keiner mitreden – ich bin der Erste, der mit dem Board hier rübergepaddelt ist. Das ist ab sofort mein Geheimnis, weil es sowieso niemand in Betracht zieht. Es für mich zu behalten, ist fast schöner, als es zu verraten. Schaffen tue ich das nicht ganz. Aber eins schwöre ich mir: Wenn die Pirogen-Vögel von gestern noch mal auftauchen, schweige ich wie ein Grab.

Für dieses Abenteuer habe ich vorab Sicherheitsvorkehrungen getroffen. Ich habe ein Begleitboot organisiert (das die Redaktion der Joko-Winterscheidt-Zeitschrift JWD bezahlte) und die Wasserwacht informiert. Das Begleitboot war jederzeit per Funk erreichbar. Dennoch war mir wichtig, dass ich die Tour autark mache: meine komplette Ausrüstung, Wasser, Verpflegung selbst transportiere und eigenständig navigiere. So viel Organisation war das gar nicht, gefühlt bin ich am Ende doch holterdipolter los, weil ich drei Tage vor Abfahrt erst sah, dass es von den Bedingungen her passen könnte. Geringer Aufwand – dieser Grundidee des Mikroabenteuers stand meine Helgoland-Tour entgegen. Natürlich war sie ein extremes Unterfangen. Aber sie hat mir gezeigt: Selbst, etwas zu wagen, das noch niemand gewagt hat, ist direkt vor meiner Haustür möglich. //

# FRÜHLINGSAUSRÜSTUNG

## Drei Produkte, die du dieses Frühjahr gebrauchen könntest

**Wasserfilter** – Ich schleppe bei einem Mikroabenteuer ungerne literweise Trinkwasser mit – meist komme ich ja doch irgendwo vorbei, wo ich fragen kann, ob man mir meine Flaschen netterweise auffüllen würde. Sollte ich mich dennoch mal verkalkulieren und zum Beispiel bei großer Hitze keine Möglichkeit mehr zum Auffüllen finden, kommt ein geniales Tool zum Einsatz: ein Trinkwasserfilter, mit dem ich direkt aus Seen und Flüssen trinken kann. Der LifeStraw ist tatsächlich kaum größer als ein Strohhalm (etwas breiter natürlich schon). Ähnlich praktisch ist die zusammenfaltbare Trinkflasche mit integriertem Bakterien- und Sedimentfilter vom Hersteller Katadyn.

**Hängematte** – Wenn mich jemand nach meinem Lieblings-Ausrüstungsgegenstand fragt, dann erzähle ich ihm sicher zuerst von meinem Hängematten-Faible – und gleich danach davon, dass ich am liebsten in einem extrabreiten Modell schlafe, weil sich darin am besten diagonal und damit ergonomisch liegen lässt. Ich haben zwei klare Favoriten: die Original Hammock von Ticket to the Moon und die Adventure Hammock XXL von Amazonas Ultralight. Beide Hersteller haben auch Aufhängesysteme, die sich leicht verstellen lassen und breit genug sind, dass sie die Rinde der Bäume schonen, selbst wenn du mal richtig dicke Bäume nutzt. Auch spezielle Tarps, Underquilts (Isolierungen für niedrige Temperaturen) und weiteres Zubehör findest du bei diesen Herstellern. Eine Liste meiner persönlichen Tipps findest du unter christofoerster.com/haengematte-outdoor

**Mundharmonika** – Ich bin kein begnadeter Musiker, aber ein alter Bekannter, der professionell Mundharmonika spielt, eine Wildnispädagogik-Ausbildung hat und seit Kurzem auch »Outdoor Harp«-Kurse anbietet, hat mich auf den Trichter gebracht, es mal mit diesem kleinen Instrument zu versuchen. Heute frage ich mich, warum ich nicht schon lange von selbst darauf gekommen war. Zu Hause nehme ich mir so gut wie nie Zeit, um auf meiner einfachen Mundharmonika zu spielen, wenn ich unterwegs bin zumindest immer mal wieder. Gerade im Frühling, wenn die Vögel ihr großes Konzert spielen, ist es ein einzigartiges Gefühl, sanft mit einzusteigen – auch wenn's nicht die große musikalische Offenbarung ist. Empfehlenswerte Modelle sind die Big River Harp und die Echo Harp von Hohner.

# NOTIZEN

**Deine Ideen und Notizen für den Frühling**

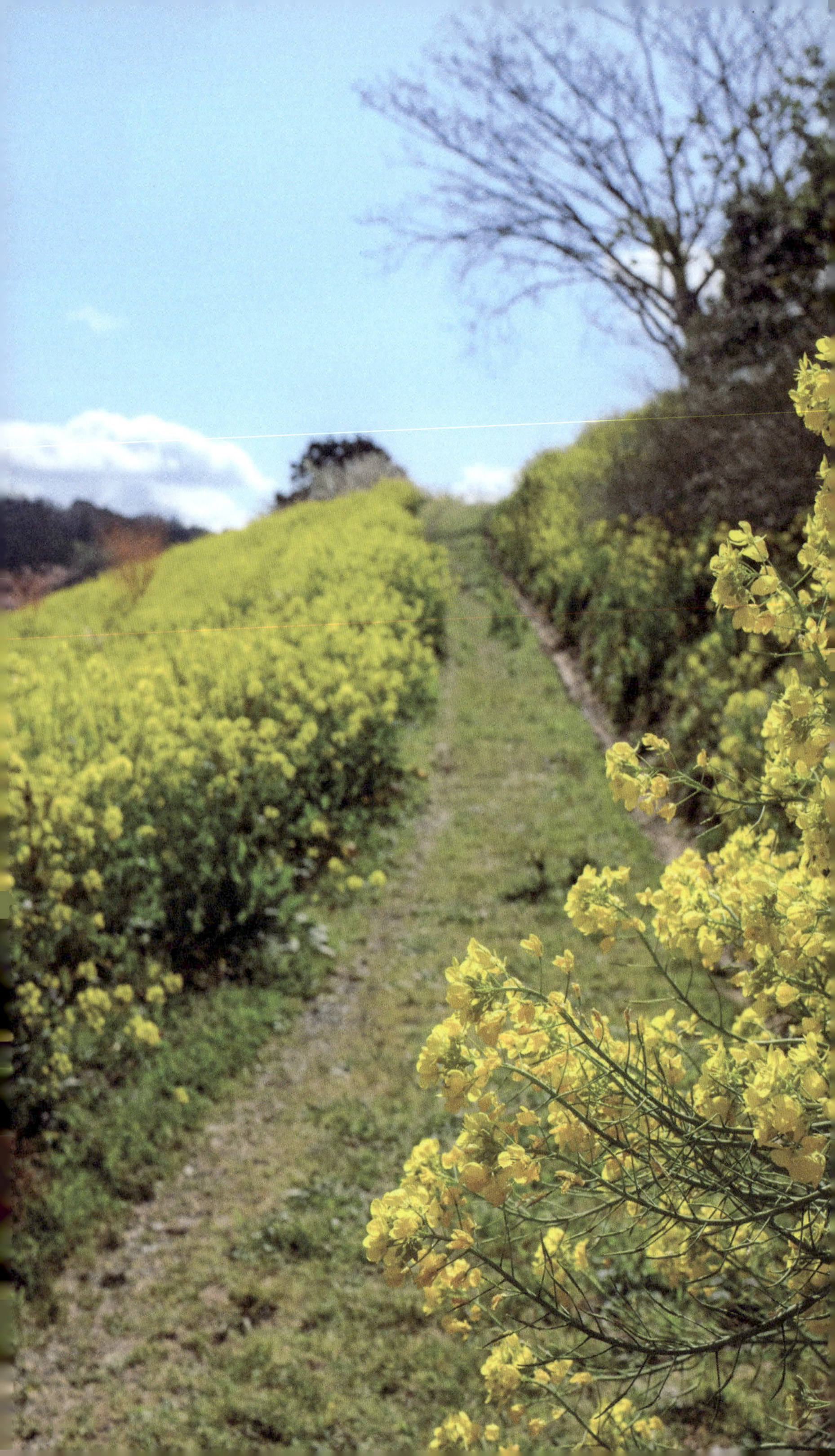

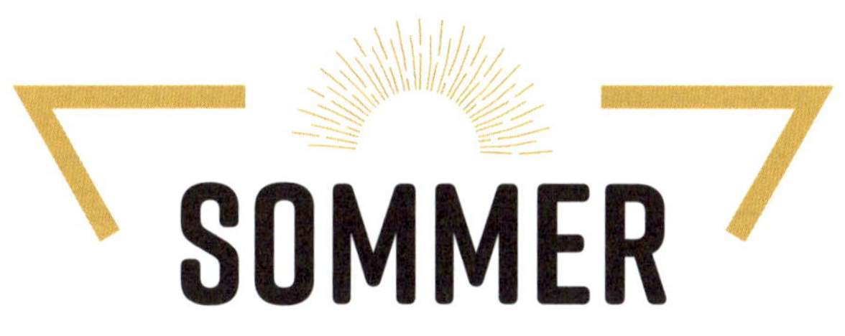

# SOMMER

**Diesen Sommer werde ich bis an mein Lebensende tragen, das weiß ich.**

*Astrid Lindgren,*
*in Ronja Räubertochter*

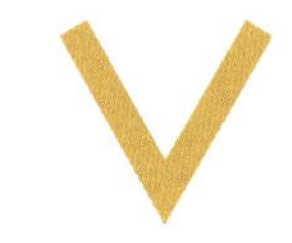

Der Sommer ist prädestiniert für Abenteuer, ob kleine oder große, ob zu Fuß oder mit dem Rad, auf oder sogar im Wasser. Das Gefühl, dass ich mir gar keine großen Gedanken über Wetter-Eventualitäten machen muss, dass ich einfach losziehen kann, weil ich – egal was passiert – schon nicht erfrieren werde, dieses Gefühl ist im Sommer am stärksten (wobei es natürlich wirklich nur ein Gefühl ist und das unter ungünstigen Umständen, zum Beispiel bei einem Wettersturz in den Bergen, sehr wohl passieren könnte). Die Tür nach draußen steht in dieser Zeit sperrangelweit offen. Durchgehen müssen wir trotzdem noch selbst.

So sehr ich das Wandern und Radfahren liebe, so sehr ist der Sommer für mich bestimmt von der Lust auf Wasser. Und es gibt viel mehr Möglichkeiten, Abenteuer auf dem Wasser zu erleben, als wir glauben: Ab ▶ S. 217 erzähle ich von drei außergewöhnlichen Tagen mit dem Tretboot auf der Ostsee und dem Nord-Ostsee-Kanal.

Wenn wir mit offenen Augen unterwegs sind, werden wir vor allem im Frühsommer viele wilde Kräuter in Wald und Wiesen entdecken, später auch zum Beispiel Brombeeren oder Blaubeeren. (Einen kurzen Wildkräuter-Guide findest du ab ▶ S. 206). Im August stehen die Chancen auf Sternschnuppen besonders gut (▶ S. 197).

Der Sommer ist allerdings auch die Jahreszeit, in der am meisten Menschen draußen sind. Wir sollten uns jetzt umso vorbildlicher verhalten und zuallererst die Spielregeln für den Aufenthalt in der Natur respektieren. Auch Möglichkeiten, sich antizyklisch zu »den anderen« zu bewegen, gibt es im Sommer genug – der frühe Sonnenaufgang ist eine davon.

# IDEEN FÜR JUNI, JULI UND AUGUST

## Das Draußensein feiern

**Sommeranfang** – Auch wenn der genaue Zeitpunkt der Sommersonnenwende und damit des Sommeranfangs von Jahr zu Jahr variiert, begehe ich dieses »Fest« wenn möglich in der Nacht vom 21. auf den 22. Juni. (In Finnland etwa wird das Ereignis immer am Samstag zwischen dem 20. und 26. Juni gefeiert.) Am besten legst du einen für dich passenden Termin fest. Und dann auf zum Mittsommer-Mikroabenteuer! Ich verbringe die Nacht meist draußen in der näheren Umgebung und kehre zum Frühstück wieder zurück. In den meisten Kulturen spielt das Feuer seit jeher eine wichtige Rolle bei den Feierlichkeiten zur Mittsommernacht – mit dem Ziel, das Licht (das ja von nun an schwindet) zu stärken. In der freien Natur sollten wir allerdings sehr vorsichtig und bedacht Feuer machen, vor allem nur dort, wo es nicht verboten ist. Wenn es bedenkenlos möglich ist, nicht vergessen: Drüberspringen und eine positive persönliche Veränderung wünschen!

**Sommermarsch** – Aus den Tausenden von Möglichkeiten hierzu (unter anderem natürlich die, wie im Herbst und Winter vorzugehen) habe ich in diesem Sommer eine lange Wanderung von der Nordsee an die Ostsee gewählt, 60 Kilometer von Husum nach Eckernförde. Die Frage, wie weit ich es an einem Tag ungefähr schaffen würde, hatte mich schon länger beschäftigt. Da ich aber keine Lust auf eine Massenveranstaltung wie den Megamarsch hatte, zog ich ohne offizielle Organisation los. Die Strecke war nicht sonderlich schön (viel Asphalt und Bundesstraße), die Sonne brannte extrem, aber ich kam – ziemlich fertig – an. Viel mehr noch als der Marsch an sich sind mir aber die beiden Nächte positiv in Erinnerung: am Rande eines Campingplatzes in Husum und am Ostseeufer in Eckernförde. Wäre ich mit dem Auto angereist, hätte ich vom Ziel erst einmal wieder zum Startpunkt kommen müssen, mit dem Zug konnte ich am Morgen nach dem Marsch direkt wieder nach Hause fahren. Tipp für Sommerwanderungen in nichtalpinem Gelände: Trailrunningschuhe.

**Sommerschwimmen** – In *Mikroabenteuer – Das Motivationsbuch* habe ich davon erzählt, wie ich mit meinem alten Freund von Deutschland nach Dänemark geschwommen bin. Wir schliefen eine Nacht in der Hängematte und schwammen zurück. Klingt extrem, ist es aber gar nicht, denn an der Flensburger Förde sind es gerade mal zwei Kilometer von hier nach da.

Sofern wir ausreichend Sicherheitsvorkehrungen treffen, ist das wilde Schwimmen (ich nenne es auch gerne Schwimmwandern) im Sommer großartig. Mittlerweile gibt es unter dem Titel Wild Swimming Bücher, in denen die besten Spots für Deutschland, Österreich und die Schweiz (sowie andere Länder in Mitteleuropa) verzeichnet sind. Das Gepäck lässt sich in großen Packsäcken, in Packrafts (ultraleichte Rucksackboote, siehe Anhang) oder auf Stand-up-Paddle-Boards hinterherziehen. Alle Varianten dienen auch gleich als Boje, um besser gesehen zu werden. Puristen schwimmen natürlich ohne weitere Hilfsmittel. Ich habe im Sommer in der Elbe bei Hamburg aber auch einen Schwimmwanderer mit Neoprenanzug und Flossen gesehen. Alles kann, nichts muss.

**Schlauchboot bauen à la Nehberg** – Abenteurer-Ikone Rüdiger Nehberg schrieb für die letzten fünf Ausgaben der Zeitschrift YPS im Jahr 2000 eine Kolumne mit Survival-Themen. In der Ausgabe mit dem Solar-Zeppelin als Gimmick (einige werden sich sicher erinnern!) erzählte er von einer Idee, die er von australischen Ureinwohnern abgeguckt hatte: ein Schlauchboot aus Gras. Dafür wird ein großer ovaler Kranz aus langem Gras oder Brennesseln geschnürt (funktioniert am besten, wenn man die Form vorher mit angespitzten Stöckern auf dem Boden absteckt und das Material hineinlegt). Den Kranz dann vorsichtig auf eine Baumarktplane legen (die Aborigines nehmen Rinderhaut) und die Plane rundum nach innen umschlagen und dort unter den Kranz stopfen. Jetzt noch etwas Gras ins Boot, um weich zu sitzen und die Plane am Rausrutschen zu hindern. Wie groß das Boot sein muss und wie viel Material du brauchst, kommt – natürlich – darauf an. Ohnehin solltest du bedenken, dass diese Idee nicht TÜV-geprüft ist. Einen Versuch ist sie aber definitiv wert.

**Die Sterne fallen sehen** – In der ersten Augusthälfte gibt es die beste Chance auf Sternschnuppen, vorausgesetzt, der Himmel ist klar. In dieser Zeit erreicht der Perseidenstrom seinen Höhepunkt. Das charakteristische Leuchten entsteht, wenn Meteoroide (Staub-, Metall- oder Gesteinskörner) in die Erdatmosphäre eindringen. Weil sie so unfassbar schnell sind, verdampfen sie in etwa 80 Kilometern Höhe durch die Luftreibung. Dabei werden Luftmoleküle ionisiert, was die Leuchtspuren hervorruft. Weitere gute Zeiträume zum Sternegucken: der Januar (Quadrantiden-Strom), der November (Leoniden) und der Dezember (Geminiden). Die genauen

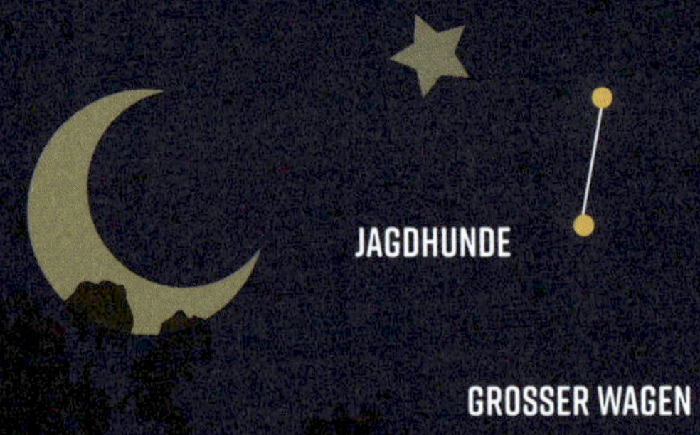
JAGDHUNDE
DRACHE
GROSSER WAGEN
Polarstern
ZWILLINGE
Pollux
Kastor
FUHRMANN
Kapella
NORD-WEST
MITTE JUNI

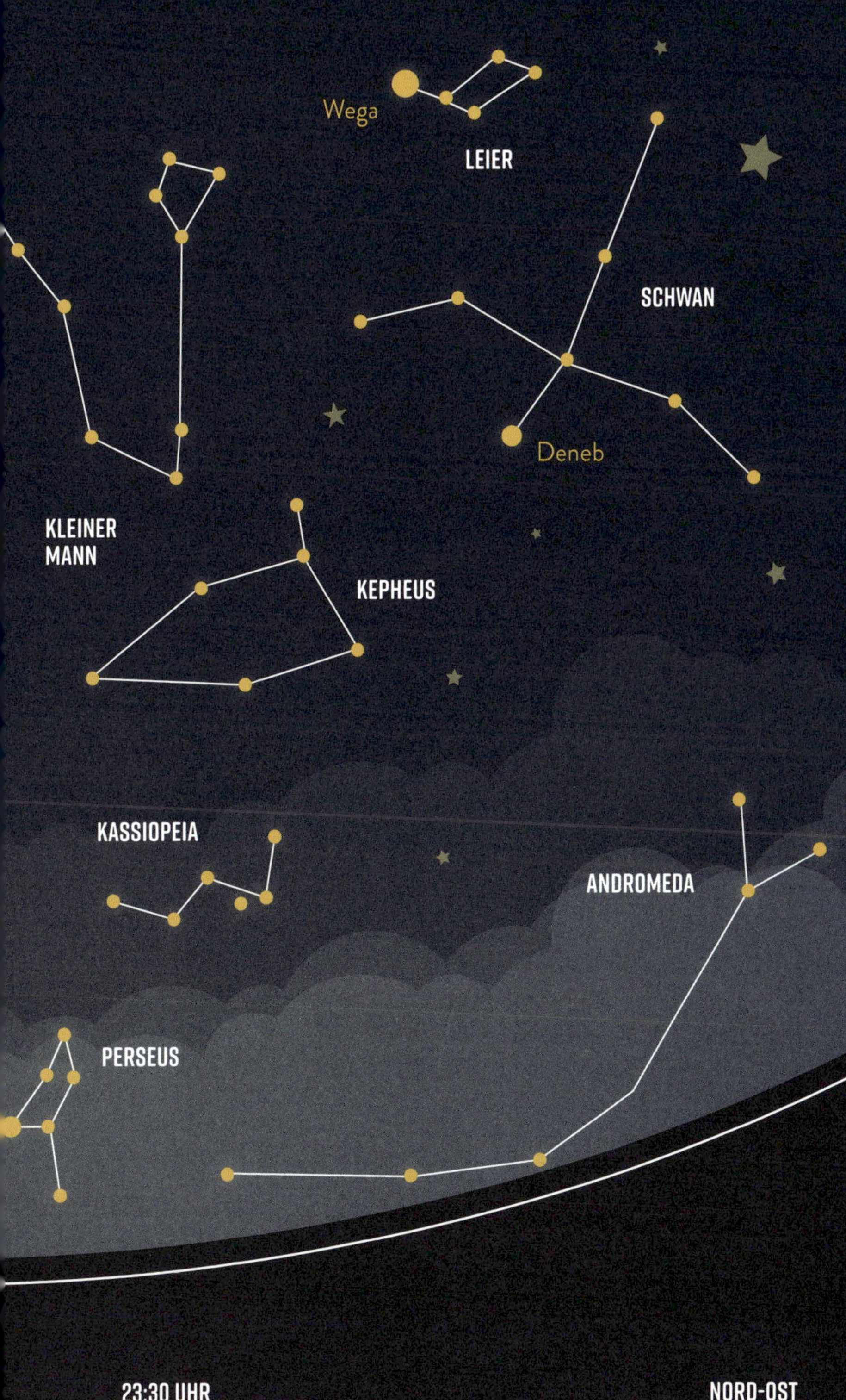
Wega
LEIER
SCHWAN
Deneb
KLEINER
MANN
KEPHEUS
KASSIOPEIA
ANDROMEDA
PERSEUS
23:30 UHR
NORD-OST

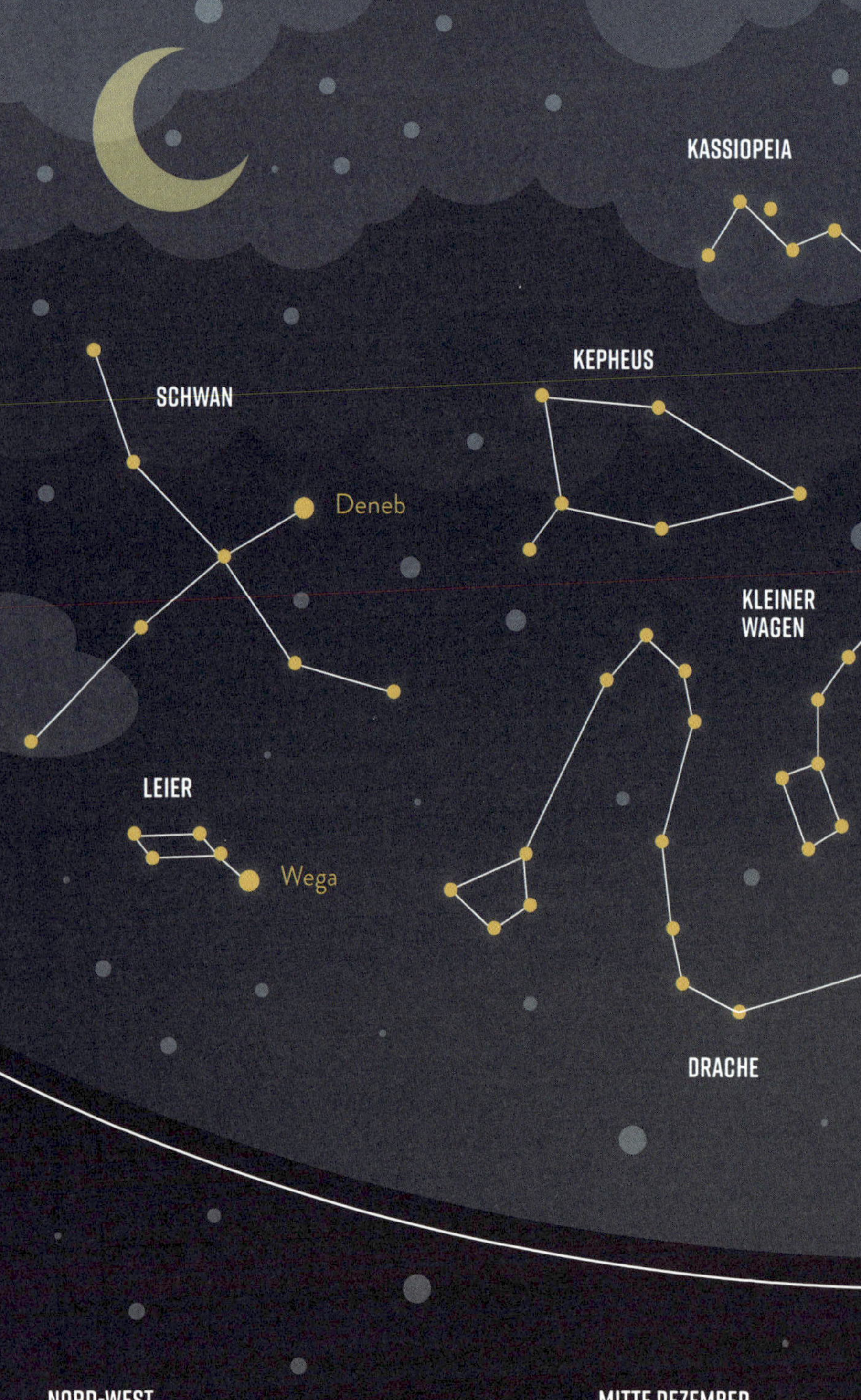
KASSIOPEIA
SCHWAN
KEPHEUS
Deneb
KLEINER
WAGEN
LEIER
Wega
DRACHE
NORD-WEST
MITTE DEZEMBER

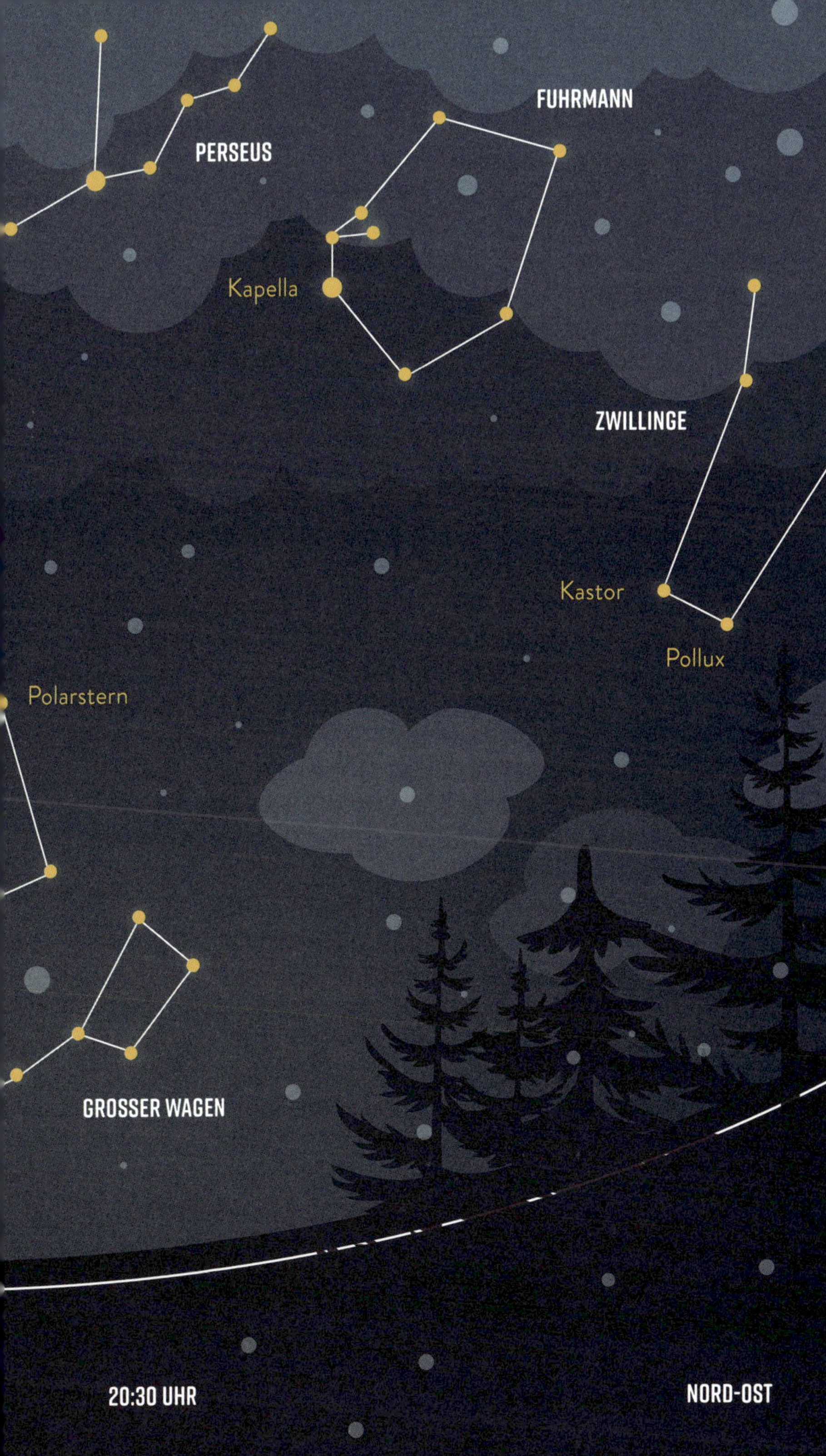
PERSEUS
FUHRMANN
Kapella
ZWILLINGE
Kastor
Pollux
Polarstern
GROSSER WAGEN
20:30 UHR
NORD-OST

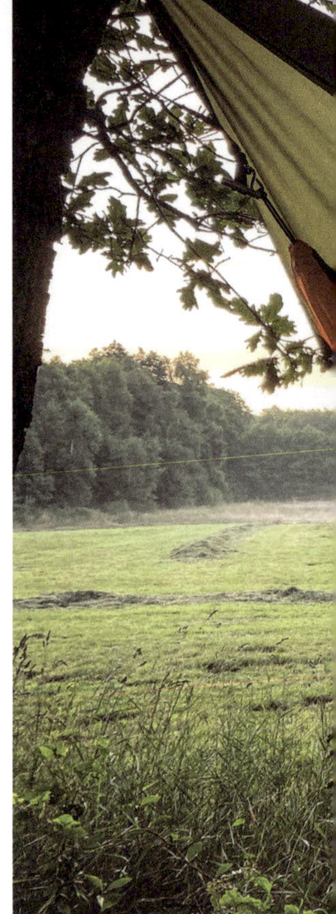

Daten spuckt eine Internetsuche nach »Sternschnuppen Kalender« aus. Und hier kannst du dir auf einer interaktiven Karte ansehen, wo auf der Welt (und natürlich auch in Deutschland) der Nachthimmel wie sehr vom Licht verschmutzt ist: lightpollutionmap.info

Auf den vorangegangenen Seiten findest du als kleinen Reminder die Sternbilder für den Nachthimmel im Juni und Dezember (jeweils für den mitteleuropäischen Raum).

**Querflussein wandern** – Die Wortschöpfung »querflussein« habe ich zum ersten Mal vom Fotografen Jens Steingässer gehört. Jens folgte von seiner Heimat im Odenwald aus verschiedenen Wasserläufen bis in die Ostsee. Dabei war er mit einem (schwer bepackten) Faltrad und einem leichten Rucksackboot bzw. Packraft unterwegs. Ein Packraft eignet sich perfekt, um das Wandern an Land und auf dem Wasser zu kombinieren. Jens wählte vor allem deshalb das Fahrrad und nicht die Wanderschuhe, weil er so etwas entspannter das Gepäck für mehrere Wochen plus Fotoausrüstung transportieren konnte.

Für ein Mikroabenteuer ist die Kombination Wandern/Packraft aber optimal, weil sie weniger umständlich ist und damit die Hürde aufzubrechen sinkt. Guck dir ein oder mehrere Gewässer aus und dann verbinde sie entweder spielerisch mit Abschnitten an Land oder suche dir einen fixen Startpunkt, von dem aus du einer imaginären geraden Linie bestmöglich zu einem vorher festgelegten Zielpunkt folgst.

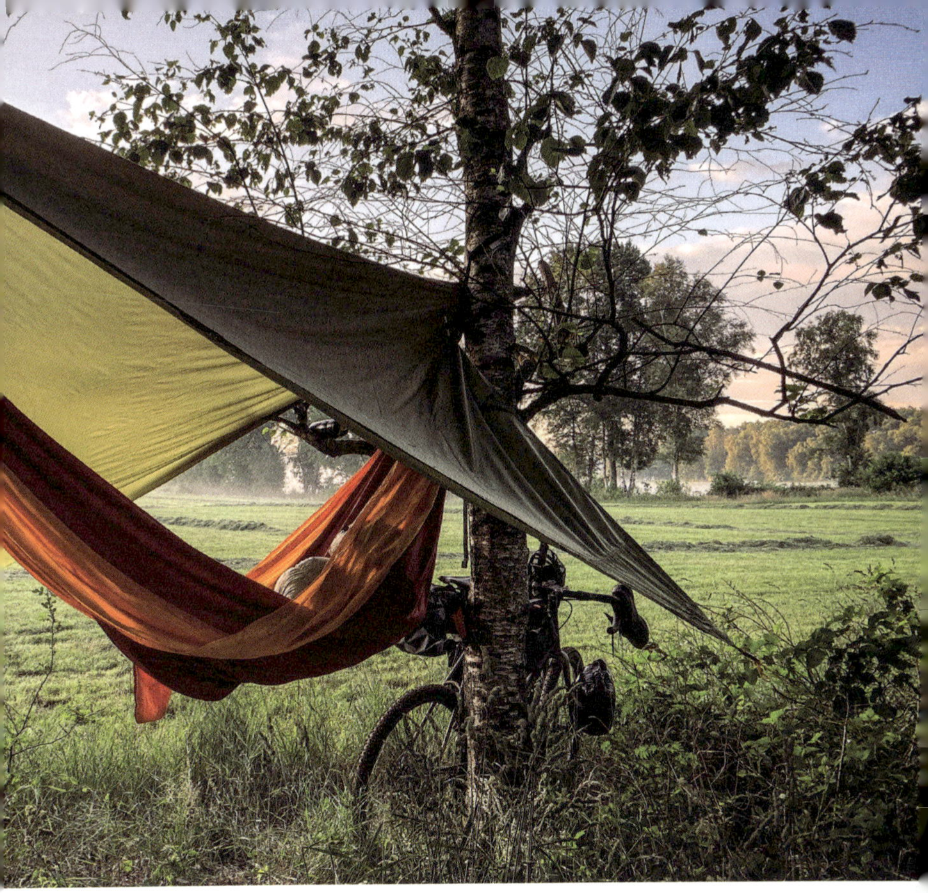

Egal, was dann da kommt – du kannst ja sowohl an Land als auch auf dem Wasser wandern. Wichtig ist bei solchen unkonventionellen Von-A-nach-B-Ideen aber immer ganz besonders, Privatgrund und Schutzzonen zu respektieren. Und noch mal zum Wortschöpfen: Der Geophysiker und Filmemacher Anselm Pahnke (*Anderswo in Afrika*) hat mit Freunden vor Kurzem das Wort terran kreiert, das analog zu vegan bejahend für das Reisen an Land (statt mit dem Flugzeug) stehen soll. Mittlerweile hat sich daraus eine wunderbare Initiative zur grünen Mobilität entwickelt: terran.eco

**Mit dem Rad rund ums eigene Bundesland** – Eine Idee, die sicher nicht brandneu ist, aber gerade in Corona-Zeiten brandheiß ist: Wenn ich das Bundesland, in dem ich lebe, nicht verlassen darf, warum fahre ich dann nicht einfach seine Grenzen mit dem Fahrrad ab? Wenn du das nur grob auf der Karte ausmisst, wirst du höchstwahrscheinlich staunen, wie viele Kilometer da zusammenkommen. Ob eine Umrundung am Stück dann noch mikroabenteuertauglich ist, sei dahingestellt. Aber natürlich kannst du die Umrundung auch in verschiedene kleine Abenteuer aufteilen. Beim Zusammenstellen der Route wirst du dich vermutlich wie ein Expeditionsleiter fühlen, aber ein wenig Planung ist schon sinnvoll, denn Landesgrenzen sind selten sichtbar da draußen.

**Eine Nacht auf einer einsamen Insel** – Dafür müssen wir nicht in die Karibik oder nach Schweden, einsame Inseln gibt es auch in Deutschland, Österreich und der Schweiz genug. Das Problem ist nur oft: Wir dürfen nicht rauf. Vor dem Insel-Mikroabenteuer steht also eine gründliche Recherche zu den lokalen Schutzverordnungen. Das ist oft mühsam, kann sich aber lohnen. Ich habe mittlerweile einige legale Möglichkeiten im 100-Kilometer-Radius rund um Hamburg gefunden. Schöne Impulse liefert das Buch Islandeering von Hansjörg Ransmayr (der übrigens auch eine Buchreihe mit dem Titel Wild Swimming veröffentlicht hat). Unabhängig von den offiziellen Schutzverordnungen solltest du sorgfältig recherchieren, ob nicht gerade Vögel auf »deiner« Insel brüten, und im Zweifel dein Abenteuer etwas später in den Sommer verschieben. Mückenschutz nicht vergessen und Zecken auf dem Zettel haben! Dass du dir Gedanken darüber machen musst, wie du überhaupt rüberkommst, wird dir spätestens vor Ort einfallen.

**Einen Fluss überqueren** – Je nachdem, wie breit und tief der Fluss und wie stark die Strömung sind, kann das ein sehr herausforderndes, mitunter auch ein gefährliches Abenteuer sein. Es geht bei dieser Idee nicht darum, die Elbe oder den Rhein zu durchschwimmen oder sich ins Wildwasser zu stürzen. Ein schmaler Fluss mit mäßiger Strömung, in dem man noch stehen kann, oder ein etwas schneller fließender Bach mit knietiefem Wasser können aber schöne Gelegenheiten sein, aus der Komfortzone herauszutreten bzw. den Survival-Ernstfall zu proben. Hier ein paar wichtige Tipps:

- Diagonal mit der Strömung queren
- Auch im Wasser Schuhe tragen
- Wenn das Wasser so flach ist, dass du den Rucksack aufgesetzt lassen kannst, bei Strömung unbedingt Hüft- und Brustgurt öffnen, damit du den Rucksack im Falle eines Sturzes loswirst, bevor er dich runterzieht.
- Solltest du tiefer als bis zur Hüfte ins Wasser müssen, nimm den Rucksack vorher ab.
- Im besten Fall hast du dein Zeug im Rucksack in wasserdichten Packsäcken verstaut oder eine große Mülltüte dabei, um den Rucksack hineinzupacken.
- Wanderstöcke können helfen, die Balance zu halten – lange, dünne Äste tun es auch.

# WAS WÄCHST DA?

## Die wichtigsten wilden Kräuter und Beeren

Wie oft bin ich schon durch Wald und Wiesen gelaufen oder gefahren und habe mir gewünscht, ich wüsste ein bisschen mehr über die wilden Kräuter zu meinen Füßen. Heute bin ich sicher immer noch kein ausgewiesener Experte auf diesem Gebiet, aber ich habe mich zuletzt immer mehr damit beschäftigt und bin der Meinung: Gerade im Sommer kann der Blick auf die wilden Pflanzen das Mikroabenteuer-Erleben um einen schönen Aspekt erweitern. Was wächst da? Wie kann ich es bestimmen und was damit anstellen? Hier kommen kurze Infos zu den Kräutern, Pflanzen, Beeren, die von der Flensburg Förde bis zum Zürichsee häufig vorkommen.

**Bärlauch** – Ein 15 bis 50 Zentimeter hohes Zwiebelgewächs mit einem hohlen, meist dreikantigen Blütenstängel. Die Blätter haben eine lanzenartige Spitze, sind in der Mitte eher breit, um am Blattansatz wieder spitz zuzulaufen. Die Blattadern verlaufen in gleicher Richtung wie der Blattstängel. Die Blüten des Bärlauchs sehen zusammen aus wie eine weiße Kugel. Sie eignen sich gut als essbare Deko oder als minimalistischer Belag auf einem Butterbrot. Mit den Blättern kannst du Pesto, Kräuterquark, Brotbelag oder Kräuterbutter machen. Die Blütenknospen schmecken (eingelegt in Öl, Essig oder Salzlake) ein bisschen wie Kapern.

Der Bärlauch-Geschmack ist recht scharf, intensiv knoblauchartig und aromatisch. Achtung: Bärlauch ähnelt der giftigen Herbstzeitlosen und Maiglöckchen. Zwischen den Händen zerreiben und nur konsumieren, wenn der typische Knoblauchgeruch austritt!

**Brennnessel** – Eine der wenigen essbaren Wildpflanzen, die (fast) jedes Kind erkennt. Ihre Blätter kannst du wie Spinat verarbeiten, ihre Triebe für Tee, Suppen und Smoothies verwenden. Die Samen schmecken nussig und eignen sich getrocknet als Gewürz, können aber auch einfach roh über Salat gestreut werden. Um beim Pflücken nicht gestochen zu werden, solltest du die Brennnessel mit der Wuchsrichtung der Härchen abzupfen. Später kannst du die Blätter dann entweder kurz blanchieren oder mit einem Nudelholz abreiben. Ich habe Brennesselblätter auch schon in der Pfanne frittiert, sie dann mit verschiedenen Gewürzen und Honig serviert.

**Brombeere** – Ihre jungen Blätter können wie Spinat oder als Salat gegessen werden. Die Beeren schmecken roh am allerbesten, machen sich aber auch als Saft oder in Marmelade richtig gut. Die Blüten und ältere Blätter können Grundlage für einen experimentellen Früchte-Kräuter-Tee sein. Im Vergleich zu anderen Beerenfrüchten enthalten Brombeeren viel Provitamin A und Vitamin E, aber auch die wichtigen B-Vitamine.

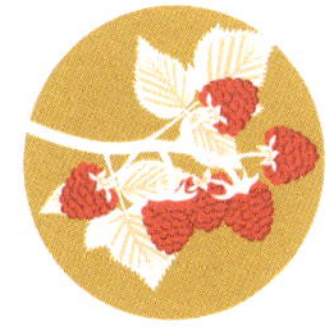

**Himbeere** – Im August und September sind sie reif und schmecken frisch natürlich am besten. Auch zu Fruchtsaft und Kompott lassen sie sich recht einfach verarbeiten, bei Sirup und Essig wird es schon komplexer. Die Blüten eignen sich als essbare Deko und die Blätter getrocknet für Tee. Gerade in Tees hilft der hohe Gerbstoffgehalt bei leichten Durchfallerkrankungen. Du kannst den Tee auch bei Entzündungen in Mund und Rachen als Gurgellösung verwenden. Gilt übrigens genauso für Brombeerblätter.

**Blaubeere** – Im Frühjahr kannst du die Blüten für Teemischungen ernten, im Sommer dann die Früchte. Auch die kleinen Blätter eignen sich getrocknet für Tee. Der Blaubeere wird nachgesagt, dass sie bei Kreislaufbeschwerden hilft und das Nachtsehen verbessert. Sogar in der Schulmedizin wird sie bei Diabetes empfohlen. Achtung: Die Früchte der giftigen Tollkirsche sehen in einer Schale zwar fast genauso aus wie Blaubeeren, wachsen aber nicht am Boden.

**Schwarzer Holunder** – Von April bis Mai kannst du die Blütenknospen als eine Art »Pickles« sauer einlegen. Die Blüten selbst mit ihrem intensiven Aroma lassen sich im Anschluss für Limonaden oder Süßspeisen nutzen – oder auch direkt als Tee aufbrühen. Bei Erkältungen wirkt er sogar fiebersenkend. Die Beeren werden ab August reif und können meist bis weit in den September hinein geerntet werden. Achtung: Nie roh naschen. Sie enthalten Giftstoffe, die sich erst nach dem Kochen zersetzen. Außerdem nur tiefschwarze Beeren verwenden, noch rote aussortieren, Dolden mit grünen gar nicht erst pflücken. Aus den Beeren lässt sich ein Saft herstellen, der in Norddeutschland als Suppe bezeichnet und mit Grießklößen serviert wird. Achtung: Nicht mit dem giftigen Zwergholunder verwechseln. Der wächst krautig, stinkt, und seine Dolden hängen nicht herab, sondern zeigen gen Himmel.

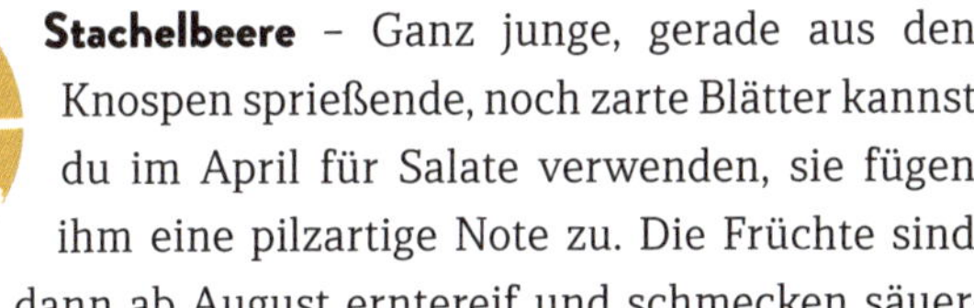

**Stachelbeere** – Ganz junge, gerade aus den Knospen sprießende, noch zarte Blätter kannst du im April für Salate verwenden, sie fügen ihm eine pilzartige Note zu. Die Früchte sind dann ab August erntereif und schmecken säuerlich-saftig, ähnlich wie Kiwis. Einfach direkt roh essen oder später zu Kompott verarbeiten. Getrocknete Stachelbeeren eignen sich auch für Tee.

**Walderdbeere** – Die jungen und noch weichen Blätter kannst du Salaten beimischen oder als Bestandteil von Pesto und Kräuterquark verwenden. Die älteren Blätter sind wie die der Brombeere gut für Tee geeignet. Ihr Geschmack ist leicht säuerlich und erinnert an Grünen Tee. Um von den reifen Beeren satt zu werden, musst du schon ordentlich sammeln, aber ums Sattwerden geht es bei Walderdbeeren ja auch gar nicht – sie sind die perfekte Outdoor-Nascherei.

**Esskastanie/Marone** – Sie kommt in Deutschland nur im Westen, vor allem am Rhein und in der Pfalz vor. In Österreich und der Schweiz ist sie weiter verbreitet. Du musst die Maronen noch nicht einmal pflücken – sie fallen vom Baum, wenn sie reif sind, und müssen nur aufgesammelt werden. Um sie verzehren zu können, löst du die glatte braune Frucht aus der stacheligen Schale und röstest sie über dem Feuer (oder zu Hause im Backofen). Klein gehackt und geröstet können Esskastanien sogar als Kaffee-Ersatz dienen. Kastanien-Kaffee schmeckt nussig und hat eine leicht süßliche Note, enthält aber kein Koffein.

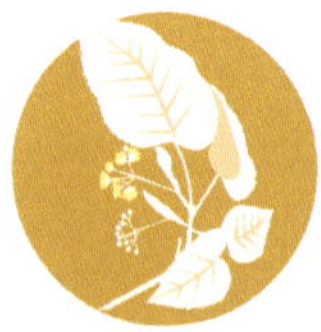

**Sommerlinde** – Im Frühling kannst du die zarten jungen Lindenblätter in Salaten oder wie Spinat verarbeiten, im Sommer die Blüten für Tee oder in Süßspeisen.

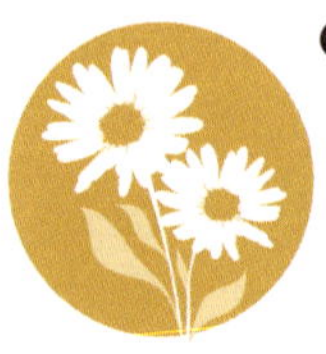

**Gänseblümchen** – Auch easy zu erkennen. Gänseblümchen kannst du roh für Wildsalate, als Bestandteil von Kräuterquark oder als Dekoration für Frühlingssuppen verwenden. Tee aus Gänseblümchen-Blüten wirkt schleimlösend.

**Giersch** – Nicht nur ein lästiges Unkraut im Garten, sondern auch essbar. Giersch kann bis zu 90 Zentimeter hoch werden. Die Blütenstängel sind ganz leicht kantig, unbehaart und im unteren Bereich hohl. Das Gesamtblatt verzweigt sich dreiteilig, die jeweiligen Einzelblätter laufen spitz zu. Die Blätter sind leicht behaart und hellgrün, ihr Rand gezähnt. Roh kannst du Blätter, Stiele und junge Knospen für Salate verwenden. Oder du gibst sie zu warmen Gemüsegerichten zu. Die weißen Blüten machen sich gut als Deko oder aromatische Zutat für Suppen und Eintöpfe. Der Geschmack liegt irgendwo zwischen Möhre und Petersilie. Die Blüten sind süßer, die Früchte schärfer. Achtung: Nicht verwechseln mit Bärenklau, der nicht essbar ist und schon bei Hautkontakt Rötungen hervorrufen kann. Die Blattform ist bei genauer Betrachtung aber gut zu unterscheiden.

**Gundermann** – Er erreicht eine Höhe von etwa 30 Zentimetern und bildet meist saftig grüne Blätter in Herz- bzw. Nierenform aus. Sie werden bis zu vier Zentimeter breit und stehen sich jeweils wie gespiegelt gegenüber. Die vierkantigen Stängel kriechen meist am Boden und bilden zahlreiche Knoten, an denen die Pflanze neue Ausläufer bildet. Gundermann ist ein typischer Frühblüher: Sobald die ersten warmen Sonnenstrahlen kommen, ist er sichtbar. Aus jeder Blattachsel wachsen dann etwa drei bis vier violettblaue Blüten heraus. Essen kannst du sowohl die jungen Blätter als auch die Blüten. Gundermann gibt Gerichten dank seines pikanten, minzähnlichen, leicht scharfen und bitteren Geschmacks eine interessante Note. Das passt vor allem zu Frühjahrssalaten und in Kräuterbutter oder -quark. Aber lieber erst mal zurückhaltend mit der Menge sein, nur ein paar Stängel beimischen – der Geschmack ist recht kräftig.

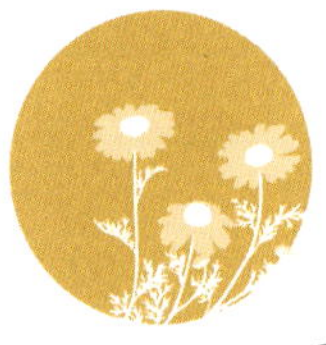

**Kamille** – Die Blüten sind natürlich ein Tee-Klassiker, können aber auch für Kräuterlimonaden verwendet werden. Die gelbe Mitte ist besonders aromatisch und lässt die Kamille auch so eindrücklich duften. Blätter und Knospen eignen sich in kleinen Mengen als Gewürz. Kamille wirkt antibakteriell, krampflösend und kann Entzündungen lindern. Sie gilt als absolute Allzweckwaffe, wird besonders aber bei Magenbeschwerden und Erkrankungen der Atemwege eingesetzt. Viele haben schon deshalb eine Abneigung gegen sie, weil sie ihren typischen Geruch mit dem Kranksein verbinden – ich liebe sie.

**Knoblauchsrauke** – Ein gesundes, mildes und trotzdem würziges Kraut. Wie der Name schon nahelegt, besitzt sie ein leichtes Knoblaucharoma, ist also eine gute Alternative zu den Zehen aus dem Süden. Die Blätter eignen sich klein geschnitten für Kräuterbutter oder -quark. Außerdem lässt sich die Knoblauchsrauke auch gut zu Wildkräuterpesto verarbeiten. Besonders gut harmoniert sie mit Walnüssen. Die frischen Samen kannst du in einem Mörser zu

Wildkräutersenf verarbeiten, getrocknet lassen sie sich wie Pfeffer verwenden. Mit den kleinen weißen Blüten kannst du Salate oder andere Speisen dekorieren. Und wenn du dich unterwegs verletzen solltest, wirken die zerquetschten Blätter antibakteriell. Du kannst mit ihnen auch Insektenstiche desinfizieren.

**Löwenzahn** – Die frischen Blätter des Löwenzahns sind eine tolle Salatzutat. Sie erhalten viele Bitterstoffe, das macht sie so gesund. Wenn sie dir zu bitter sind, lass die Blätter feingeschnitten etwa eine Stunde in Wasser ziehen. Die Blätter mit gekochten Kartoffeln gemischt und mit Kürbiskernöl angemacht ergeben einen interessanten Salat. In Österreich heißt er Röhrlsalat und gilt als Delikatesse. Die süßen Blüten des Löwenzahns kannst du auch einfach zwischendurch naschen oder dem Salat fürs Abendessen hinzufügen. Aus den Knospen lässt sich Chutney herstellen, eingelegt in Essig haben sie (wie die Bärlauchknospen) Ähnlichkeit mit Kapern.

**Wald-Sauerklee** – Seine Blätter lassen sich die gesamte Vegetationsperiode über essen. Sie schmecken – eigentlich logisch beim Namen der Pflanze – säuerlich. Außerdem haben sie eine leicht fruchtige, würzige und erfrischende Komponente. Die frischen Blätter gelten als gute Durstlöscher, die weißen Blüten von April bis Mai machen sich gut auf Suppen und auf oder in Salaten. Achtung: Sauerklee nicht in großen Mengen essen. Er enthält Oxalsäure, die zu Übelkeit und Durchfall führen kann.

# BEEREN & KRÄUTER
## *aus dem Garten*

Weintraube

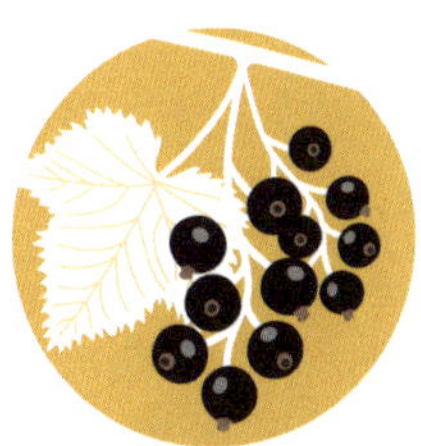

Schwarze Johannisbeere

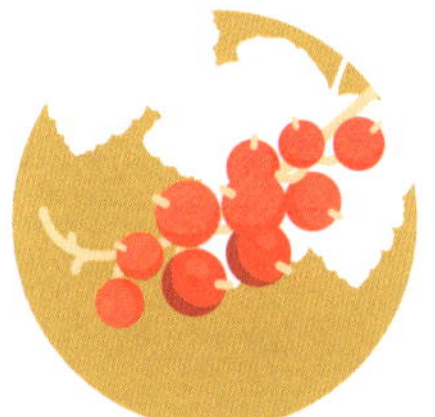

Johannisbeere

Kirsche

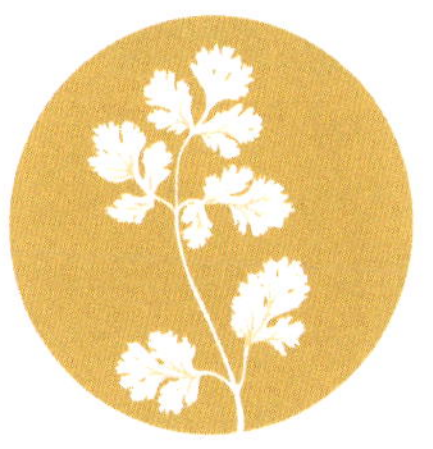

Petersilie

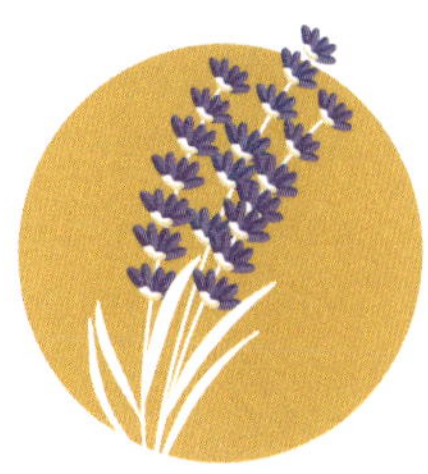

Lavendel

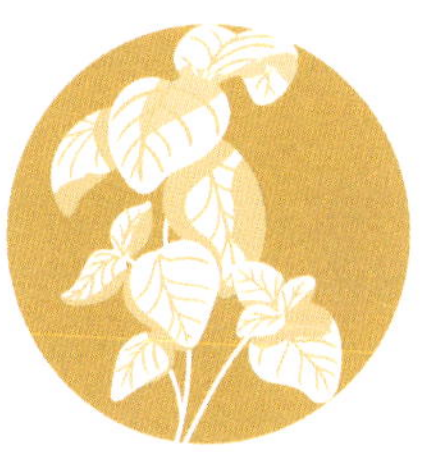

Basilikum

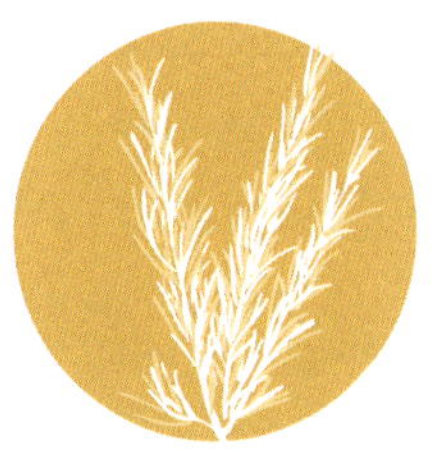

Rosmarin

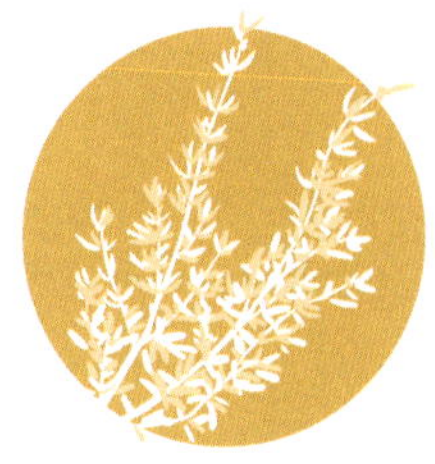

Thymian

# WAS MACHEN DIE TIERE?

## Sommer-Update aus der Fauna

Wildtiere haben keine Schweißdrüsen, sprich: Sie können nicht schwitzen. Im Hochsommer müssen sie deshalb zu anderen Maßnahmen greifen, um ihre Körpertemperatur zu regulieren. Rehe und das Rotwild bewegen sich einfach weniger, kühlen sich in Seen und an Flussläufen ab oder suhlen sich im Schlamm. Wenn er verdunstet, kühlt er und hält nebenbei noch Parasiten, Mücken und Bremsen ab. Auch die Wildschweine wählen oft diese Schlamm-Variante. Füchse hecheln wie Hunde (der Speichel verdampft und kühlt so den Körper), und auch Vögel wenden manchmal eine Hechel-Methode an, bei der sie mit offenem Schnabel in hoher Frequenz ein- und ausatmen.

Bei jeder sich bietenden Möglichkeit – und sei die Pfütze noch so klein – hüpfen die Vögel aber auch ins Wasser. Besonders kreativ kühlt sich übrigens der Storch ab: Er schmiert sich seinen eigenen flüssigen Kot auf die Beine, die dann weiß getüncht erscheinen. Feldhasen dagegen kommen deshalb recht gut mit Hitze und Trockenheit klar, weil überschüssige Körperwärme über ihre langen Ohren abgegeben wird.

Die meisten Wildtiere verlegen ihre Aktivitäten, wie das Suchen nach Futter, während des Hochsommers in die sehr frühen Morgen- oder in die späten Abendstunden. Zum einen ist es dann kühler, zum anderen aber auch ruhiger, denn der Sommer ist auch die Zeit, in der am meisten Menschen in der Natur unterwegs sind.

Nahrung ist in der Regel genug vorhanden. Rehe haben übrigens die abwechslungsreichste Diät: Sie äsen hier ein Blatt, dort etwas Rinde oder einen Grashalm und ziehen sich dann zum Wiederkäuen zurück. Das Schwarzwild ist ein Allesfresser und braucht jede Menge Nahrung. Es frisst also auch alles, was die Bauern gerade anbauen: Getreide, Zuckerrüben, Mais, Kartoffeln. Auch Rotwild bedient sich gerne an diesem Angebot.

Alle drei, Rotwild, Schwarzwild und Rehwild sowie Damwild und Füchse dürfen im Sommer (mit Einschränkungen) gejagt werden, wobei es keine Hauptjagdzeit ist. Ist der Sommer so heiß, dass Wasserstellen austrocknen oder die Tiere anderweitig in Not geraten, kommen die Jäger verstärkt ihren Fürsorgepflichten nach und präparieren zum Beispiel Tränken mit Frischwasser.

Insgesamt kehrt nach dem wilden Treiben im Frühling im Sommer in die Natur etwas Ruhe ein. Die jungen Vögel fiepen jetzt schon nicht mehr ununterbrochen nach Futter, sondern trainieren erste Flugmanöver. Aus wimmelnden Kaulquappen sind kleine Frösche geworden, die ihre Laichgewässer verlassen, Libellen schwirren an Bachufern entlang, und an warmen Sommerabenden können wir mit etwas Glück Glühwürmchen beobachten. Ohne großes Tamtam verschwinden aber auch die ersten Zugvögel schon wieder.

Ziemlich viel schlechte Presse hat in den letzten Sommern der Bussard bekommen – er würde Waldbesucher angreifen. In der Tat gab es einige Zwischenfälle, bei denen Mäusebussarde ihre Brut in Gefahr sahen bzw. Störenfriede aus ihrem Revier verjagten. Besonders heikel wird das natürlich dann, wenn ein ausgewiesener Wanderweg nah an einem Horst vorbeiführt. Die Bussarde fliegen dann eine Art Scheinangriff, der in den meisten Fällen glimpflich veräuft, weil sie ihr Ziel – Zweibeiner sucht das Weite – schnell erreichen. Verletzungen durch Krallen oder Flügel sind extrem selten, aber nicht auszuschließen.

Wer im Sommer längere Zeit im Wald verbringen möchte, eventuell sogar in der Nacht, tut gut daran, den zuständigen Förster vorab mal zu fragen, ob er bestimmte Bereiche empfehlen kann (oder welche nicht). Das gilt aber im Prinzip für das ganze Jahr. Feuer ist im Sommer ein besonders heikles Thema. Achtung: Im Wald und bis 100 Meter über den Waldrand hinaus ist es in Deutschland grundsätzlich verboten bzw. nur an offiziellen Feuerstellen erlaubt. Die Strafen sind zu Recht sehr hoch. Solltest du einen Waldbrand auslösen – und dafür reichen in Trockenperioden wenige Funken oder nicht richtig abgelöschte Glut –, kannst du sogar mit einer Freiheitsstrafe rechnen. Jenseits des Waldes braucht es für Feuer auf Flächen in Privat- oder Gemeindebesitz immer eine Genehmigung – und darunter fallen fast alle Grundstücke. Das ist einer der Gründe, warum ich (unabhängig vom Verantwortungsaspekt) auch gar nicht mehr so große Lust habe, im Rahmen eines Mikroabenteuers Feuer zu machen. Und es fehlt mir noch nicht einmal sonderlich. Das Titelfoto dieses Buches ist vor einiger Zeit am Elbstrand entstanden, im Januar bei Temperaturen um den Gefrierpunkt und Windstille. Ich bin mir heute nicht hundertprozentig sicher, ob dieser Strand nicht auch im Besitz einer Gemeinde ist und ich theoretisch eine Genehmigung hätte beantragen müssen, dafür, dass ich ein paar Büschel loses Gras in Flammen steckte, sie kurz auflodern ließ und dann in den Fluss warf. Damals bin ich einfach meinem gesunden Menschenverstand gefolgt. Das, denke ich, ist das Mindeste, was wir tun sollten.

# LOGBUCH
# // SITZEN, QUATSCHEN, TRETEN //

## Mit dem Tretboot von Kalifornien in die Heimat

Eigene Ideen umzusetzen, ist verdammt befriedigend. So richtig bekloppte Ideen Wirklichkeit werden zu lassen, fühlt sich aber noch dreimal besser an! Das bilde ich mir zumindest ein, als ich an einem Junimorgen schon um 5 Uhr mit Rucksack, wasserdichten Packtaschen und ein paar Bananen an der Bushaltestelle stehe. Längst zwitschern die Vögel, und hinter den Dächern der Stadt kriecht die Sonne empor.

Ich habe ein Tretboot gekauft. Blind. Das Ding liegt in Kalifornien, und ich bin fest entschlossen, es per Muskelkraft an den Hamburger Elbstrand zu überführen. Knapp 50 Jahre war dieses Boot vor der Küste Kaliforniens im Einsatz. Tausende Urlauberhintern hat es befördert, Streit und Tränen ertragen, die große Liebe gesehen. Wenn glasfaserverstärkter Kunststoff sprechen könnte! Jetzt ist Zeit für ein neues Leben.

Der Bus bringt mich zum Hamburger Hauptbahnhof. An Gleis 4 wartet Tony auf mich. Tony ist einer dieser Typen, die du bei den absurdesten Ideen anrufen kannst, ohne dich auf Gegenfragen einstellen zu müssen. »Klar, lass uns los.« So war es auch diesmal. Mein Plan sieht folgendermaßen aus: Wir fahren mit dem Zug nach Kalifornien, ein kleiner Badeort an der schleswig-holsteinischen Ostseeküste (gleich neben Brasilien!), tragen das alte Tretboot (für das ich bereits 300 Euro überwiesen habe) von der Wiese hinterm Deich an den Strand und strampeln los Richtung Hamburg. Oder anders: Vor uns liegen drei Tage Freiheit, Natur, Kilometerfressen. Gut 180 sind es vom Liegeplatz unseres Tretboots bis nach Hamburg. Ein Himmelfahrtskommando zum Mittsommer.

L-E-A. Ich gebe mir Mühe, die Umrisse der Buchstaben schön gerade zu ziehen. Nur das Schreien der Möwen und Tonys gewissenhaftes Gepäck-Arrangieren mischen sich in die Stille dieses jetzt schon heißen Morgen. Es ist kurz vor 9 Uhr. Die weiße Tinte des wasserfesten Eddings trocknet ruck, zuck. Ich will auf Nummer sicher gehen wegen der Kennzeichnungspflicht. Sowohl die Ostsee als auch der Nord-Ostsee-Kanal, in den wir noch heute einfahren wollen, sind zwar Seeschifffahrtsstraßen – und auf denen müssen kleinere Boote nicht wie auf den Binnenschifffahrtsstraßen zwingend einen Namen und die Anschrift des Besitzers tragen –, aber besser, wir verhalten uns überkorrekt, als von einem überkorrekten Beamten vom Wasser geholt zu werden. L-E-A. Wir wollen möglichst schnell aufs Wasser und ein kürzerer weiblicher Vorname ohne runde Buchstaben fiel mir nicht ein.

Lea macht einen guten Eindruck. Die porösen Gummidichtungen scheinen noch halbwegs dicht zu sein. Ein bisschen Wasser sickert in den Hohlkörper. Das bemerken wir, als wir das Tretboot mit aller Kraft und Vorsicht auf den Rücken drehen und die Stöpsel öffnen, aber das austretende Wasser ist nicht der Rede wert. Wir sprühen ein paar Stöße Öl ins Tretlager, befestigen das Gepäck und tragen die Lea über den Deich an die Wasserkante. Abfahrt.

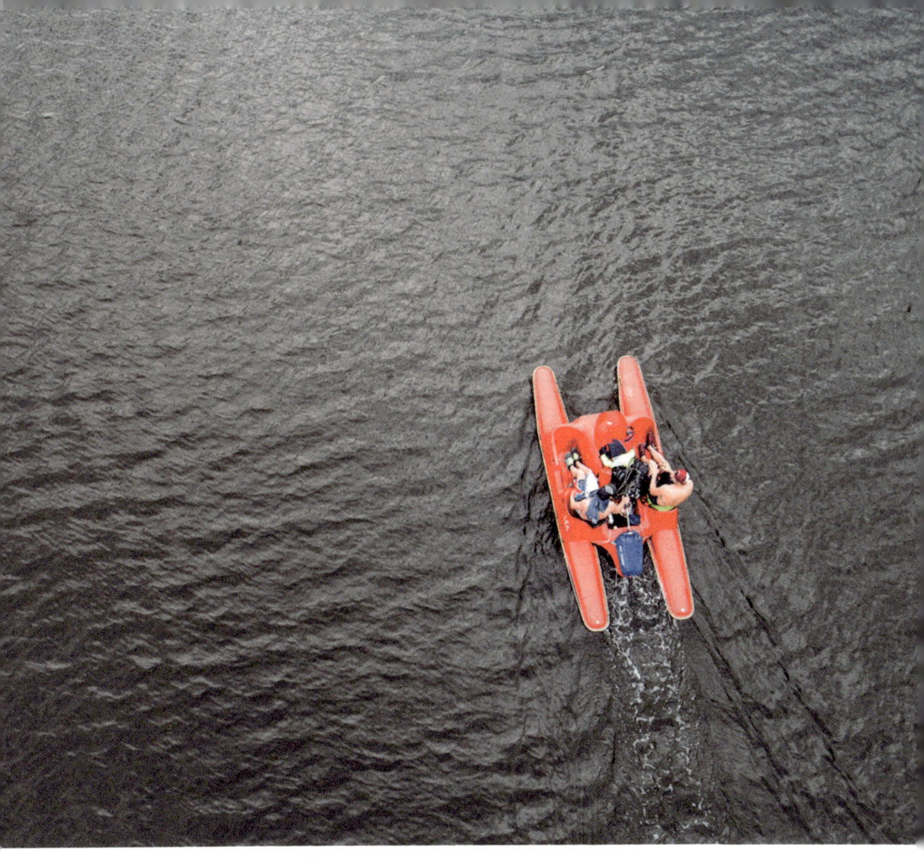

In rund 200 Metern Entfernung zum Ufer nehmen wir Kurs auf Kiel. Wir sind noch nicht weit gekommen, als vom Strand aus plötzlich jemand hektisch in unsere Richtung winkt. Wir können nicht genau erkennen, was die Person will, und beschließen, sie einfach zu ignorieren. Erst am Abend, als im Nachrichteneingang meines Handys eine Handvoll verschwommene Fotos eintrudeln, werden wir erfahren, was los war: Bernd, Bootsverleiher und Vorbesitzer der Lea, hatte uns auf seinem Weg zur Arbeit entdeckt, wollte uns eine gute Reise wünschen. Seemanns Dank und volle Kraft voraus!

Das monotone Rattern des Schaufelrades mischt sich mit dem immer noch deutlich vernehmbaren Quietschen der

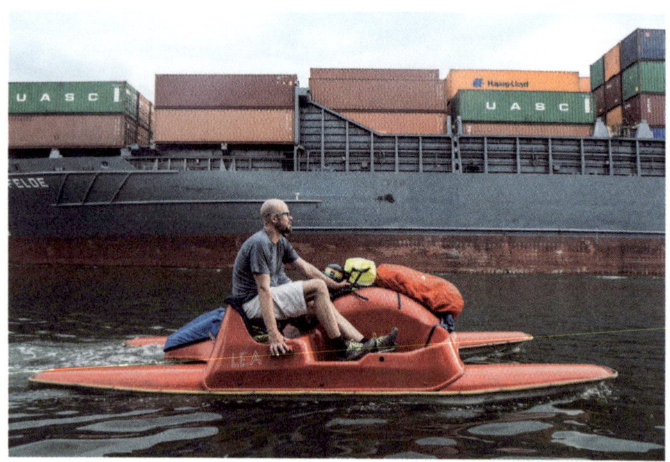


Kurbeln und dem Plätschern der Wellen zu einer schrägen Symphonie. Es ist fast windstill, die Sonne sengt, und wir kommen viel langsamer voran als gedacht. Schnell wird klar: Es gibt einen Punkt, an dem bringt es nichts mehr, die Tretfrequenz zu erhöhen. Wir erreichen maximal eine Geschwindigkeit von 5 km/h. Halleluja.

Nach zwei Stunden biegen wir in die Kieler Förde ein und suchen eine geeignete Stelle, um das Fahrwasser zu queren und auf die andere Seite zu gelangen. Ein paar Segelboote sind unterwegs und vereinzelt auch größere Frachtschiffe, von denen in den nächsten Tagen noch einige an uns vorbeiziehen werden. Vor der Schleuse Kiel-Holtenau ist Warten angesagt. Aber sieht der Schleusenwärter uns hinter den hohen Kaimauern überhaupt? Und wenn ja, käme er überhaupt auf die Idee, dass wir mit diesem Gefährt einschleusen wollen? Nach 20 Minuten greife ich zum Telefon und lasse mich vom Hafenamt zu ihm durchstellen. »Ah, okay, ja, doch das geht. In zehn Minuten kommt ein größeres Industrieschiff, mit dem könnt ihr rein.« Und tatsächlich: Wenig später vertäuen wir die Lea im 300 Meter langen und 40 Meter breiten

Schleusenbecken. Der Wärter scheint immer noch etwas irritiert: »Ich wüsste nicht, dass hier jemals jemand mit einem Tretboot reinwollte. Seid ihr euch sicher, den kompletten Kanal zu fahren?« »Zu hundert Prozent«, antworte ich, was natürlich gelogen, aber die einzig richtige Antwort ist.

Als wir wieder aus der Schleuse rausrattern, entdecken wir steuerbord den Automaten, an dem wir unser Ticket ziehen müssen. Sechs Euro kostet die Durchfahrt bis zur Elbmündung für muskelbetriebene Sportfahrzeuge. Und »Durchfahrt« ist wirklich das Einzige, was der Kanalkodex erlaubt. Mal eben anhalten und die Beine vertreten ist auf den 100 Kilometern zwischen Kiel und Brunsbüttel ebenso wenig vorgesehen, wie es den Anwohnern vergönnt ist, nach Feierabend noch mal eine Stunde mit dem Kajak oder dem SUP dahinzupaddeln. Es dauert nicht lange, bis wir sehen: Die Ufer sind so lückenlos mit Quadern aus schwarzem Granit befestigt, dass ein Ein- oder Aussetzen gar nicht möglich ist.

Trotzdem, oder gerade deshalb, ist dieses Abenteuer schon jetzt einzigartig. Direkt neben uns schieben sich in

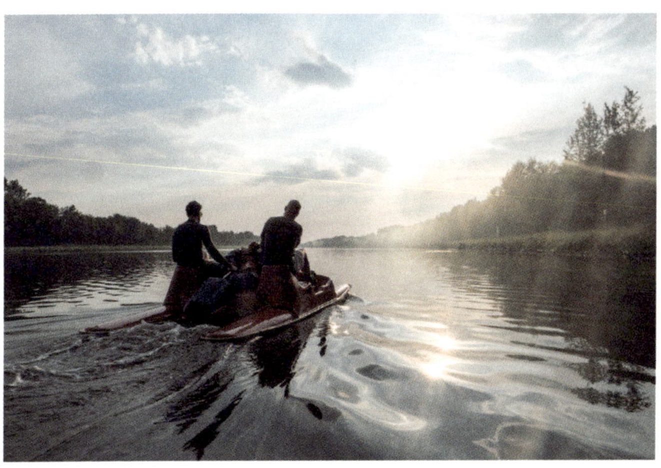

schöner Regelmäßigkeit die dicken Pötte durchs Wasser und lassen unsere Herzen jedes Mal schneller schlagen, unter uns dreht sich das alte Schaufelrad der Lea so monoton, dass es uns fast hypnotisiert.

Wir sind so langsam, der Kanal verläuft so schnurgerade, wir haben so viel Zeit. Tony will am Wochenende auf der Hochzeit seiner Schwester die Rede von Familienseite halten. Immer wieder gehen wir sie durch und feilen am Inhalt. Sitzen, quatschen, treten. Wir stopfen uns Schlafsäcke und Isomatten unter den Hintern, um den Abstand zu den Pedalen zu vergrößern und die Beine mehr strecken zu können – und müssen die rutschenden Konstruktionen ständig nachjustieren.

*Egal, wohin du reist, sei voll und ganz da.*

Lailah Gifty Akita

Gegen 21 Uhr erreichen wir schließlich die Kanalfähre bei Sehestedt, eine der wenigen Stellen, an denen das Ufer zugängig ist und sogar eine schmale Rampe zum Wasser führt. Hier können wir die Lea ans Ufer hieven. Ein Zimmer zu nehmen, kommt zwar nicht infrage, aber die Suche nach einem geeigneten Übernachtungsplatz führt uns doch bis zum örtlichen Landgasthof – und für eine ordentliche Portion Bratkartoffeln mit Spiegelei schieben wir die Nachtlager-Frage gerne noch mal nach hinten. Wir kommen schnell ins Gespräch. Mit der Bedienung, mit der Köchin und mit Thomas, der den Betrieb von seiner Mutter übernahm und nun selbst nicht mehr der Jüngste ist: »Soll regnen, heute

Nacht. Wenn ihr wollt, haut euch gerne auf unsere Veranda.« Da wir bislang ohnehin nichts Passendes entdeckt haben, nehmen wir das Angebot dankend an. Tony befestigt seine Hängematte unter dem Vordach eines verwohnten Apartments, ich hänge mich zwischen zwei große Bäume im Garten und spanne ein Tarp gegen den Regen. Es wird eine gemütliche, aber kurze Nacht.

Um 5:30 Uhr sitzen wir schon wieder unten am Kanal beim Tretboot, machen uns einen Kaffee auf dem Gaskocher und Müsli mit Obst. Ich glaube fest daran, dass wir heute, ohne Anfahrt, ohne Ostseewellen, ohne Schleuse, doppelt so viel schaffen können wie die 42 Kilometer von gestern. Wenig später dringt wieder das vertraute Quietschen und Rattern an unsere Ohren.

Es dauert eine ganze Weile, bis das erste Segelboot an uns vorbeizieht, natürlich unter Motor, so ist es vorgeschrieben. Die Besatzung hebt halb anerkennend, halb amüsiert die Daumen. Die Kapitäne der Frachtschiffe finden es meist weniger lustig, dass wir uns auf dem Kanal vorantreten. Zwischen freundliche Pfiffe und mitfühlende Gesten mischen

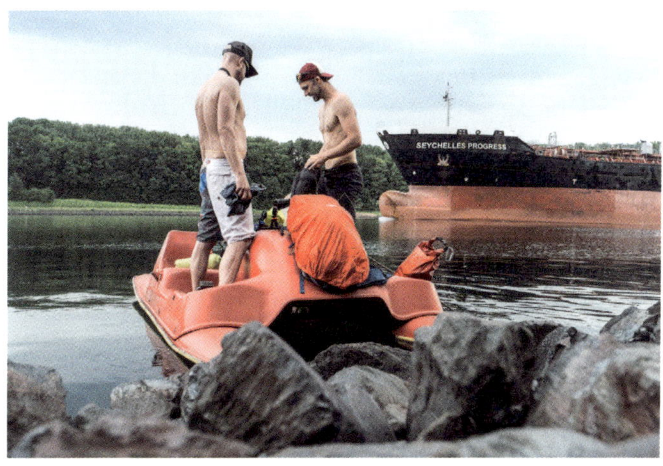

sich deshalb auch unwirsche Rufe in fremden Sprachen. Einmal fallen wir fast aus unseren Sitzen, als gefühlte zehn Meter neben uns das Horn eines Ozeanriesen tutet und wir beim Umdrehen auf eine riesige Containerwand blicken. Aber wir sind jetzt trotz allem »Das ist doch nicht erlaubt!« auch selbstbewusst, schließlich haben wir rechtmäßig eingeschleust und unser Ticket gelöst. Und es kann auch keiner sagen, er wäre überrascht, uns zu treffen – wir wissen vom Kapitän einer Kanalfähre, dass wir seit gestern Gesprächsthema Nummer eins auf dem offiziellen Funkkanal sind und unsere aktuelle Position regelmäßig durchgegeben wird. Wirklich gefährliche Situationen erleben wir nicht, schließlich gilt für alle Schiffe im Kanal eine Höchstgeschwindigkeit von 15 km/h und wir halten uns brav am rechten Ufer.

Schneller als gestern sind wir nicht. Als weit vor uns eine Brücke auftaucht, dauert es volle zwei Stunden, bis wir sie erreichen. Das ewige Sitzen und Treten stellen unsere Zuversicht auf eine harte Probe. Für Tony ist diese Form der Fortbewegung eine Mission jenseits jeder Vernunft. Als einer der (bei aller hanseatischer Bescheidenheit) besten Pilates-Trainer der Welt kämpft er tagtäglich gegen die Volkskrankheit Sitzen. Ich merke, wie er unsere Tour mittlerweile als persönliche mentale Challenge ansieht. Und ich bin ganz froh, dass er zwischendurch immer wieder darauf drängt, ein paar Ausgleichsübungen zu machen.

Den ganzen Tag über riecht es nach Gewitter. Am frühen Abend fahren wir mitten hinein. Innerhalb von Minuten fegen heftige Böen und apokalyptischer Regen die Sommerstimmung fort. Wir schaffen es gerade noch, an einem stählernen Pier festzumachen und uns unter den Dachvorsprung eines leer stehenden Lotsengebäudes zu retten. Als das Schlimmste vorüber ist, wagen wir uns wieder auf das Wasser. Eine Stunde später dasselbe Spiel: Diesmal bleibt uns nur die Möglichkeit, die Lea halb auf die Steinböschung zu ziehen

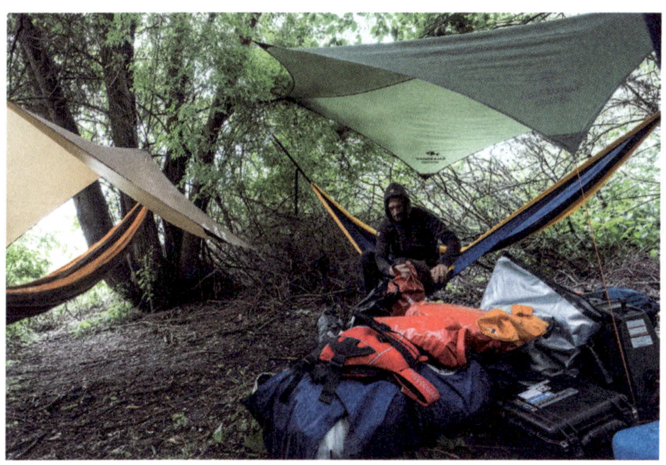

und unter dichten Bäumen dafür zu beten, dass sie nicht von der Bugwelle eines großen Schiffes erfasst und durch die Gegend geschoben wird. Wir sind mittendrin in dem Abenteuer.

Die Lea bleibt unversehrt, wir fahren weiter und gucken uns die beste Anlaufstelle für die Nacht aus. Es dämmert bereits schwer, als wir das Tretboot in Hohenhörn aus dem Wasser wuchten, wieder an einer Fährstation. Wir kochen Couscous und machen uns asiatischen Erdnuss-Eintopf warm, dehnen die müden Glieder. Direkt am Ufer entdecken wir einen kleinen Pfad in ein winziges Waldstück, dessen Inneres sich wie eine Höhle anfühlt – der perfekte Ort für unsere Hängematten. Während wir langsam in den Schlaf schaukeln, erwische ich mich schon wieder beim Rechnen: 52 Kilometer haben wir heute geschafft. Morgen werden wir aus dem Kanal rauskommen. Aber mehr als Morgen haben wir auch nicht mehr. Hamburg können wir uns abschminken. Aber vielleicht schaffen wir es ja bis Glückstadt! Es tut gut, das große Ziel loszulassen.

Tag drei hat einen ganz besonderen Charme: Die Gewitter gestern haben die Luft spürbar abgekühlt, Wolken und kurze Regenschauer ziehen über das platte Land. Nach weiteren neun Kilometern auf dem Kanal ziehen wir die Lea ein letztes Mal die befestigte Uferböschung hinauf und setzen über auf die Wilster Au. Dieser schmale Fluss fließt von hier in die Stör, die wiederum bei Glückstadt in die Elbe mündet. Nach der Monotonie auf dem Kanal wirken die engen Schleifen der Wilster Au wie eine Erlösung. Wir strampeln an glotzenden Kühen und Schafen vorbei, passieren einsame Bauernhöfe, gleiten unter tief hängenden Weidenästen hindurch. In Wilster werden wir aus dem Nichts klatschnass, als sich zwei Jungs direkt vor uns von einer Brücke in den Fluss stürzen.

Ca. 19 Kilometer lang ist die Wilster Au. Wir genießen jeden einzelnen. Am frühen Nachmittag erreichen wir die Mündung – und sind von einem Moment auf den anderen am Boden zerstört. Vor unseren Augen schließt sich die schmale, aber meterhohe Schleuse in die Stör. Warum das? Warum gerade jetzt, wo wir nur noch vier Stunden von Glückstadt entfernt sind? Wir sprechen mit dem Schleusenwärter, aber der kann erst am Abend wieder aufmachen. Wir könnten die

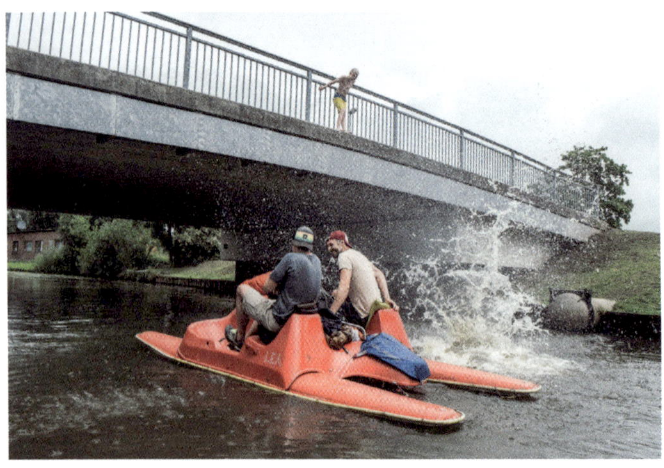

Schleuse umtragen, das wäre zwar mühsam, aber machbar. Das Problem ist ein ganz anderes: Die Stör ist durch ihre Anbindung an Elbe und Nordsee den Gezeiten ausgesetzt, und gerade ist kaum Wasser drin. Für die nächsten sechs Stunden läuft es langsam wieder auf, entgegen unserer Fahrtrichtung. Und gegen die Strömung zu treten, wäre noch unsinniger als alles andere, was wir in den vergangenen Tagen veranstaltet haben.

*Ein weiser Reisender verschmäht nie sein eigenes Land.*

Carlo Coldoni

Es ist, wie es ist: Hier, an der Schleuse Kasenort, im Niemandsland zwischen Hamburg und Nordseeküste, endet unser Tretboot-Abenteuer. Erst fühlen wir uns ein bisschen betrogen, dann sind wir dankbar dafür, ohne schlechtes Gewissen noch eine Zeitlang rumhängen zu können, bevor wir die Lea in den Garten eines Bauernhofs schleppen. Irgendwann in den nächsten Tagen werde ich mir einen Anhänger leihen und sie abholen.

Die nächste Bushaltestelle ist einen ordentlichen Fußmarsch entfernt. Wie gut sich das anfühlt, laufen zu dürfen, anstatt mit angezogenen Beinen treten zu müssen! Wir werden noch lange von diesen Tagen auf dem Tretboot erzählen und uns dabei ein bisschen wie echte Helden fühlen. Aber wir sind uns auch einig: Eigentlich wollten wir nicht raus, um den ganzen Tag zu sitzen. Es ist verdammt befriedigend, bekloppte Ideen umzusetzen und am Ende klüger wieder nach Hause zu kommen. //

# SOMMERAUSRÜSTUNG

## Drei Produkte, die du diesen Sommer gebrauchen könntest

**Wasser-Vehikel** – Packrafts (ultraleichte Schlauchboote) sind eine geniale Erfindung. Sie ermöglichen eine ganz neue Flexibilität für Outdoor-Aktivitäten, weil du mit ihnen das Wandern oder Radfahren problemlos mit dem Wasserwandern verbinden kannst. Das Anfibio Alpha XC zum Beispiel wiegt keine 1,8 Kilo – auch wenn das Paddel noch dazukommt, ein unverschämt niedriges Gewicht, dafür, dass du ein robustes Wassergefährt dabeihast, das 120 Kilo Zuladung verträgt. Das Nortik Trekraft gibt es sogar als Wildwasser-Variante mit Spritzdecke (verhindert das Eindringen von Wasser von oben). Dieses Modell wiegt dann aber alles in allem doch gut 4 Kilo. Auch SUP Touring-Boards werden immer leichter. Der Schweizer Hersteller Indiana Paddle & Surf hat mit dem 12'6 Feather Inflatable ein Modell, das für seine Länge und sein Volumen mit 7,5 Kilo wirklich sehr wenig wiegt. Schwere Fahrer, die noch Ausrüstung mitnehmen wollen, sollten aber ein dickeres Board wählen.

**Mobile Energie** – Für ein Mikroabenteuer reicht oft eine einzige Smartphone-Akku-Ladung (vorausgesetzt wir sind mit dem Ding nicht ständig online oder nutzen es als Dauer-Jukebox). Wenn nicht, dann hilft eine einfache Powerbank. Wenn du aber doch mehr Energie brauchst, weil du zum Beispiel eine Kamera oder andere elektronische Geräte nachladen möchtest, ist ein kleines Solarpanel die beste Lösung. Das Goal Zero Nomad 5 hat eine Fläche von 24 mal 18 Zentimeter und ist ziemlich robust. Es lässt sich mithilfe eines kleinen Ständers aufstellen, aber zum Beispiel auch über die Ösen an den Ecken am Rucksack oder der Fahrrad-Satteltasche befestigen. Eine passende Powerbank, in welche die Energie eingespeist wird, gibt's natürlich auch. Kleinere Panels sind meist recht ineffektiv.

**Wasserdichter Rucksack** – Wie erwähnt, im Sommer bin ich extrem gerne auf und im Wasser unterwegs. Und ich habe in diesem Jahr endlich einen Rucksack bzw. eine Tasche gefunden, die mir nicht nur dort, sondern auch an Land hervorragende Dienste erweist: den Atrack von Ortlieb. Den Rucksack gibt es in verschiedenen Größen. Die 35-Liter-Variante hat sicher den größten Einsatzbereich. Der Atrack lässt sich wie eine Reisetasche per Reißverschluss öffnen, hat ein vernünftiges Tragesystem und ist dabei vor allem eins: 100 Prozent wasserdicht. Der Hersteller bietet auch viele andere wasserdichte Packtaschen an, die sich gut tragen lassen, aber der Atrack ist mein Lieblingsteil.

## NOTIZEN

**Deine Ideen und Notizen für den Sommer**

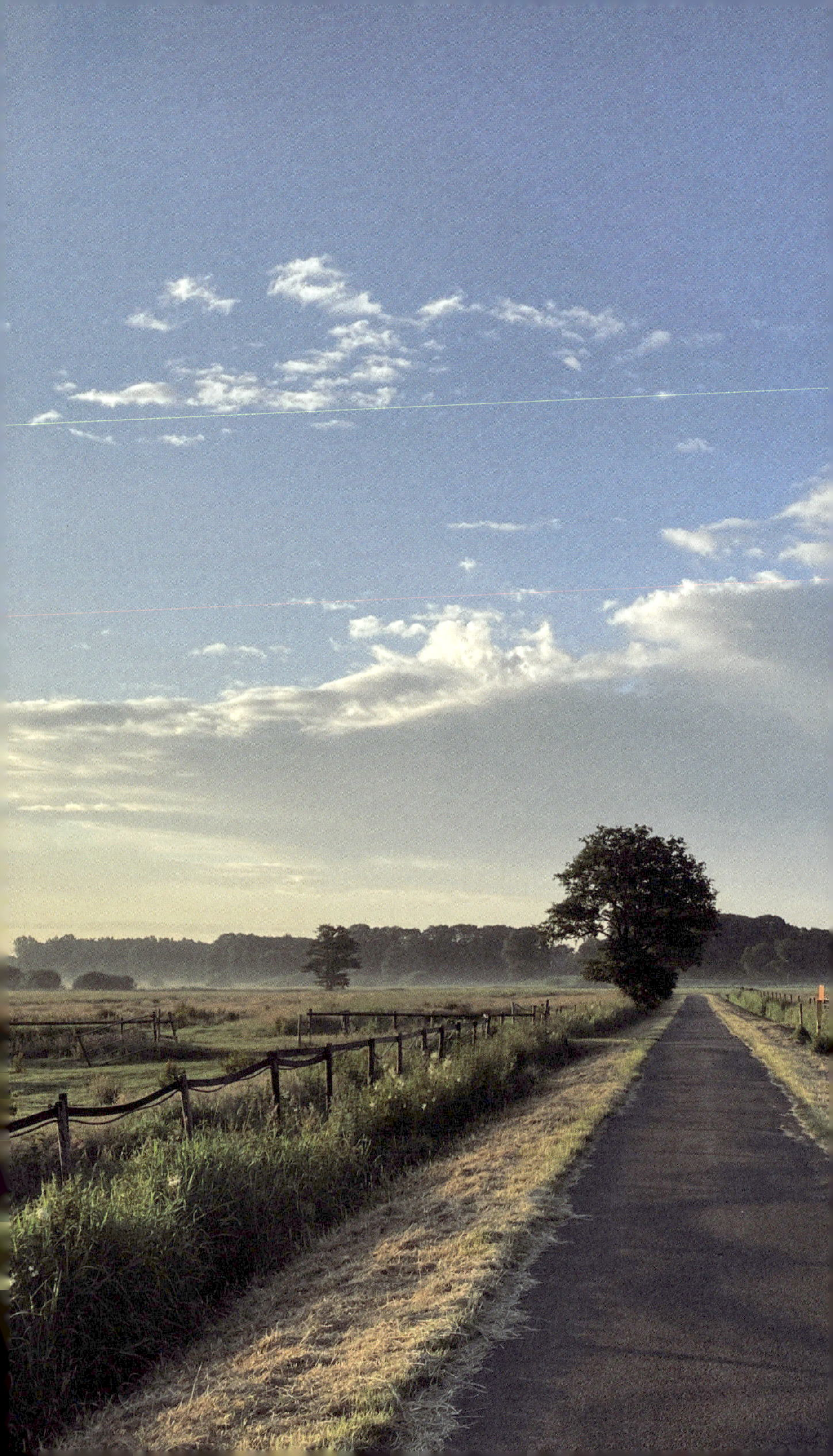

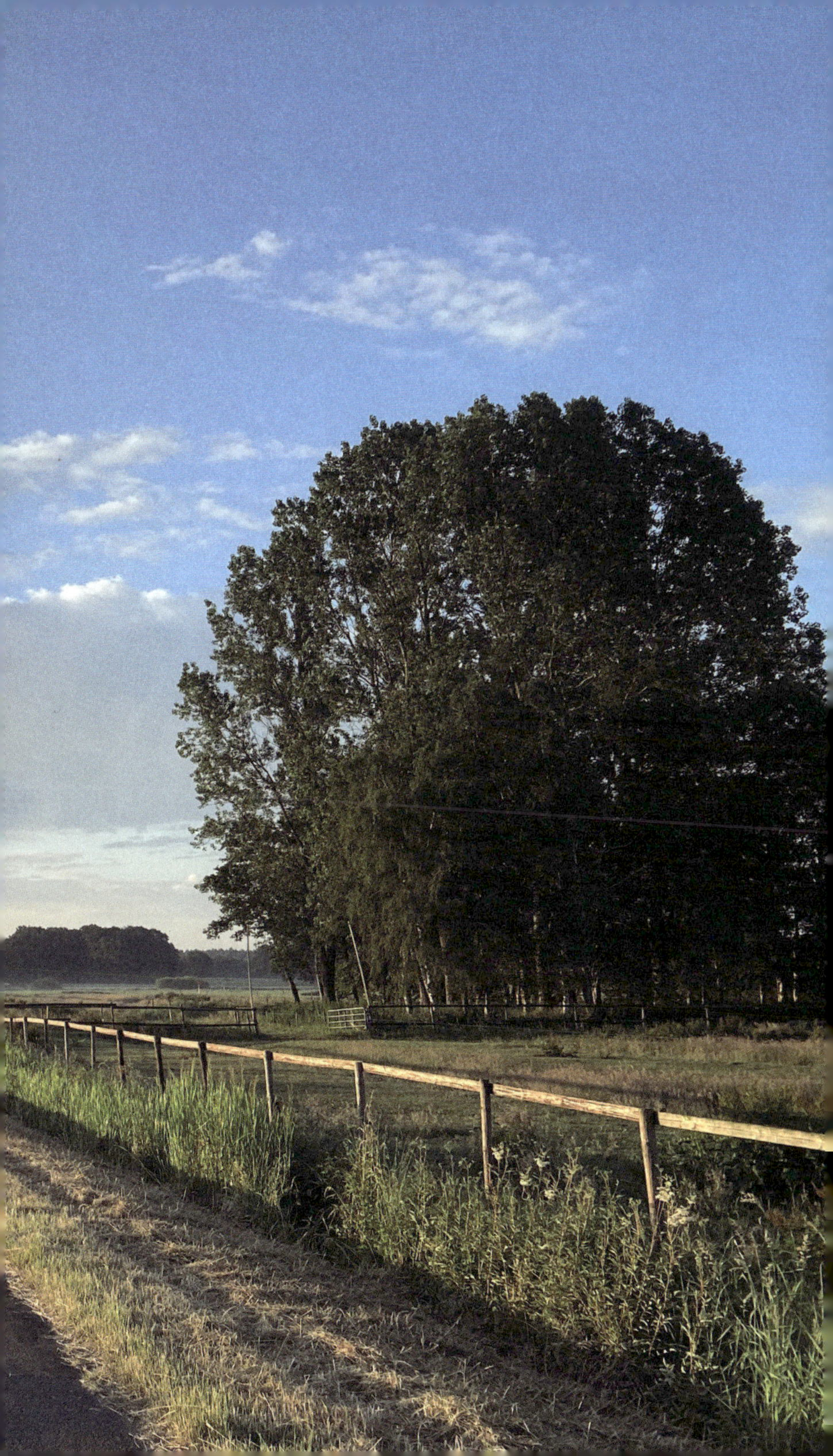

# DANKSAGUNG

Dankbar zu sein, ist wichtig. Aber diese Dankbarkeit nicht auszudrücken, ist ein bisschen so, als würde man ein Geschenk verpacken, es dann aber erst einmal auf unbestimmte Zeit in den Schrank legen. Deshalb geht mein großer Dank auf diesem Wege an all die, die mich bei der Entstehung dieses Buches unterstützt haben – ganz besonders an:

- meine Frau Anja und unsere Kinder für ihr Vertrauen, ihre Nachsicht und die unvergesslichen Abenteuer vor der Tür im letzten Sommer.
- Verena Wessel für das geduldige Rückenfreihalten und die Unterstützung bei der Recherche.
- Sebastian Seeliger für seine Expertise bei allen Fragen rund um die Tiere des Waldes.
- Jozef Kubica für die grandiosen Fotos vom Tretboot-Abenteuer und der SUP-Expedition nach Helgoland.
- Torsten Kollmer immer wieder für den selbstlosen und uneitlen Einsatz, wenn ich eine Idee habe.
- Tony Rockoff für die Stunden auf dem Nord-Ostsee-Kanal und die klaren Ansagen in Sachen Rücken.
- Nannette Elke und das gesamte Team meines Verlages HarperCollins Deutschland für die umsichtige Betreuung.
- jeden Einzelnen, der jemals auch nur eine Zeile von mir gelesen oder mir eine Minute lang zugehört hat.

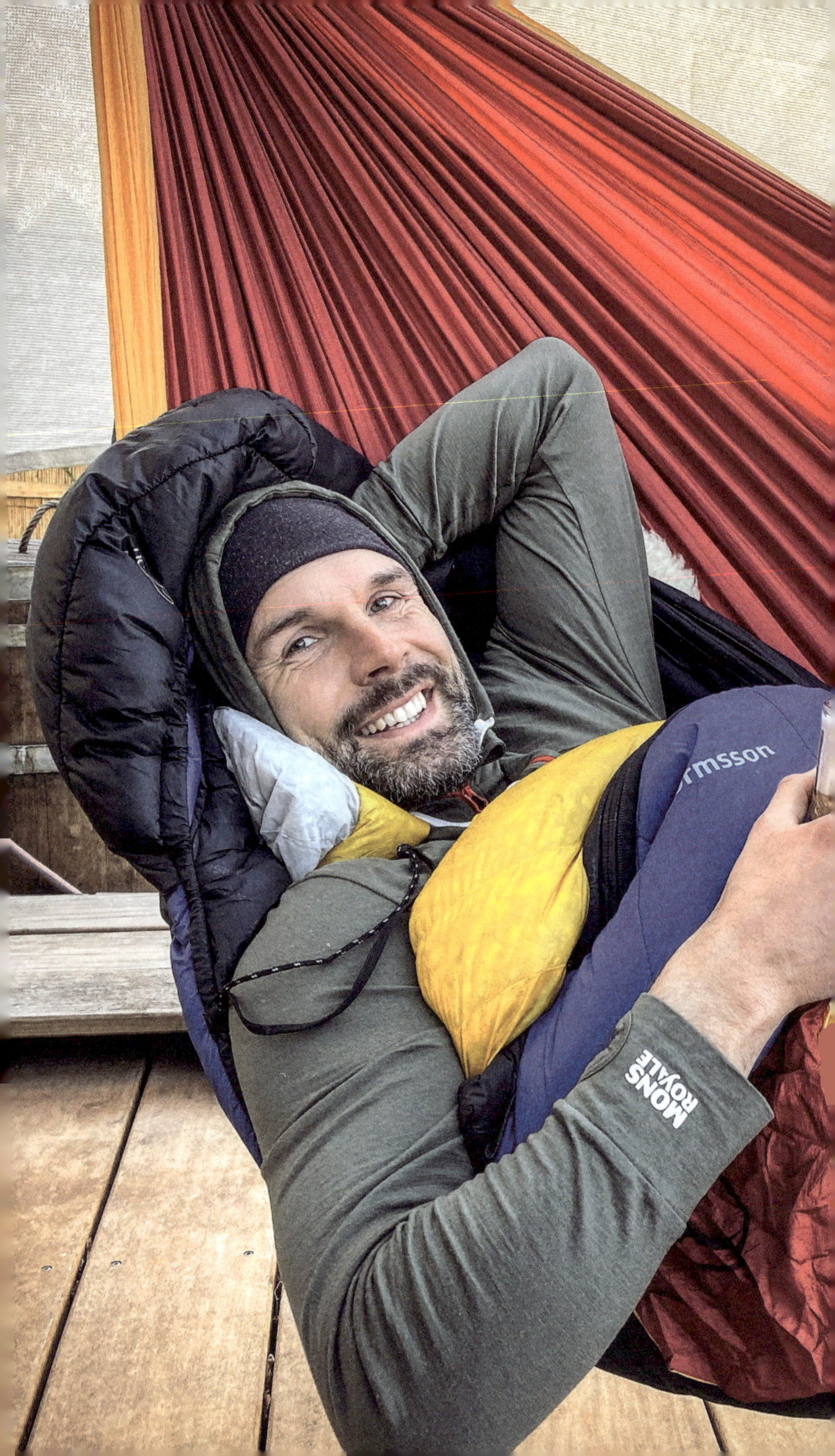
rmsson
MONS
ROYALE

# ÜBER DEN AUTOR

Christo Foerster lebt als Abenteurer, Autor und Experte für Veränderung mit seiner Frau und zwei Kindern in Hamburg. Er ist 1977 in Berlin geboren, absolvierte sein Studium an der Deutschen Sporthochschule in Köln und ließ sich an der Berliner Journalistenschule zum Redakteur ausbilden, ehe er einige Jahre für verschiedene Zeitschriften arbeitete. 2012 machte er eine Ausbildung zum Systemischen Coach und begann, seine Ideen in Vorträgen und Büchern weiterzugeben. Sein drittes Buch Mikroabenteuer, das er zunächst im Selbstverlag und später mit HarperCollins Germany veröffentlichte, war im Jahr 2018 eines der erfolgreichsten Sachbücher im deutschsprachigen Raum. Heute gelten Christo Foersters *Mikroabenteuer*-Bücher als Standardwerke eines neuen Lebensgefühls, sein Motto #rausundmachen als Slogan für mehr Freiheit und Abenteuer im Alltag.

Seit März 2020 ist er Gastgeber des Podcasts *Frei raus*. Aktuelle Informationen zu Vorträgen und anderen Veranstaltungen mit Christo Foerster gibt es über diese Links:

- christofoerster.com
- instagram.com/christofoerster
- facebook.com/thechristofoerster
- instagram.com/rausundmachen
- facebook.com/rausundmachen